U0943828

中国特色社会主义政治经济学名家论丛

王立胜 主编

中国特色社会主义政治经济学是怎样一门科学

ZHONGGUO TESE SHEHUIZHUYI ZHENGZHI JINGJIXUE SHI ZENGYANG YIMEN KEXUE

张 宇 著

山东城市出版传媒集团·济南出版社

图书在版编目(CIP)数据

中国特色社会主义政治经济学是怎样一门科学 / 张宇著.
—济南：济南出版社，2017.9

（中国特色社会主义政治经济学名家论丛 / 王立胜主编）

ISBN 978－7－5488－2798－6

Ⅰ.①中…　Ⅱ.①张…　Ⅲ.①中国特色社会主义—社会主义政治经济学—研究　Ⅳ.①F120.2

中国版本图书馆 CIP 数据核字(2017)第 230495 号

出 版 人　崔　刚
责任编辑　胡长粤
封面设计　侯文英

出版发行　济南出版社
地　　址　山东省济南市二环南路 1 号(250002)
编辑热线　0531－86131712
发行热线　0531－86131728　86922073　86131701
印　　刷　济南新科印务有限公司
版　　次　2017 年 9 月第 1 版
印　　次　2017 年 9 月第 1 次印刷
成品尺寸　170mm×240mm　16 开
印　　张　17.5
字　　数　240 千
印　　数　1—3000 册
定　　价　70.00 元

中国特色社会主义政治经济学名家论丛

中国人民大学　张宇

张宇简介

张宇，男，1963 年 12 月生，陕西省榆林人，求是杂志副总编，中国人民大学经济学院教授，中国资本论研究会副会长。中央马克思主义理论研究与建设工程马克思主义政治经济学学科首席专家，咨询委员，"新世纪百千万人才工程"国家级人选，国家社会科学基金评审组专家。

主要从事马克思主义政治经济学、中国特色社会主义政治经济学和中国经济改革发展研究。曾主持了霍英东教育基金会课题"制度变迁：中国的理论与实践"，国家社科基金重点项目"马克思主义经济学基本理论在当代的继承与发展""公有制与市场机制结合研究"，教育部重大课题"经济转型后期中国的改革模式研究""中国经济改革与发展模式研究"等重要课题的研究。多次获得国家级及省部级科研成果奖。

出版《过渡之路：中国渐进式改革的政治经济学分析》《市场社会主义反思》《转型政治经济学》《高级政治经济学》《中国特色社会主义政治经济学》《中国经济体制改革的经验及其理论启示》等多部著作，在《中国社会科学》《经济研究》《经济学动态》《人民日报》《光明日报》等报刊杂志发表论文一百多篇。

总 序

中国社会科学院 王立胜

习近平总书记在2016年哲学社会科学工作座谈会“5·17”讲话中指出：“这是一个需要理论而且一定能够产生理论的时代，这是一个需要思想而且一定能够产生思想的时代。我们不能辜负了这个时代。”[①] 中国特色社会主义政治经济学就是习近平总书记结合时代要求倡导的重要学说，其主要使命就是以政治经济学总结中国经验、创建中国理论。他指出：“坚持和发展中国特色社会主义政治经济学，要以马克思主义政治经济学为指导，总结和提炼我国改革开放和社会主义现代化建设的伟大实践经验。”[②] 在2017年省部级主要领导干部“学习习近平总书记重要讲话精神，迎接党的十九大”专题研讨班“7·26”讲话中，习近平总书记提出当前的时代变迁是发展阶段的变化，指出“我国发展站到了新的历史起点上，中国特色社会主义进入了新的发展阶段”[③]，强调“时代是思想之母，实践是理论之源”[④]，要求总结实践经验，推进理论创新。在经济学领域，实现从实践到理论的提升，就是要贯彻习近平总

① 习近平：《在哲学社会科学工作座谈会上的讲话》，《人民日报》2016年5月19日。

② 新华社：《坚定信心增强定力　坚定不移推进供给侧结构性改革》，《人民日报》2016年7月9日。

③ 新华社：《高举中国特色社会主义伟大旗帜　为决胜全面小康社会实现中国梦而奋斗》，《人民日报》2017年7月28日。

④ 新华社：《高举中国特色社会主义伟大旗帜　为决胜全面小康社会实现中国梦而奋斗》，《人民日报》2017年7月28日。

书记在中央政治局第二十八次集体学习时提出的重要指示，“提炼和总结我国经济发展实践的规律性成果，把实践经验上升为系统化的经济学说”① ——这就是“坚持和发展中国特色社会主义政治经济学”的历史使命和时代要求。

当前中国特色社会主义政治经济学的提出和发展也是六十余年理论积淀的结果。1955 年苏联政治经济学教科书中文版②在国内出版，当时于光远③、林子力和马家驹等④学者就开始着手探讨政治经济学的体系构建问题。从 1958 年到 1961 年，毛泽东四次提倡领导干部学习政治经济学⑤，建议中央各部门党组和各省（市、自治区）党委的第一书记组织读书小组读政治经济学。他与刘少奇、周恩来分别组织了读书小组。在组织读书小组在杭州读书期间，他在信中说“读的是经济学。我下决心要搞通这门学问”⑥。在毛泽东的倡导下，20 世纪 50 年代中后期我国出现了第一次社会主义经济理论研究高潮——正是在这次研究高潮中，总结中国经验、构建中国版的社会主义经济理论体系被确定为中国政治经济学研究的方向和目标，并被一直坚持下来。这次研究高潮因“文革”而中断。“文革”结束后的 80 年代，在邓小平的倡导和亲自参与下，我国出现了第二次社会主义经济理论的研究高潮。很多学者在“文革”前积累的理论成果也在这一时期集中发表。在这次研究高潮中，我国确立了社会主义公有制与市场经济相结合的发展方向，形成了社会主义市场经济理论，为改革开放以来 40 年的经济繁荣提供了理论支撑。

---

① 新华社：《立足我国国情和我国发展实践　发展当代中国马克思主义政治经济学》，《人民日报》2015 年 11 月 25 日。

② 苏联科学院经济研究所：《政治经济学教科书》（中译本），北京：人民出版社 1955 年版。

③ 仲津（于光远）：《政治经济学社会主义部分研究什么?》，《学习》1956 年第 8 期；《最大限度地满足社会需要是政治经济学社会主义部分的一个中心问题》，《学习》1956 年第 11 期。

④ 林子力、马家驹、戴钟珩、朱声绂：《对社会主义经济的分析从哪里着手?》，《经济研究》1957 年第 4 期。

⑤ 戚义明：《“大跃进”后毛泽东四次提倡领导干部学政治经济学》，《党的文献》2008 年第 3 期。

⑥《建国以来毛泽东文稿》第 8 册，北京：中央文献出版社 1993 年版，第 637 页。此次学习期间毛泽东读苏联政治经济学教科书的批注和谈话成为我国政治经济学研究的重要文献资料。

当前在习近平总书记的倡导下，从2016年年初开始，我国出现了研究中国特色社会主义政治经济学的新高潮，形成了中国社会主义政治经济学的第三次研究高潮。经历了六十余年的理论积淀，在中国特色社会主义新的发展阶段，中国特色社会主义政治经济学的发展正逐步汇成一股理论潮流，伴随中国特色社会主义建设事业的蓬勃发展滚滚而来！

纵观六十余年积淀与三次研究高潮，中国特色社会主义政治经济学的发展既继往开来又任重道远。一方面，所谓“继往开来”，是中国社会主义经济建设事业的蓬勃发展为中国版社会主义政治经济学的形成开创了越来越成熟的现实条件。20世纪50年代，毛泽东感叹“社会主义社会的历史，至今还不过四十多年，社会主义社会的发展还不成熟，离共产主义的高级阶段还很远。现在就要写出一本成熟的社会主义、共产主义政治经济学教科书，还受到社会实践的一定限制”①。20世纪80年代，邓小平高度评价中共十二届三中全会《中共中央关于经济体制改革的决定》提出的“在公有制基础上有计划的商品经济”，认为是“写出了一个政治经济学的初稿，是马克思主义基本原理和中国社会主义实践相结合的政治经济学”②。当前，习近平总书记指出，“中国特色社会主义是全面发展的社会主义”③，“中国特色社会主义进入了新的发展阶段”④，要“提炼和总结我国经济发展实践的规律性成果，把实践经验上升为系统化的经济学说”⑤。从毛泽东认为写出成熟的教科书“受到社会实践的一定限制”，到邓小平认为“写出了一个政治经济学的初稿”，再到习近平提出“把实践经验上升为系统化的经济学说”，历代领导人关

① 中华人民共和国国史学会：《毛泽东读社会主义政治经济学批注和谈话》（简本），内部资料，第804页。

②《邓小平文选》第3卷，北京：人民出版社1993年版，第83页。

③ 习近平：《准确把握和抓好我国发展战略重点　扎实把“十三五”发展蓝图变为现实》，《人民日报》2016年1月31日。

④ 新华社：《高举中国特色社会主义伟大旗帜　为决胜全面小康社会实现中国梦而奋斗》，《人民日报》2017年7月28日。

⑤ 新华社：《立足我国国情和我国发展实践　发展当代马克思主义政治经济学》，《人民日报》2015年11月25日。

于理论发展现实条件的不同判断表明，随着社会主义建设进入不同历史阶段，政治经济学理论发展的现实条件日益成熟，实践推动理论创新。正如习近平总书记所言：“中国特色社会主义不断取得的重大成就，意味着近代以来久经磨难的中华民族实现了从站起来、富起来到强起来的历史性飞跃……意味着中国特色社会主义拓展了发展中国家走向现代化的途径，为解决人类问题贡献了中国智慧、提供了中国方案。”① 在实践的推动下，中国特色社会主义政治经济学的发展，继往开来。

另一方面，所谓“任重道远”，是指中国特色社会主义政治经济学从提出到成熟尚需经历曲折的探索过程。当前中国特色社会主义政治经济学的发展至少需要面临两个方面的艰难探索：第一，理论构建面临诸多悬而未解的学术难题。从20世纪50年代开始，国内围绕体系构建的“起点论”“红线论”等问题就形成了诸多争论，同时，社会主义条件下“剩余价值规律”和“经济危机周期性”的适用性等一些原则性的问题未能获得解决，甚至某些问题上的分歧出现了日益扩大的趋势。这在很大程度上限制了中国特色社会主义政治经济学的理论化水平，使政治经济学经典理论中的价值理论、分配理论、剩余价值理论和危机理论未能充分体现在中国社会主义政治经济学中，从而导致中国实践中涌现的一系列具有中国特色的经济思想未能获得经典的理论化表述。破解这一难题，需要直面六十余年来形成的一系列争论，加速对政治经济学经典理论的创新应用，在中国特色社会主义经济思想理论化的道路上不断探索。第二，时代变革形成的新问题和新挑战倒逼理论探索。20世纪50年代中后期，既是中国社会主义政治经济学的第一次研究高潮，也是我国社会主义初级阶段的起始时期。当前中国社会主义经济建设在经历了六十余年的巨变后，迎来了中国特色社会主义新的发展阶段。中国特色社会

---

① 新华社：《高举中国特色社会主义伟大旗帜　为决胜全面小康社会实现中国梦而奋斗》，《人民日报》2017年7月28日。

主义政治经济学也需要适应新时期新阶段，加速理论创新。正如习近平总书记在“7·26”讲话中所强调的：“我们要在迅速变化的时代中赢得主动，要在新的伟大斗争中赢得胜利，就要在坚持马克思主义基本原理的基础上，以更宽广的视野、更长远的眼光来思考和把握国家未来发展面临的一系列重大战略问题，在理论上不断拓展新视野、作出新概括。”① 值得注意的是，实践中的新问题与历史累积的学术难题，都将理论探索指向中国特色社会主义政治经济学理论化水平的提升：在实践方面，要形成解释社会主义初级阶段不同时期的理论体系，为新时期的经济实践指明方向，必须提升理论高度；而提高理论高度就需要在理论方面破解体系构建面临的学术难题，创新政治经济学经典理论使之适应当前现实，从而实现中国特色社会主义经济建设经验的理论化重构。理论水平的提升必须遵循学术发展的客观规律，注定是一个任重道远的探索过程，要求政治经济学研究者群策群力、积极进取、砥砺前行。

编写出版《中国特色社会主义政治经济学名家论丛》就是为了响应习近平总书记推进理论创新的时代要求，服务中国特色社会主义政治经济学的发展。纵观中国社会主义政治经济学六十余年的发展历程不难发现：政治经济学学者承担着理论创新的历史使命，学术交流质量决定理论发展水平。当前中国政治经济学界存在着一支高水平的政治经济学理论队伍，他们既是六十余年理论积淀的承载者，也是当前理论创新的承担者。及时把握这些学者的研究动态，加快其理论成果的普及推广，不仅有助于推动政治经济学界的学术交流，也有助于扩大中国特色社会主义政治经济学的社会反响，同时为后来的研究提供一批记录当代学者理论发展印迹的历史文献。“名家论丛”选取的名家学者都亲历过20世纪80年代和当前两次研究高潮，部分学者甚至是三次理论高潮的亲历者。

① 新华社：《高举中国特色社会主义伟大旗帜　为决胜全面小康社会实现中国梦而奋斗》，《人民日报》2017年7月28日。

这些学者熟悉中国社会主义政治经济学的理论传承，知晓历次研究高潮中的学术焦点与理论分歧，也对中国特色社会主义经济建设经验具有深刻的理论洞察。在本次研究高潮中，他们的理论积淀和实践观察集中迸发，围绕中国经验的理论升华和中国特色社会主义政治经济学的体系构建集中著述，在中国特色社会主义政治经济学的发展中起到学术引领和理论中坚的作用，其研究成果值得高度关注和广泛推广。同时，从2015年底习近平总书记提出“中国特色社会主义政治经济学”算起，当前这次研究高潮从形成到发展，尚不足两年，还处于起步阶段，需要学界同仁的共同参与、群策群力，使之形成更大的理论潮流。中国社会科学院经济研究所是我国重要的经济学研究机构，也是中国社会主义政治经济学六十余年发展历程和三次理论高潮的重要参与者。在20世纪50年代和80年代两次理论高潮中，经济研究所的张闻天、孙冶方、刘国光和董辅礽等老一辈学者是重要的学术领袖。在本轮研究高潮中，经济研究所高度重视、积极参与中国特色社会主义政治经济学的发展，决心依托现有资源平台积极服务学界同仁。策划出版《中国特色社会主义政治经济学名家论丛》的目的就在于服务学术创新，为当前的理论发展略尽绵薄，也是为笔者所承担的国家社科规划重大项目“中国特色社会主义政治经济学探索”积累资料。

同时，为了更加全面地展示中国特色社会主义政治经济学的理论发展动态，我们还将依据理论发展状况适时推出“青年论丛”和“专题论丛”，就青年学者的学术观点和重要专题的学术成果进行及时梳理与推广，以期及时反映理论发展全貌，推动学术交流，服务理论创新。当然，三个系列论丛的策划与出版，完全依托当前的理论发展潮流，仰赖专家学者对经济研究所工作的认可与鼎力支持。在此我们代表经济研究所和论丛编写团队，对政治经济学界同仁的支持表示衷心的感谢！同时也希望各位大家积极参与论丛的编写和出版，为我们推荐更多的高水平研究成果，提高论丛的编写质量。

目　录

上卷　中国特色社会主义政治经济学

下卷　社会主义市场经济

上卷

中国特色社会主义政治经济学

中国特色社会主义
政治经济学是怎样一门科学

党的十八大以后，习近平总书记提出了坚持和发展中国特色社会主义政治经济学、不断完善中国特色社会主义政治经济学理论体系的重大历史任务，马克思主义政治经济学在中国的发展迎来了新的时代。那么，什么是中国特色社会主义政治经济学，它是如何建立和发展的，主要的观点有哪些，理论体系有什么特点，历史贡献和科学价值何在，对中国的经济建设有什么指导意义，进一步发展面临着怎样的形势和任务？这些都是我们坚持和发展中国特色社会主义政治经济学必须认真思考和回答的问题。

一、 为什么要坚持和发展中国特色社会主义政治经济学

马克思主义政治经济学是马克思主义的重要组成部分，是“马克思主义理论最深刻、最全面、最详尽的证明和运用”。中国共产党以马克思主义为立党立国的指导思想，历来重视对马克思主义政治经济学的学习、研究和运用。在革命、建设和改革开放的各个时期，我们党都把马克思主义政治经济学的基本理论与中国的具体实际相结合，提出了科学的经济理论，以指导具体的经济实践，取得了一个又一个伟大胜利。

在新的历史条件下发展中国特色社会主义，必须学好用好马克思主义政治经济学。习近平同志指出，马克思主义政治经济学是马克思主义的重

要组成部分，也是我们坚持和发展马克思主义的必修课，面对极其复杂的国内外经济形势，面对纷繁多样的经济现象，学习马克思主义政治经济学基本原理和方法论，有利于我们掌握科学的经济分析方法，认识经济运动过程，把握社会经济发展规律，提高驾驭社会主义市场经济能力，更好回答我国经济发展的理论和实践问题，提高领导我国经济发展的能力和水平①。

社会主义政治经济学是关于社会主义生产方式及其发展规律的科学，在马克思主义政治经济学中具有特殊重要的地位。众所周知，马克思主义是关于无产阶级解放运动的性质、条件和目的的学说，这一学说的目的，就在于科学阐明人类社会从资本主义向共产主义过渡的历史必然性及其内在的规律。实现这一目的，仅有资本主义的政治经济学或政治经济学的资本主义部分是不够的，还必须有社会主义的政治经济学或政治经济学的社会主义部分，这两个部分相互联系、相互依赖、不可分割。社会主义是资本主义发展的必然趋势，又是向共产主义过渡的历史起点，因而，以社会主义经济形态为研究对象的社会主义政治经济学，自然成了马克思主义政治经济学不可或缺的重要组成部分。

中国特色社会主义政治经济学是中国版的社会主义政治经济学，是马克思主义政治经济学基本理论与中国改革开放新的实践相结合的成果，是中国特色社会主义理论体系的重要组成部分。坚持和发展中国特色社会主义政治经济学、不断完善中国特色社会主义政治经济学理论体系，对于更好指导我国经济发展实践、推动中国特色社会主义经济建设蓬勃向前，对于增强中国特色社会主义道路自信、理论自信、制度自信、文化自信，对于坚定共产主义远大理想和中国特色社会主义共同理想，对于推进充分体现中国特色、中国风格、中国气派的经济学科的建设，都是极其重要的。

---

① 习近平．在中共中央政治局第23次集体学习会上的讲话［N］．人民日报，2015-11-25.

二、 中国特色社会主义政治经济学是如何建立和发展的

中国特色社会主义政治经济学的产生和发展，是与马克思主义和社会主义的历史紧密相连的，特别是与社会主义经济理论和实践的发展紧密相连的。

马克思恩格斯是科学社会主义的创始人，也是社会主义政治经济学的奠基者。他们通过对资本主义生产方式矛盾运动规律和发展趋势的深刻分析，揭示了未来共产主义和社会主义经济关系的基本特征，主要包括：实现人的自由全面发展，建立自由人的联合体；消灭私有制，生产资料社会占有；共产主义高级阶段实行按需分配，低级阶段实行按劳分配；消灭商品生产，对社会生产实行有计划的调节；消除城乡和工农差别，实现城乡融合；阶级和国家的消亡，对人的统治将由对物的管理和对生产过程的领导所代替；各国人民之间的民族分隔和对立日益消失。马克思恩格斯的这些理论，揭示了社会发展的一般趋势和社会主义革命的基本目标，是社会主义革命和社会主义建设的重要指南。但是这些理论只是社会主义政治经济学的起点，而不是它的完成形态，更不是它的终结，因而需要在实践中加以不断地检验、丰富和发展。

十月革命后，苏联建立了世界上第一个社会主义国家，建立了崭新的社会主义经济制度，并创立了社会主义经济的最初模式即高度集中的计划经济模式，传统社会主义政治经济学就是这一模式的理论表达，其主要观点包括：生产资料公有制是社会主义生产关系的基础，公有制有国家所有制和合作社集体所有制两种形式；社会主义的基本经济规律是用在高度技术基础上使生产不断增长和不断完善的办法，来保证最大限度地满足整个社会经常增长的物质和文化需要；国民经济有计划按比例发展的规律是调节社会主义经济的主要规律，商品生产和商品流通主要限于个人消费品；

按劳分配是社会主义经济最基本的分配形式和重要的经济规律；社会主义阵营各国的经济关系是完全平等互利的，是有计划性和组织性的。传统的社会主义经济理论和实践，使经典作家关于未来社会的设想从理论转变成为现实，坚持和发展了科学社会主义。但是，这一理论也存在着严重的缺点和教条主义倾向。

新中国建立后，以毛泽东为代表的中国共产党人领导全国人民创造性地实现了由新民主主义到社会主义的转变，确立了社会主义基本制度，努力探索适合国情的社会主义经济建设道路，提出了发展社会主义经济的一系列独创性理论观点，如以农业为基础，工业为主导，农、轻、重工业协调发展；统筹兼顾、适当安排，注意综合平衡；实行中央与地方并举，充分发挥两个积极性；处理好国家、集体和个人的关系，使各方各得其所；建设独立的比较完整的工业体系和国民经济体系，全面实现农业、工业、国防和科学技术的现代化；自力更生为主，争取外援为辅，等等。这些理论观点，是对马克思主义政治经济学的创造性发展，毛泽东高度重视社会主义政治经济学的发展，多次号召全党干部学习研究政治经济学，并对苏联的社会主义政治经济学教科书进行了深入的研究，肯定了其正确的方面，指出其存在的缺点错误，提出了许多真知灼见，为中国特色社会主义政治经济学的创立进行了探索，开辟了道路，做出了贡献。

改革开放以来，我们党把马克思主义政治经济学基本原理同改革开放新的实践结合起来，不断丰富和发展马克思主义政治经济学，创立和发展了中国特色社会主义政治经济学。1984 年 10 月《中共中央关于经济体制改革的决定》通过之后，邓小平同志评价这个决定“写出了一个政治经济学的初稿，是马克思主义基本原理和中国社会主义实践相结合的政治经济学”①。三十多年来，中国特色社会主义政治经济学随着实践的发展而不断

① 邓小平文选（第 3 卷）[M]. 北京：人民出版社，1993：83.

发展，形成了许多重要理论成果，主要包括：社会主义本质理论，科学发展理论，全面建设小康社会理论，经济体制改革理论，社会主义初级阶段基本经济制度理论、基本分配制度理论，社会主义市场经济理论，积极参与经济全球化和对外开放理论，走新型工业化道路理论，建设创新型国家和走中国特色社会主义自主创新道路的理论，建设社会主义新农村理论，等等。这些理论成果，是适应当代中国国情和时代特点的政治经济学，不仅有力指导了中国经济发展实践，而且开拓了马克思主义政治经济学新境界。

党的十八大以来，以习近平同志为总书记的党中央根据时代和实践的要求，围绕推进中国特色社会主义经济建设提出了一系列新的重大战略思想和重要理论观点，主要包括：坚持党的领导，发挥党总揽全局、协调各方的领导核心作用，是中国社会主义市场经济体制的一个重要特征；使市场在资源配置中起决定性作用和更好发挥政府作用；公有制为主体、多种所有制经济共同发展的基本经济制度，是中国特色社会主义制度的重要支柱，也是社会主义市场经济体制的根基；认识新常态、适应新常态、引领新常态，是当前和今后一个时期中国经济发展的大逻辑；必须牢固树立创新、协调、绿色、开放、共享的发展理念，坚持以人民为中心的发展思想；加快构建开放型经济新体制，发展更高层次的开放型经济；稳定经济增长，更加注重供给侧结构性改革，等等。这些重大战略思想和重要理论观点，在新的历史条件下丰富和发展了马克思主义政治经济学和中国特色社会主义政治经济学，实现了马克思主义政治经济学基本理论同中国实际相结合新的历史飞跃，开创了中国特色社会主义政治经济学发展的新时代。

“一门科学提出的每一种新见解，都包含这门科学的术语的革命。”① 改革开放以来，中国特色社会主义经济理论和实践的发展取得了举世瞩目的

---

① 资本论（第1卷）[M]. 北京：人民出版社，2004：32.

巨大成就，形成了关于发展社会主义经济的许多重要理论成果和独创性观点，如何科学概括这些理论成果和独创性观点，是理论界和学术界思考和研究的一个重大课题。中国特色社会主义政治经济学和中国特色社会主义政治经济学理论体系这个范畴的提出，为我们科学解答这个重大课题开辟了正确的道路。它表明，我们党对中国特色社会主义经济的认识在学理性和系统性上达到了新的高度，在经济理论上的自觉和自信达到了新的高度，马克思主义政治经济学中国化和时代化的发展达到了新的高度，这是具有重大里程碑意义的。

三、 中国特色社会主义政治经济学的理论体系有什么特点

一门成熟的科学，必须经过系统化、学理化的发展，体现为一整套相互联系的概念、范畴、原理和逻辑结构，并能够经受逻辑和实践的检验，才能形成完整的理论体系，进而被广泛学习、普及、传承，中国特色社会主义政治经济学的发展自然也不例外，也需要在构建理论体系上取得进展。正如习近平同志强调的，要“提炼和总结我国经济发展实践的规律性成果，把实践经验上升为系统化的经济学说”，“不断完善中国特色社会主义政治经济学理论体系”。

对于这一问题的探索，早在20世纪50年代中国社会主义制度建立之初就开始了。当时就有学者提出，社会主义的生产目的即最大限度地满足社会需要是政治经济学社会主义部分的中心，是贯穿整个社会主义生产的一条红线，应当以此为中心构建社会主义经济理论体系。还有的学者提出，应当从分析社会产品出发建立社会主义经济理论体系。改革开放以后，特别是20世纪80年代，对这一问题的讨论更加深入具体。例如，关于社会主义经济理论的起点问题，有的主张从社会主义公有制开始，有的主张从社会产品开始，有的主张从商品开始，有的主张从劳动开始，有的主张从企

业开始，有的主张从消费需要开始，等等；关于社会主义经济理论的红线问题，有的主张是社会主义基本经济规律，有的主张是经济效益，有的主张是经济利益，有的主张是剩余劳动规律，有的主张是必要价值规律，等等；关于社会主义经济理论的基本范畴，有的主张是净产品，有的主张是奖金，有的主张是V+M，有的主张是自主劳动，等等。对于这些问题的不同回答，反映了人们对社会主义经济的本质和发展规律的不同认识。

随着中国特色社会主义经济理论和实践的发展，对中国特色社会主义政治经济学理论体系的认识不断深入，这在不同版本的社会主义政治经济学的教科书中得到了集中体现，代表性的理论体系有以下四种。

一是按照马克思《资本论》的体系，从社会主义生产、流通和分配几个方面来进行阐述的理论体系，这种思路认为，马克思的《资本论》的理论体系，体现了构建政治经济学的基本方法，对社会主义政治经济学也具有重要指导意义①。

二是按照给定体制下的经济运行、经济和社会发展的目标以及人的地位三个层次来阐述的理论体系，这种思路认为，只有从分析社会主义经济运行，进而分析社会主义社会的发展目标和分析人在社会主义社会中的地位，才能真正分析社会主义经济的运动规律②。

三是把马克思主义政治经济学体系与西方经济学的体系相结合，按照本质、运行、发展的三个层次进行阐述的理论体系，其中本质层次包括制度和体制两个方面，运行层次又分为微观和宏观两个部分③。

四是按照中国特色社会主义经济理论发展的历史进程和内在逻辑来阐

---

① 许涤新．论社会主义的生产、流通与分配——读资本论笔记［M］．北京：人民出版社，1979：23．
谷书堂，宋则行．政治经济学社会主义部分［M］．西安：陕西人民出版社，1983：87．

② 厉以宁．社会主义政治经济学［M］．北京：商务印书馆，1987：76．

③ 吴树青，谷书堂，吴宣恭．政治经济学：社会主义部分［M］．北京：中国经济出版社，1993：45．
谷书堂．社会主义经济学通论［M］．北京：高等教育出版社，2006：56．
逄锦聚，等．政治经济学［M］．北京：高等教育出版社，2006：78．

述的理论体系，内容包括：社会主义基本经济制度、社会主义市场经济、社会主义分配制度、国有企业改革与发展、社会主义经济发展、全球化与对外开放、政府职能与政府调节等①。

从马克思恩格斯提出关于未来共产主义的经济理论、到苏联传统社会主义政治经济学体系的建立，再到中国特色社会主义政治经济学的形成，社会主义政治经济学已经有了100多年的发展历史。那么，作为一门科学的中国特色社会主义政治经济学，和传统社会主义政治经济学和西方经济学相比，它的理论体系有什么主要特点呢?

第一，它的时代背景是社会主义初级阶段，中国正处于并将长期处于社会主义初级阶段，正在实现两个一百年的奋斗目标，这是当代中国的基本国情，是中国特色社会主义经济制度得以确立并不断发展的总依据。

第二，它的空间背景是经济全球化，如何在对外开放中正确处理与资本主义世界体系的关系，把积极参与经济全球化与坚持独立自主相结合，是中国特色社会主义经济需要解决的中心课题。

第三，它的根本立场是以人民为中心，坚持把增进人民福祉、促进人的全面发展、朝着共同富裕方向稳步前进作为经济发展的出发点和落脚点，体现了中国特色社会主义政治经济学的阶级属性和价值追求。

第四，它的研究对象是中国特色社会主义经济形态，一方面，是改革开放以后确立的中国特色社会主义生产关系或经济制度；另一方面，是在此基础上形成的中国特色社会主义经济发展战略、发展理念、发展政策和发展道路。

第五，它的研究任务是揭示中国特色社会主义经济产生发展和运动的

---

① 宋涛. 政治经济学教程［M］. 北京：中国人民大学出版社，2013：68.
卫兴华，张宇. 社会主义经济理论［M］. 北京：高等教育出版社，2012：117.
马克思理论研究与建设工程. 马克思主义政治经济学概论［M］. 北京：人民出版社，2010：211.
杨承训. 中国特色社会主义经济学［M］. 北京：人民出版社，2009：48.

规律，把中国的实践经验上升为系统化的学说，并从中国的特殊经验中提炼普遍性原则，为丰富和发展科学社会主义和马克思主义贡献中国智慧。

第六，它的逻辑主线是生产力与生产关系的相互作用，政治经济学以生产关系为主要对象，但社会主义的根本任务是发展生产力，发展是硬道理，从这一点出发，中国特色社会主义政治经济学的研究更加突出生产力的发展。

第七，它的逻辑起点是基本经济制度，以公有制为主体、多种所有制经济共同发展是社会主义初级阶段的基本经济制度，是中国特色社会主义生产关系的核心和基础，决定着中国特色社会主义经济的各个环节和各个方面。

第八，它的理论核心是社会主义市场经济，把社会主义基本制度与市场经济相结合，既发挥社会主义制度的优势，又发挥市场经济的长处，这是中国特色社会主义政治经济学的理论核心和鲜明特色。

第九，它的理论贡献在于提出了一系列原创性观点，在探索把公有与私有、国家与市场、自由与集中、效率与公平、开放与自主、稳定与变革、传统与现代等因素有机结合方面，取得了重要的成果。

第十，它的理论灵魂是实现共产主义。社会主义是共产主义的低级阶段，发展中国特色社会主义的各项措施，如践行以人民为中心的发展思想、促进人的全面发展、完善以公有制为主体的基本经济制度、走共同富裕的道路、实现社会的公平公正、保障和改善民生、落实人民当家做主的权利等，都是实现共产主义的现实步骤和具体行动，都是在向共产主义的远大理想迈进。

总的来看，中国特色社会主义政治经济学的内容涵盖了中国特色社会主义经济的生产、分配、交换等主要环节以及基本经济制度、基本分配制度、经济体制、经济发展和对外开放等主要方面，提出了一系列新的理论观点，初步形成了比较完整的理论体系。

四、 中国特色社会主义政治经济学是特殊的还是一般的

中国特色社会主义政治经济学有什么意义呢？它是特殊的还是普遍的

呢？从一般的道理讲，中国特色社会主义政治经济学是社会主义政治经济学的中国化，是对社会主义政治经济学一般原理的具体应用。因此，社会主义政治经济学与中国特色社会主义政治经济学的关系是一般与特殊、共性与个性、源与流的关系。然而，实际的情况复杂得多。

一方面，由于社会主义经济制度还不够成熟，因此，在社会主义经济中，对于什么是一般什么是特殊、什么是共性什么是个性的认识，并不是非常清楚明白的；另一方面，就人类认识运动的规律说来，总是由认识个别和特殊的事物，逐步地扩大到认识一般的事物，普遍性寓于特殊性之中。

应当看到，在相当长的时期内，社会主义政治经济学的发展还处于从特殊上升到一般的抽象化阶段，而不是从一般到特殊的具体化阶段。也就是说，首先必须研究社会主义经济的具体特殊形态，把握特殊规律，然后才能逐步确立社会主义经济的一般规律。从实际情况看，社会主义经济制度的建立和发展历史还不长，实践经验还不够丰富，特别是20世纪90年代苏联东欧剧变以后，社会主义事业遭到了巨大挫折，中国成为了世界社会主义事业发展的中流砥柱。在这样的条件下，总结中国的实践经验，并从中提炼出反映规律的理论成果，对于发展社会主义政治经济学具有极其重要的意义。同时，中国是一个处于发展和转型中的社会主义大国，面临着工业化、信息化、市场化、全球化和社会主义制度的改革几重重大的历史变革在同一个时代的交织和叠加，正在经历着我国历史上最为广泛而深刻的社会变革，也正在进行着人类历史上最为宏大而独特的实践创新。这种前无古人的伟大实践，为经济学的发展提供了无比丰富、不可多得的鲜活的素材。正如习近平同志指出：越是民族的越是世界的。解决好民族性问题，就有更强能力去解决世界性问题；把中国实践总结好，就有更强能力为解决世界性问题提供思路和办法。这是由特殊性到普遍性的发展规律①。

① 习近平．在哲学社会科学工作座谈会上的讲话［N］．人民日报，2016-05-18．

因此，中国特色并不意味着是中国独有的东西，其中也包含着普遍性的因素，具有重要的科学价值。中国社会主义政治经济学的意义不仅在于它超越了传统社会主义政治经济学的理论框框，为中国特色社会主义经济建设提供了科学的指导，为马克思主义政治经济学的发展贡献了中国智慧；还在于它超越了西方主流经济学的理论框框，为丰富发展人类经济思想的宝库贡献了中国的智慧。

说中国特色社会主义政治经济学发展了马克思主义政治经济学特别是社会主义政治经济学，这一点并不难理解。但是，说中国特色社会主义政治经济学丰富人类经济思想的宝库，在一定程度上具有了普遍性，这一点，却是许多人所不能理解的，特别是那些将西方经济学奉为圭臬的人所难以理解的。

但是，事实胜于雄辩。就拿政府和市场关系来说，西方主流经济学中流行的是所谓“大市场、小政府”的“裁判员、运动员”之类的观点。与此相对照，在这一问题上，中国的理论和经验则要丰富得多、深刻得多、有价值得多。

第一，政府和市场的关系不是单一的，而是多元的，在不同部门、企业和领域有不同的组合。比如，沿海不同于内地，农村不同于城市，农业不同于工业，国有企业不同于非国有企业等。

第二，政府和市场的关系不是固定的，而是不断变化的，在不同的历史发展阶段存在过不同的模式，如计划经济为主、市场调节为辅的模式，有计划商品经济的模式，社会主义市场经济体制的模式等。

第三，政府和市场的关系具有了经济、政治、文化、社会和生态，以及宏观与微观、生产力与生产关系等多种维度，既体现了市场经济发展的一般规律，又体现了社会主义制度的要求和中国的基本国情。

第四，中央与地方的关系具有特殊重要的地位，地方政府既是一级行政组织，又担当了类似企业家的角色，在经济改革与发展中发挥着十分重要的作用，从而使政府和市场的关系呈现出了不同于众的复杂结构。

第五，政府作用的角色不仅局限于市场规则的制定者和宏观经济的调节者，而且还是全民所有的生产资料所有权和社会公共利益的总代表，因而，能够集中更大资源调控经济运行，支撑和推动经济发展。

第六，政府调控的目标不局限于维护市场秩序，为市场机制运行创造稳定的宏观条件，更重要的是确立符合广大人民根本和长远利益要求的经济发展战略，统筹兼顾经济社会发展中的重大比例关系，引导国民经济沿着正确的方向发展。

第七，政府调控的手段不局限于财政政策、货币政策，还要根据经济社会发展需要，并将社会人力、财力、物力有效地结合起来，突出计划规划、统筹协调、市场监管、国有资产管理、产业政策等方面的作用。

第八，政府作用的方式不局限于短期的需求调节，而是总量调节和定向施策并举、短期和中长期结合、供给管理与需求管理、国内和国际统筹、改革和发展协调，并创造了采取相机调控、精准调控措施、适时预调微调等多种宏观调控方式。

第九，中国共产党总揽全局、协调各方的作用，是社会主义市场经济健康发展的根本保障，此外国家的法律法规、社会的伦理道德、社会组织的调节，都是国家与市场关系的重要内容。

第十，强调“看不见的手”和“看得见的手”都要用好，努力形成市场作用和政府作用有机统一、相互补充、相互协调、相互促进的格局。要更加尊重市场规律，更好发挥政府作用，建立有效市场、有为政府，类似的例子还有很多。这些事实充分证明，中国特色社会主义政治经济学既是特殊的，又是普遍的；既是民族的，又是世界的。这也从一个方面证明，中国共产党人和中国人民完全有能力和信心为人类对更好社会制度的探索提供中国方案。

五、中国特色社会主义政治经济学发展面临的形势和任务是什么

中国特色社会主义政治经济学的发展虽然取得了巨大发展，取得了许多重要的理论成果，在指导和推动社会主义经济建设中发挥了积极的作用。但是，应当看到，与时代和实践的要求相比，当前中国社会主义政治经济学的发展还不能令人满意，还存在不少亟须解决的问题。

一是理论基础比较薄弱，有不少难点问题有待说明，如社会主义政治经济学的核心范畴是什么、基本经济规律是什么、逻辑体系是什么？以公有制为主体和国有经济为主导的科学含义是什么，私有制经济的发展会不会导致资本主义？以按劳分配为主体的含义是什么，在现实分配过程中如何得到体现？社会主义国家调控的依据是什么，与资本主义国家的宏观调控有什么本质区别？中国经济发展的经验是普遍的还是特殊的？等等。对这些基本理论问题的认识，目前还缺乏深入严密的论证和统一规范的阐释，甚至存在不少模糊混乱看法。这种情况影响着马克思主义政治经济学的科学性和指导意义，对社会主义经济建设的实践也会有消极的影响。

二是解决实际问题的能力不足，理论和实践脱节问题突出。当前中国经济中有许多重大而紧迫的问题，需要运用马克思主义的立场观点方法去认识和解决，如公有制与市场经济能否结合，如何结合？贫富差距扩大的根本原因是什么，如何解决？在扩大开放的同时，如何维护国家的经济安全，实现自主性发展？推进供给侧结构性改革的关键是什么，如何协调保增长与调结构的关系？如何在发挥市场决定性作用的同时，把以人民为中心的发展思想落到实处？等等。对这些重大现实问题的研究，目前的政治经济学理论还缺乏深入具体和切实可行的有用成果，往往不能及时提出解决问题的正确思路和有效办法。

三是学科基础弱化，马克思主义政治经济学的指导地位弱化。一个时

期以来，在中国经济学的教学与研究中，马克思主义政治经济学被边缘化、空泛化、标签化问题突出，在学术命题、学术思想、学术观点、学术标准、学术话语等各个方面，都不同程度存在着唯洋是举、生搬硬套的现象。不少干部缺乏运用马克思主义政治经济学研究问题的自觉性和基本功，习惯于从西方经济学的理论和框框出发思考问题，寻求答案，照搬照抄国外时髦理论和话语体系，导致理论上和实践上的混乱。在许多情况下，坚持马克思主义指导往往成了口号和标签，流于形式，一些错误的思想流行泛滥。

上述状况如果不能加以改变，消极后果将是十分严重的。在新的历史条件下，我们必须以高度的理论自觉和理论自信，在理论与实践的统一和互动中发展当代中国马克思主义政治经济学，推动中国特色社会主义政治经济学的不断发展。

要以马克思主义政治经济学的基本理论为指导，研究经济生活中出现的新情况、新问题，得出新结论、新认识，发现新思路、新办法，不断创造新的成功经验。

加强马克思主义政治经济学的学习运用，引导广大党员领导干部增强运用马克思主义政治经济学分析和解决问题的自觉性和基本功。

加强马克思主义政治经济学科的建设，着力构建以马克思主义政治经济学为核心的中国特色经济学教学体系、教材体系和人才培养体系。

不断概括出理论联系实际的、科学的、开放融通的新概念、新范畴、新表述，打造具有中国特色、中国风格、中国气派的政治经济学话语体系。

要根据实践的要求提出新的经济理论观点，包括揭示新的经济规律，说明新的经济现象，提出新的经济学命题，修正过时了的经济学论断，推动理论的发展。

要坚持洋为中用，正确借鉴国外经济理论和实践发展的新的有用成果，去粗取精、去伪存真，经过科学的扬弃后使之为我所用。

坚持古为今用、推陈出新，重视研究和借鉴中华民族经济实践和经济理论发展的历史，从中汲取智慧和营养，打牢历史根基，体现民族风骨。

六、 中国特色社会主义政治经济学如何面对理论实践中的矛盾

对立统一是宇宙的普遍法则，矛盾是事物发展的动力。在新的历史条件下坚持发展中国特色社会主义政治经济学，最根本的一点，就是必须敢于直面理论和实践中的重大矛盾和难题，做出科学的回答，提出有效的解决办法。我们不妨举几个例子加以说明。

第一，根据历史唯物主义的观点，社会存在决定社会意识，那么，在社会主义制度还没有出现的条件下，人们如何能够建立科学的社会主义的理论并在这一理论的指导下去建立一个全新社会主义社会呢？另一方面，没有社会主义的理论，就没有社会主义的实践，如果人们对于所从事的社会主义的运动目标毫无了解，那么，现实的社会主义运动还有什么意义？

第二，坚持社会主义要求实行公有制、按劳分配、计划调节、共同富裕、以人为本、互助合作、共享共建；发展市场经济要求多种所有制经济、多种分配方式，允许剥削现象的存在，扩大自发势力的作用，强化个人利益，鼓励自由竞争。如果公有制与市场经济完全相融，公有制就失去了存在的意义；如果公有制与市场经济完全对立，社会主义市场经济就失去了存在的根据。如何解开这个悖论呢？

第三，社会主义的生产目的是最大限度地满足人民群众日益增长的物质文化需要，实现人的全面发展和社会的共同富裕，使人民群众共享发展的成果。但是，在多种所有制经济共存的条件下，无论是私有企业还是公有企业，都要追求利润最大化，都要接受自发的价值规律的调节，特别是私有制企业中，通行的是资本主义的经济规律，从而形成了社会主义经济

规律与资本主义经济规律并存的二元结构①。这两个对立的方面如何能统一起来呢?

第四，经济全球化是把双刃剑，具有二重性，可以有两种发展趋势：一是促进世界资源的合理配置，促进各国生产力的发展，从而造福各国人民；二是资本主义经济关系的全球扩张，进一步加剧世界资源配置和经济发展的不平衡，继续扩大南北发展差距，加剧贫富分化和环境恶化，推动经济和金融危机的全球化。如何在积极参与经济全球化的同时，保障国家安全并实现自主发展呢?

问题和解决问题的方法同时产生。“两个相互矛盾方面的共存、斗争以及融合成一个新范畴，就是辩证运动”②。中国特色社会主义政治经济学的贡献归结到一点就是，它直面人类经济发展和制度变迁中的一些难题，把那些看似相互对立的因素有机结合在了一起：在指导思想上，既坚持马克思主义的指导地位和科学社会主义的基本原则，又坚持实事求是，与时俱进，改革创新；在所有制结构上，既坚持公有制的主体地位和国有经济的主导作用，又坚持多种所有制经济共同发展；在国有企业改革上，既坚持维护全体人民的共同利益，又坚持建立市场化的体制机制；在收入分配改革上，既注重提高效率，又注重社会公平；在对外经济关系上，既坚持对外开放的基本国策、积极参与经济全球化，又坚持独立自主、自力更生；在政府和市场关系上，既坚持发挥市场的作用，建立有效市场，又坚持发挥政府的作用，建立有为政府；在中央地方关系上，既坚持中央集权，统一领导，又坚持地方分权，发挥地方积极性；在改革方式上，既坚持党的领导、有计划有组织推进，又坚持尊重群众的首创精神，摸着石头过河；在经济发展上，既强调供给又关注需求，既重视总量，又重视结构，既突出发展社会生产力又注重完善生产关系，既着眼当前又立足长远，等等。

---

① 吴宣恭. 坚持和完善社会主义初级阶段基本经济制度［J］. 政治经济学评论，2016（4）：10－14.

② 马克思恩格斯选集（第1卷）［M］. 北京：人民出版社，2012：225.

这样博采众长、兼容并蓄，既尊重经济社会发展的一般规律，又体现中国的基本制度、基本国情和历史传统；既发挥社会主义制度的优势，又利用市场经济的长处，就从理论和实践上超越了以私有制为基础的资本主义市场经济的流俗教条，创造了经济发展和制度变迁的新道路和新模式，为中国特色社会主义事业发展和人类文明的进步开辟了前所未有的广阔道路。

中国特色社会主义的意义就在于此，中国特色社会主义政治经济学的意义也在于此。

（原载于《学习与探索》2016 年第 9 期）

开拓当代中国马克思主义政治经济学发展的新时代

一

马克思政治经济学是马克思主义的重要组成部分，“使马克思的理论得到最深刻、最全面、最详尽的证明和运用”①。中国共产党以马克思主义为立党立国的指导思想，历来重视对马克思主义政治经济学的学习、研究、运用，在革命、建设和改革开放的各个时期，都把马克思主义政治经济学的基本理论与中国的具体实际相结合，提出了科学的经济理论，以指导具体的经济实践，取得了一个又一个伟大的胜利。新中国成立后，以毛泽东为代表的中国共产党人努力探索适合中国国情的社会主义经济建设道路，提出了发展社会主义经济的一系列独创性理论观点，创造性地发展了马克思主义政治经济学。改革开放以来，中国共产党把马克思主义政治经济学基本原理同改革开放新的实践结合起来，不断丰富发展马克思主义政治经济学。1984 年 10 月《中共中央关于经济体制改革的决定》通过之后，邓小平评价这个决定“写出了一个政治经济学的初稿，是马克思主义基本原理

① 列宁选集（第 2 卷）［M］. 3 版. 北京：人民出版社，1995：428.

和中国社会主义实践相结合的政治经济学"[①]。30多年来，伴随着中国特色社会主义经济实践的不断向前发展，中国特色社会主义经济理论日益丰富完善，形成了许多重要理论成果，不仅有力指导了我国经济发展实践，而且开拓了马克思主义政治经济学新境界。

党的十八大以来，习近平总书记高度重视马克思主义政治经济学，多次就坚持和发展马克思主义政治经济学做出重要论述。2014年7月8日，在主持召开的经济形势专家座谈会上，他强调，各级党委和政府要学好用好政治经济学，自觉认识和更好遵循经济发展规律，不断提高推进改革开放、领导经济社会发展、提高经济社会发展质量和效益的能力和水平。2015年11月23日，在主持中央政治局第二十八次集体学习时指出，学习马克思主义政治经济学，是为了更好指导我国经济发展实践，既要坚持其基本原理和方法论，更要同我国经济发展实际相结合，不断形成新的理论成果。在2015年底召开的中央经济工作会议上指出，要坚持中国特色社会主义政治经济学的重大原则。2016年5月17日，在哲学社会科学工作座谈会上的讲话中强调，有人说，马克思主义政治经济学过时了，《资本论》过时了。这个说法是武断的。在上述讲话中，习近平总书记系统阐述了坚持发展当代中国马克思主义政治经济学的一系列重大问题，对于马克思主义政治经济学的发展具有重大的推动作用，在中国马克思主义政治经济学的发展历史上具有里程碑的意义。

二

习近平总书记关于政治经济学的讲话，提出了发展当代中国马克思主义政治经济学目标任务和重大原则。

首先，明确提出了马克思主义政治经济学对我国经济建设的指导意义。

---

① 邓小平文选（第3卷）[M]. 北京：人民出版社，1993：83.

习近平强调，马克思主义政治经济学是马克思主义的重要组成部分，也是我们坚持和发展马克思主义的必修课。学习马克思主义政治经济学，是为了更好指导我国经济发展实践。面对极其复杂的国内外经济形势，面对纷繁多样的经济现象，学习马克思主义政治经济学基本原理和方法论，有利于我们掌握科学的经济分析方法，认识经济运动过程，把握社会经济发展规律，提高驾驭社会主义市场经济能力，更好回答我国经济发展的理论和实践问题，提高领导我国经济发展能力和水平。马克思主义政治经济学是指导我国经济建设的唯一科学的理论。

其次，明确提出了发展当代中国马克思主义政治经济学的重大历史任务。习近平指出，党的十一届三中全会以来，我们党把马克思主义政治经济学基本原理同改革开放新的实践结合起来，不断丰富和发展马克思主义政治经济学，形成了当代中国马克思主义政治经济学的许多重要理论成果，比如，关于社会主义本质的理论，关于社会主义初级阶段基本经济制度的理论，关于树立和落实创新、协调、绿色、开放、共享的发展理念的理论，关于发展社会主义市场经济、使市场在资源配置中起决定性作用和更好发挥政府作用的理论，等等。这些理论成果，是适应当代中国国情和时代特点的政治经济学。习近平指出，学习马克思主义政治经济学，既要坚持其基本原理和方法论，更要同我国经济发展实际相结合，不断形成新的理论成果。

第三，提出中国特色社会主义政治经济学这一重要范畴。“一门科学提出的每一种新见解，都包含着这门科学的术语的革命。”[①] 改革开放以来，中国特色社会主义经济理论和实践的发展取得了举世瞩目的巨大成就，形成了关于发展社会主义经济的一系列新的重要理论成果，如何科学概括这些理论和实践发展的这些重要的成果，一直是理论界学术界思考和研究的一个课题，中国特色社会主义政治经济学这一新的理论范畴或概念术语的

---

① 马克思恩格斯全集（第23卷）［M］. 1版. 北京：人民出版社，1972：34.

提出，为我们科学解答这个重大课题开辟了正确的道路，它表明，我们对中国特色社会主义经济的认识在学理性和系统性上达到了新的高度，马克思主义政治经济学中国化和时代化的发展达到了新的高度，中国共产党在经济理论上的自觉和自信达到了新的高度，是一个重大的理论创新。

第四，明确提出了当代中国马克思主义政治经济学发展的正确途径。习近平强调，实践是理论的源泉。我国经济发展进程波澜壮阔、成就举世瞩目，蕴藏着理论创造的巨大动力、活力、潜力，要深入研究世界经济和我国经济面临的新情况新问题，为马克思主义政治经济学创新发展贡献中国智慧。要立足我国国情和我国发展实践，揭示新特点新规律，提炼和总结我国经济发展实践的规律性成果，把实践经验上升为系统化的经济学说，不断开拓当代中国马克思主义政治经济学新境界。

三

十八大以后，以习近平为总书记的党中央围绕着坚持和发展中国特色社会主义经济提出了一系列重大战略思想和重要理论观点，推动了中国特色社会主义政治经济学发展迈向新的历史阶段。

关于坚持党的领导。习近平指出，坚持党的领导，发挥党总揽全局、协调各方的领导核心作用，是我国社会主义市场经济的重要特征。党的坚强有力领导是政府发挥作用的根本保证。在全面深化改革过程中，要坚持和发展我们的政治优势，以我们的政治优势来引领和推进改革，调动各方面积极性，推动社会主义市场经济体制不断完善、社会主义市场经济更好发展。新形势下，各级干部特别是领导干部要坚持在实践中深化学习、在学习中深化实践，不断研究新问题、总结新经验，学会正确运用“看不见的手”和“看得见的手”，成为善于驾驭政府和市场关系的行家里手。

关于坚持以人民为中心的发展思想。习近平指出，坚持以人民为中心的发展思想，这是马克思主义政治经济学的根本立场。要坚持把增进人民福祉、促进人的全面发展、朝着共同富裕方向稳步前进作为经济发展的出发点和落脚点，部署经济工作、制定经济政策、推动经济发展都要牢牢坚持这个根本立场。要通过深化改革、创新驱动，提高经济发展质量和效益，生产出更多更好的物质精神产品，不断满足人民日益增长的物质文化需要。要全面调动人的积极性、主动性、创造性，为各行业各方面的劳动者、企业家、创新人才、各级干部创造发挥作用的舞台和环境。要坚持社会主义基本经济制度和分配制度，调整收入分配格局，完善以税收、社会保障、转移支付等为主要手段的再分配调节机制，维护社会公平正义，解决好收入差距问题，使发展成果更多更公平惠及全体人民。

关于牢固树立创新、协调、绿色、开放、共享的发展理念。习近平指出，发展理念是发展行动的先导，是管全局、管根本、管方向、管长远的东西，是发展思路、发展方向、发展着力点的集中体现。发展理念搞对了，目标任务就好定了，政策举措也就跟着好定了。创新、协调、绿色、开放、共享的发展理念是对我们在推动经济发展中获得的感性认识的升华，是对我们推动经济发展实践的理论总结，要坚持用新的发展理念来引领和推动我国经济发展，不断破解经济发展难题，开创经济发展新局面。创新是引领发展的第一动力。协调是持续健康发展的内在要求。绿色是永续发展的必要条件和人民对美好生活追求的重要体现。开放是国家繁荣发展的必由之路。共享是中国特色社会主义的本质要求。

关于坚持完善基本经济制度。公有制为主体、多种所有制经济共同发展，是社会主义初级阶段的一项基本经济制度。十八大以来，以习近平为总书记的党中央在总结和坚持以往成功经验的基础上，提出了新的历史条件下坚持完善社会主义基本经济制度的一系列新思想和新战略，包括：公有制为主体、多种所有制经济共同发展的基本经济制度是中国特色社会主义制度的重要支柱，也是社会主义市场经济体制的根基。公有制主体地位不能动摇，国有经济主导作用不能动摇，这是保证我国各族人民共享发展成果的制度性保证，也是巩固党的执政地位、坚持我国社会主义制度的重要保证。公有制经济和非公有制经济都是社会主义市场经济的重要组成部分，都是我国经济社会发展的重要基础。促进非公有制经济健康发展，推动广大非公有制经济人士做合格的中国特色社会主义事业建设者，建立“亲”“清”的新型政商关系；国有资本、集体资本、非公有资本等交叉持股、相互融合的混合所有制经济，是基本经济制度的重要实现形式。

关于坚持完善社会主义市场经济体制。社会主义制度建立以后，选择什么样的经济体制，是一个重大的理论和实践问题，核心问题是处理好政府和市场的关系。党的十八届三中全会根据我国社会主义市场经济理论和实践发展的新的形势和新的要求，提出了使市场在资源配置中起决定性作用和更好发挥政府作用的重大理论观点，在完善社会主义市场经济体制上迈出新的步伐。习近平强调，使市场在资源配置中起决定性作用和更好发挥政府作用，二者是有机统一的，“看不见的手”和“看得见的手”都要用好，努力形成市场作用和政府作用有机统一、相互补充、相互协调、相互促进的格局。科学的宏观调控、有效的政府治理，是发挥社会主义市场经济体制优势的内在要求。坚持社会主义市场经济改革方向，坚持辩证法、两点论，继续在社会主义基本制度与市场经济的结合上下功夫，把两方面优势都发挥好。

关于全面深化经济体制改革。党的十八大以来，习近平反复强调，改革开放只有进行时、没有完成时。面对新形势新任务，必须通过全面深化改革，着力解决我国发展面临的一系列突出矛盾和问题，不断推进中国特色社会主义制度自我完善和发展，推进国家治理体系和治理能力现代化。习近平指出，改革开放是一场深刻革命，必须坚持正确方向，沿着正确道路推进，中国是一个大国，不能出现颠覆性错误。在重要领域和关键环节改革上取得决定性成果，形成系统完备、科学规范、运行有效的制度体系，使各方面制度更加成熟更加定型。必须坚持正确的方法论，认真总结和运用改革开放的成功经验，从纷繁复杂的事物表象中把准改革脉搏，把握全面深化改革的内在规律。坚持问题导向，把摸着石头过河和加强顶层设计相统一，更加注重各项改革的相互促进、良性互动，整体推进，重点突破，形成推进改革开放的强大合力。必须坚持尊重人民首创精神，坚持在党的领导下推进。

关于坚持完善基本分配制度。习近平多次强调，要坚持和完善社会主义基本分配制度，走共同富裕的道路。习近平深刻地指出，我国经济发展的“蛋糕”不断做大，但分配不公问题比较突出，收入差距、城乡区域公共服务水平差距较大。在共享改革发展成果上，无论是实际情况还是制度设计，都还有不完善的地方。为此，我们必须坚持发展为了人民、发展依靠人民、发展成果由人民共享，做出更有效的制度安排，使全体人民朝着共同富裕方向稳步前进，绝不能出现“富者累巨万，而贫者食糟糠”的现象。收入分配是民生之源，是改善民生、实现发展成果由人民共享最重要最直接的方式。要坚持和完善社会主义基本分配制度，努力推动居民收入增长和经济增长同步、劳动报酬提高和劳动生产率提高同步，不断健全体制机制和具体政策，调整国民收入分配格局，持续增加城乡居民收入，不断缩小收入差距。

关于认识引领经济发展新常态。十八大后，面对着国际国内错综复杂的形势，以习近平为总书记的党中央审时度势，从我国经济发展的阶段性特征出发，做出了中国经济发展进入新常态的战略判断。经济发展进入新常态，在增长速度不可避免换挡的同时，我国经济发展表现出速度变化、结构优化、动力转换三大特点，增长速度要从高速转向中高速，发展方式要从规模速度型转向质量效率型，经济结构调整要从增量扩能为主转向调整存量、做优增量并举，发展动力要从主要依靠资源和低成本劳动力等要素投入转向创新驱动。这些变化不依人的意志为转移，是我国经济发展阶段性特征的必然要求。认识新常态，适应新常态，引领新常态，是当前和今后一个时期我国经济发展的大逻辑。

关于推进供给侧结构性改革。推进供给侧结构性改革，是中央在深入分析国际经济新形势和深刻揭示我国经济发展的阶段性特征的基础上，对我国未来经济发展新走向做出的重大战略部署，是适应和引领经济发展新常态的必然要求。供给侧结构性改革，重点是解放和发展社会生产力，用改革的办法推进结构调整，减少无效和低端供给，扩大有效和中高端供给，增强供给结构对需求变化的适应性和灵活性，提高全要素生产率。要通过一系列政策举措，特别是推动科技创新、发展实体经济、保障和改善人民生活的政策措施，来解决我国经济供给侧存在的问题。

关于构建开放型经济新体制。习近平指出，必须适应经济全球化新趋势、准确判断国际形势新变化、深刻把握国内改革发展新要求，以更加积极有为的行动，推进更高水平的对外开放，加快构建开放型经济新体制，以对外开放的主动赢得经济发展的主动、赢得国际竞争的主动。更好利用两个市场、两种资源，推动互利共赢、共同发展，提高把握国内国际两个大局的自觉性和能力，提高对外开放质量和水平。要牢牢抓住体制改革这个核心，坚持内外统筹、破立结合，坚决破除一切阻碍对外开放的体制机制障碍，加快形成有利于培育新的比较优势和竞争优势的制度安排，构建开放型经济新体制。顺应我国经济深度融入世界经济的趋势，奉行互利共赢的开放战略，坚持内外需协调、进出口平衡、引进来和走出去并重、引资和引技引智并举，发展更高层次的开放型经济。随着全球经济格局调整和自身经济实力提升，我们需要更加主动地发出自己的声音，打破少数国家对全球经济法律规则的“垄断”，使规则向着更为合理均衡的方向发展。积极参与全球经济治理，推动国际经济治理体系改革完善，提高我国在全球经济治理中的制度性话语权，弘扬共商共建共享的全球治理理念，构建人类命运共同体。

关于健全城乡一体化发展体制机制。习近平指出，城乡发展不平衡不协调，是我国经济社会发展存在的突出矛盾，是全面建成小康社会、加快推进社会主义现代化必须解决的重大问题。小康不小康，关键看老乡。要坚持工业反哺农业、城市支持农村和多予少取放活的方针，促进城乡公共资源均衡配置，加快形成以工促农、以城带乡、工农互惠、城乡一体的工农城乡关系，不断缩小城乡发展差距。要完善农村基本经营制度，顺应农民保留土地承包权、流转土地经营权的意愿，把农民土地承包经营权分为承包权和经营权，实现承包权和经营权分置并行。紧紧扭住发展现代农业、增加农民收入、建设社会主义新农村三大任务加快农村发展。农村贫困人口脱贫是全面建成小康社会最艰巨的任务，通过实施脱贫攻坚工程，实施精准扶贫、精准脱贫，实现农村贫困人口脱贫目标。

关于实施创新驱动发展战略。习近平总书记高度重视科技创新，围绕实施创新驱动发展战略、加快推进以科技创新为核心的全面创新，提出一系列新思想新论断新要求。他强调，实施创新驱动发展战略，是应对发展环境变化、把握发展自主权、提高核心竞争力的必然选择，是加快转变经济发展方式、破解经济发展深层次矛盾和问题的必然选择，是更好引领我国经济发展新常态、保持我国经济持续健康发展的必然选择。实施创新驱动发展战略，最根本的是要增强自主创新能力，最紧迫的是要破除体制机制障碍，最大限度解放和激发科技作为第一生产力所蕴藏的巨大潜能，着力增强自主创新能力，着力完善人才发展机制，着力营造良好政策环境，着力扩大科技开放合作。要夯实科技基础，在重要科技领域跻身世界领先行列。要强化战略导向，破解创新发展科技难题。要加强科技供给，服务经济社会发展主战场。要深化改革创新，形成充满活力的科技管理和运行机制。要弘扬创新精神，培育符合创新发展要求的人才队伍。

习近平总书记的上述重要论述，涉及到了中国特色社会主义经济中生产、分配、交换等各个环节以及基本经济制度、基本分配制度、社会主义市场经济、经济改革、经济发展、对外开放以及党的领导和政府的作用等各个方面，形成了完整的理论体系，是21世纪当代中国的马克思主义政治经济学，实现了马克思主义政治经济学基本理论同中国实际相结合新的历史飞跃，开创了马克思主义政治经济学发展的新时代。

四

习近平总书记在哲学社会科学工作座谈会上的重要讲话，全面深刻阐述了我国哲学社会科学的根本性质和发展方向，是指导新时期我国哲学社会科学发展的纲领性文献，也是指导新时期中国经济学发展的纲领性文献，对于发展当代中国马克思主义政治经济学具有重要指导意义。

第一，坚持以马克思主义政治经济学为指导，首先要解决真懂真信的问题，下大气力、下苦功夫深入学习研究马克思主义政治经济学，掌握真谛、融会贯通，不能浅尝辄止、蜻蜓点水。坚持以马克思主义为指导，核心是要解决好为什么人的问题，是为少数人服务还是为绝大多数人服务，这一问题在经济学研究中尤为重要。正如马克思曾经指出："政治经济学所研究的材料的特殊性质，把人们心中最激烈、最卑鄙、最恶劣的感情，把代表私人利益的复仇女神召唤到战场上来反对自由的科学研究。"[①] 必须把坚持以人民为中心导向贯穿中国经济学的建设发展过程之中，努力多出经得起实践、人民、历史检验的研究成果。坚持以马克思主义为指导，最终要落实到怎么用上来，要坚持问题导向，认真研究解决经济改革发展中重大而紧迫的问题，提出解决问题的正确思路和有效办法。

第二，在对待坚持以马克思主义政治经济学为指导问题上，要认识清醒、态度坚定。当前，社会上对于马克思主义政治经济学的指导地位存在一些模糊甚至错误的认识。有的认为马克思主义政治经济学已经过时，有

---

① 资本论（第1卷）[M]. 2版. 北京：人民出版社，2004：10.

的认为马克思主义只是一种意识形态说教，没有学术上的学理性和系统性。在经济学领域中，马克思主义被边缘化、空泛化、标签化，在学科中“失语”、教材中“失踪”、论坛上“失声”的情况，在不同程度上存在着。一个时期以来，社会上盲目崇拜和照搬照抄西方经济理论和学术话语体系之风盛行，片面的错误的经济理论流行泛滥，由此造成的混乱和危害日益明显。必须强调，马克思主义政治经济学是科学，也是意识形态，体现了革命性与科学性的统一。作为一种科学理论，马克思主义政治经济学可以成为批判旧世界的武器，也可以成为建设新社会和指导经济发展的指南。马克思、恩格斯依据辩证唯物主义和历史唯物主义的科学世界观和方法论，批判性地继承了历史上出现的各种经济思想特别是资产阶级古典经济学的精华，克服了其存在的时代局限、阶级局限和思想方法上的局限，科学地揭示了人类社会的经济运动规律，特别是资本主义经济的运动规律及其历史趋势，阐明了社会主义制度代替资本主义制度的历史必然性，为社会主义经济建设指明了方向。马克思主义政治经济学的基本理论和方法，包括生产力与生产关系的理论、劳动价值论、剩余价值论、资本主义基本矛盾理论、帝国主义理论、资本主义向社会主义过渡的理论以及关于社会主义经济的理论，经受了历史和实践的检验，被证明是科学的理论，普遍的真理。

第三，建设具有中国特色的经济学体系，必须立足中国的实践，以我国实际为研究起点，提出具有主体性、原创性的理论观点，以我们正在做的事情为中心，从改革发展的实践中挖掘新材料、发现新问题、提出新观点、构建新理论。解决好民族性问题，就有更强能力去解决世界性问题；把中国实践总结好，就有更强能力为解决世界性问题提供思路和办法。这是由特殊性到普遍性的发展规律决定的。当代中国马克思主义政治经济学、中国特色社会主义政治经济学虽然是对改革开放以来中国经济改革与经济发展实践经验的概括和总结，具有鲜明的中国特色，但是，普遍性寓于特殊性之中，其中也蕴含着经济社会发展的一般规律，特别是在发展社会主义市场经济、推动工业化城镇化、有效发挥政府的作用、消除贫困、正确处理改革发展稳定的关系等方面，创造了有规律性的经验，在理论上有着普遍性的意义，丰富和发展了人们对社会主义制度、市场经济和经济发展的认识，为马克思主义政治经济学的创新发展和人类经济思想的宝库贡献了中国智慧。

第四，建设中国特色的经济学体系，要坚持古为今用、洋为中用，坚持不忘本来、吸收外来；既向内看，又向外看；既向前看，又向后看。我们既要立足本国实际，又要开门搞研究，充分吸收借鉴国外经济学发展的有益成果。对一切有益的知识体系和研究方法，我们都要研究借鉴，不能采取不加分析、一概排斥的态度。马克思、恩格斯在建立自己理论体系的过程中就大量吸收借鉴了前人创造的成果。对现代社会科学积累的有益知识体系，运用的模型推演、数量分析等有效手段，我们也可以用，而且应该好好用。需要注意的是，在采用这些知识和方法时不要忘了老祖宗，不要失去了科学判断力。一切刻舟求剑、照猫画虎、生搬硬套、依样画葫芦的做法都是无济于事的。解决中国的经济问题，提出解决人类经济问题的中国方案，要坚持中国人的世界观、方法论。如果不加分析把国外学术思想和学术方法奉为圭臬，一切以此为准绳，那就没有独创性可言了。强调民族性并不是要排斥其他国家的学术研究成果，而是要在比较、对照、批判、吸收、升华的基础上，使民族性更加符合当代中国和当今世界的发展要求。哲学社会科学研究范畴很广，不同学科有自己的知识体系和研究方法。

在新的历史条件下，我们必须认真学习习近平总书记关于发展当代中国马克思主义政治经济学、中国特色社会主义政治经济学的重要论述，坚持运用马克思主义政治经济学的基本理论分析新的实际，指导新的实践，研究经济生活中出现的新情况、新问题，得出新结论、新认识，发现新思路、新办法，不断创造新的成功经验，不断推进当代中国马克思主义政治经济学和中国特色社会主义政治经济学的发展，夺取中国特色社会主义经济建设的新胜利。

（原载于《中国浦东干部学院学报》2016 年第 4 期，副标题：学习习近平总书记关于发展当代中国马克思主义政治经济学的论述）

关于中国特色社会主义政治经济学的若干问题

社会主义政治经济学是关于社会主义经济制度及其发展规律的科学，是马克思主义政治经济学的重要组成部分。新中国成立后，以毛泽东同志为代表的中国共产党人努力探索适合中国国情的社会主义经济建设道路，提出了发展社会主义经济的一系列独创性理论观点，创造性发展了马克思主义政治经济学。党的十一届三中全会以来，中国共产党把马克思主义政治经济学基本原理同改革开放新的实践结合起来，不断丰富和发展马克思主义政治经济学，创立了中国特色社会主义政治经济学。其主要内容包括：关于社会主义本质的理论，关于科学发展的理论，关于树立和落实创新、协调、绿色、开放、共享的发展理念的理论，关于社会主义初级阶段基本经济制度、基本分配制度的理论，关于社会主义市场经济的理论，关于对外开放的理论，关于我国经济发展进入新常态的理论，关于推动新型工业化、信息化、城镇化、农业现代化相互协调的理论，关于用好国际国内两个市场、两种资源的理论，等等。这些理论成果，是适应当代中国国情和时代特点的政治经济学，不仅有力指导了我国经济发展实践，而且开拓了马克思主义政治经济学新境界。正如习近平总书记强调的，解决好民族性问题，就有更强能力去解决世界性问题；把中国实践总结好，就有更强能力为解决世界性问题提供思路和办法。这是由特殊性到普遍性的发展规律。

中国特色社会主义政治经济学虽然是对改革开放以来中国经济改革与经济发展实践经验的概括和总结，具有鲜明的中国特色。但是，普遍性寓于特殊性之中。中国特色社会主义经济理论和实践中也蕴含着经济社会发展的一般规律，在理论上有着普遍性的意义。在新的历史条件下，我们需要在理论与实践的统一和互动中不断深化对中国特色社会主义政治经济学的认识，推动中国特色社会主义经济理论和实践的发展，为人类文明的发展做出贡献。

一、 中国特色社会主义政治经济学的理论体系

对于中国特色社会主义政治经济学的发展，习近平同志提出了这样一个重要任务，“要立足我国国情和我国发展实践，揭示新特点新规律，提炼和总结我国经济发展实践的规律性成果，把实践经验上升为系统化的经济学说，不断开拓当代中国马克思主义政治经济学新境界。”这个任务的提出，一方面反映了中国特色社会主义经济实践不断发展、制度更加成熟的需要。另一方面反映了中国特色社会主义经济理论日益丰富、体系更加完善的需要。

一门成熟的科学，必须经过系统化、学理化、规范化的发展，体现为一整套相互联系的概念、范畴和原理，确立自己的核心范畴和逻辑线索，并能够经受逻辑和实践的检验，才能构成为一个完整的理论体系，进而被广泛学习、普及、传承，中国特色社会主义政治经济学的发展自然也不例外，也需要在构建理论体系上取得进展。

实际上，早在20世纪50年代社会主义制度建立之初，学术界就开始探讨这一问题。当时就有学者提出，社会主义的生产目的即最大限度地满足社会需要是政治经济学社会主义部分的核心，这是贯穿整个社会主义生产的一条红线，应当以此为中心构建社会主义经济理论体系。还有的学者提

出，应当从分析社会产品出发建立社会主义经济理论体系。改革开放以后，特别是八十年代，对这一问题的讨论更加深入具体。例如：关于社会主义经济理论的起点问题，有的主张从社会主义公有制开始，有的主张从社会产品开始，有的主张从商品开始，有的主张从劳动开始，有的主张从企业开始，有的主张从消费需要开始等等；关于社会主义经济理论的红线问题，有的主张是社会主义基本经济规律，有的主张是经济效益，有的主张是经济利益，有的主张是剩余劳动规律，有的主张是必要价值规律等等；关于社会主义经济理论的基本范畴，有的主张是净产品，有的主张是奖金，有的主张是 V + M，有的主张是自主劳动等等。[①] 对于这些问题的不同回答，反映了人们对社会主义经济的本质和发展规律的不同认识。

对中国特色社会主义政治经济学理论体系的认识，在不同版本的社会主义政治经济学的教科书得到了集中体现。改革开放以来，中国版的社会主义政治经济学教科书，有以下几种代表性体系：

一是按照马克思《资本论》的体系，从社会主义生产、流通和分配几个方面来进行阐述的理论体系。这种思路在改革初期比较流行，以许涤新的《论社会主义的生产、流通与分配——读资本论笔记》一书为代表，20世纪80年代初比较流行的一些政治经济学教材如谷书堂和宋则行主编的《政治经济学社会主义部分》（即北方本）也是按照这种体系组织起来的。[②] 这一体系的优点是比较符合马克思主义政治经济学的方法论和逻辑体系，但是，由于当时中国特色的社会主义经济理论体系尚未成形，因而，这一思路演绎的成分较多，未能充分反映出改革开放以来形成的中国特色社会主义经济理论的主要内容和主要成果。

---

① 参见张朝尊“政治经济学社会主义部分”，载于《中国社会主义经济理论的回顾和展望》，经济日报出版社1986年版。

② 许涤新．论社会主义的生产、流通与分配——读资本论笔记［M］．北京：人民出版社，1979；谷书堂、宋则行．政治经济学社会主义部分［M］．西安：陕西人民出版社，1983.

二是按照给定体制下的经济运行、经济和社会发展的目标以及人的地位三个层次来阐述的理论体系，这种观点以厉以宁的《社会主义政治经济学》为代表。这一思路比较早比较多地借鉴了现代西方经济学的分析方法，同时特别强调对人的关心和培养是社会主义的生产目的，认为只有从分析社会主义经济运行，进而分析社会主义社会的发展目标和分析人在社会主义社会中的地位，才能真正分析社会主义经济的运动规律。但是，由于该书出版在80年代中期，因而，这一思路同样没有能反映中国特色社会主义经济理论的主要内容和主要成果[①]。

三是把马克思主义政治经济学体系与西方经济学的体系相结合，按照本质、运行、发展的三个层次进行阐述的理论体系。其中本质层次包括制度和体制两个方面，运行层次又分为微观和宏观两个部分。从80年代后期开始，一些比较流行政治经济学教科书都是按这种体系建立的。比如吴树青等主编的《政治经济学（社会主义部分)》、谷书堂主编的《社会主义经济学通论》、逄锦聚等主编的《政治经济学》、柳欣、林木西主编的《政治经济学社会主义部分》的体系，基本上都是按照这种思路建立的。这一思路的优点是理论体系比较完整，在坚持马克思主义经济理论和社会主义基本制度的同时，引入了微观经济和宏观经济分析，较好地借鉴了现代西方经济学的分析方法，缺点是制度分析与运行分析、对马克思主义政治经济学理论的运用与对西方经济学理论的运用之间经常是脱节的，有时甚至是矛盾的[②]。

四是按照中国特色社会主义经济理论发展的历史进程和内在逻辑来阐述的理论体系，内容包括：社会主义基本经济制度、社会主义市场经济、社会主义分配制度、国有企业改革与发展、社会主义经济发展、全球化与

---

① 厉以宁．社会主义政治经济学［M］．北京：商务印书馆，1987.

② 吴树青、谷书堂、吴宣恭．政治经济学（社会主义部分）［M］．北京：中国经济出版社，1993；谷书堂．社会主义经济学通论，高等教育出版社，2006；逄锦聚，等．政治经济学［M］．北京：高等教育出版社，2006.

对外开放、政府职能与政府调节等。这一思路的代表性成果有：宋涛主编的《政治经济学教程》、卫兴华、张宇著的《社会主义经济理论》、马克思主义理论研究和建设工程重点教材《马克思主义政治经济学概论》、杨承训编写的《中国特色社会主义经济学》等，大体上都是按照这种思路编写的，其主要特点是，坚持用马克思主义的立场、观点和方法分析现实问题，紧密结合中国特色社会主义建设的具体实践，比较全面地反映了中国共产党关于社会主义经济建设理论的发展进程，反映了中国特色社会主义经济理论的基本内容，缺点是体系不够完整，理论阐述不够深入[①]。

在充分吸取和借鉴以往研究成果的基础上，我们对中国特色社会主义政治经济学理论体系的构建提出了新的设想，这就是制度、运行、发展和开放四位一体的体系结构。具体来说：

第一篇，中国特色社会主义经济制度。中国特色社会主义经济制度是中国特色社会主义生产关系的具体体现，主要包括了社会主义基本经济制度、社会主义基本分配制度和社会主义市场经济制度三个方面的内容，分别体现了中国特色社会主义的生产、分配和交换关系。其中，以公有制为主体、多种所有制经济共同发展的基本经济制度居于核心地位，决定了中国特色社会主义基本分配制度和社会主义市场经济。中国特色社会主义经济制度是中国特色社会主义经济的制度基础，中国特色社会主义经济的运行、发展和开放都在这一基础上展开的。

第二篇，中国特色社会主义经济运行。中国特色社会主义经济运行是中国特色社会主义经济制度在经济活动中的实现，主要包括了三个方面的内容，即微观经济运行、中观经济运行和宏观经济运行。其中，微观经济运行是市场配置资源的基础，并通过企业、农户、居民的经济活动得以实

---

① 宋涛．政治经济学教程［M］．北京：中国人民大学出版社，2013；卫兴华、张宇．社会主义经济理论［M］．北京：高等教育出版社，2012；马克思主义政治经济学概论［M］．北京：人民出版社、高等教育出版社，2012；杨承训．中国特色社会主义经济学［M］．北京：人民出版社，2009.

现。中观经济运行是微观经济运行和宏观经济运动的结合部，在中国的经济运行过程中具有的特殊地位和作用。宏观经济运行是社会产品的总供给与总需求的平衡及其波动，体现了经济运动的总体过程。中国特色社会主义经济的运行既反映了社会化生产和市场经济的一般规律，又体现了中国特色社会主义经济制度的特殊要求。

第三篇，中国特色社会主义经济发展。中国特色社会主义经济发展是中国特色社会主义经济运行长期积累的结果，主要包括三个方面的内容：即经济增长、经济发展以及城乡一体化。其中，经济增长表现为国民经济产出和服务的增加。经济发展表现为经济增长的基础上经济结构的优化和社会的全面进步。城乡一体化则是中国特色社会主义经济发展的重点和特色所在。中国特色社会主义经济发展既是生产力的发展过程，也是社会主义生产关系的实现过程。从生产力的发展看，社会主义经济发展的内容包括了物质产品的增加、劳动生产率的提高、经济结构的优化和工业化和信息化加深，从社会主义生产关系的实现过程看，社会主义经济发展要求体现以人民为中心的思想、实现社会主义生产目的、发挥社会主义制度的优越性，保障经济更公平、更可持续、更有效率的发展。

第四篇，中国特色社会主义对外开放。中国特色社会主义对外开放是中国特色社会主义经济参与经济全球化进程的产物，主要包括三个方面的内容：即参与经济全球化、发展对外关系和参与全球经济治理。其中，参与经济全球化是对外开放在资源配置中的表现，发展对外经济关系是对外开放在国际经济关系上的表现，参与全球经济治理是对外开放在全球治理上的表现。中国特色社会主义对外开放，一方面体现了促进了生产社会化的发展和各国之间的相互依赖；另一方面，体现了中国特色社会主义经济制度在推动和促进世界经济发展中的作用。

中国特色社会主义经济制度、经济运行、经济发展和对外开放作为一个有机的整体，相互联系、融会贯通，全面反映了中国特色社会主义经济的本质特征和内在规律。

二、 关于中国特色社会主义经济的本质特征

社会主义经济的本质问题，是社会主义经济理论与实践发展中的核心问题。改革开放以来，人们对社会主义经济本质的认识在实践中不断得到深化和发展，概括起来讲，这种深化和发展是从以下三个视角展开的：

一是从目的的角度深化和创新了对社会主义经济本质的认识。马克思和恩格斯认为，所谓的共产主义社会就是这样一个社会，“在那里，每个人的自由发展是一切人的自由发展的条件”①。斯大林提出了社会主义基本经济规律这一重要范畴，用来概括社会主义经济的本质，即：“用在高度技术基础上使社会主义生产不断增长和不断完善的办法，来保证最大限度地满足整个社会经常增长的物质文化需要。”② 毛泽东提出：“社会主义经济是为人民服务的经济。”③ 邓小平根据社会主义初级阶段的实际对社会主义的本质做出了新的概括：“社会主义的本质，是解放生产力，发展生产力，消灭剥削，消除两极分化，最终达到共同富裕。”十八大后，党中央提出的以人民为中心的发展思想，进一步体现了社会主义的目的。

二是从基本制度的角度深化和创新了对社会主义本质的认识。马克思主义经典作家曾经从生产资料公有制、按劳分配和计划调节等方面阐述了社会主义经济制度的基本特征。改革开放以来，我国确立了中国特色社会主义经济制度，其主要内容《宪法》有明确阐述：“中华人民共和国的社会主义经济制度的基础是生产资料的社会主义公有制，即全民所有制和劳动群众集体所有制。社会主义公有制消灭人剥削人的制度，实行各尽所能、

---

① 马克思恩格斯选集（第1卷）[M]. 北京：人民出版社，1995：294.

② 斯大林选集（下卷）[M]. 北京：人民出版社，1979：569.

③ 毛泽东年谱（一九四九——一九七六）（第四卷）[M]. 北京：中央文献出版社，2012.

按劳分配的原则。国家在社会主义初级阶段，坚持公有制为主体、多种所有制经济共同发展的基本经济制度，坚持按劳分配为主体、多种分配方式并存的分配制度。”“国家实行社会主义市场经济。”中国特色社会主义经济制度是对马克思经典科学社会主义理论的继承和发展，它说明了现阶段中国经济制度的根本性质，为中国特色社会主义的发展奠定了可靠的经济基础。

三是从属性或要求的角度深化和创新了对社会主义本质的认识。马克思和恩格斯曾经用“自由王国”“有计划的自觉的组织”“自由人的联合体”等来概括未来共产主义社会的性质。改革开放以来，我们党又提出了“党的领导是中国特色社会主义的最本质特征”“社会和谐是中国特色社会主义的本质属性”“维护和实现公平正义是社会主义的本质要求”“共享是中国特色社会主义的本质要求”等重要论断，使我们对社会主义本质属性和本质要求的认识更加全面更加完善。

上述三个方面从不同角度概括和反映了社会主义经济的本质。这三个方面是内在联系不可分割的。社会主义的目的表明了社会主义制度的价值和意义，离开社会主义的目的，社会主义基本制度的建立和完善就失去了方向、意义和动力；社会主义基本制度则是实现社会主义目的的根本途径和社会主义的本质属性得以产生的客观基础，离开社会主义基本制度，社会主义的目的和属性就成为无源之水、无本之木；社会主义的本质属性则是社会主义基本制度的表现形式和内在要求，离开了社会主义的本质属性，社会主义目的的实现和社会主义基本制度的要求就无法得到保障。只有在上述三个方面的有机联系中，我们才能完整准确地说明社会主义的本质特征，而历史和现实中出现的对于社会主义本质的许多片面和不正确的认识，都与不能正确理解上述三个方面的内在联系有关，主要的表现有以下几种：

一是对社会主义的目的认识不够。改革开放前经常出现的一种错误就是脱离了生产力的发展规律和社会主义的目的而片面强调社会主义制度的纯粹性，追求“一大二公”，急于向共产主义过渡，这样就把制度当作了目的，而社会主义的真正目的即最大限度满足人民群众的物质文化需要和实现人的全面发展却被忽视了。因此，邓小平才强调，贫穷不是社会主义，社会主义的本质是解放和发展生产力，最终达到共同富裕。

二是对社会主义的本质属性认识不够。社会主义的本质属性是社会主义基本制度的表现形式，它一方面反映了社会主义基本制度的内在要求，另一方面反过来又对社会主义基本制度的巩固和完善提供了保障。但是长期以来我们对社会主义有哪些本质属性，这些本质属性是如何体现社会主义基本制度要求的，如何才能切实保障社会主义的本质属性得以实现等问题，我们的认识和研究一直比较薄弱，理论上的薄弱在实践上就表现为基本制度的不完善和不成熟。

三是对社会主义的基本制度认识不够。近年来理论界流行着一种片面认识，这种认识脱离社会主义的基本制度抽象地谈论公平、正义、和谐、民主等原则，甚至把这些抽象的原则当作了社会主义的本质，把社会主义基本制度的属性和要求与社会主义基本制度本身混为一谈，其结果就是使社会主义从科学的理论蜕化成为空洞的口号和道德的说教。

马克思主义认为，任何社会的公平和正义都不是抽象的、绝对的和永恒不变的，而是具体的、相对的和历史的，关于公平和正义的观念不仅因时因地而变，甚至也因人而异。因此，科学社会主义一贯反对空谈公平与正义，反对把社会主义当作平等的王国，并把是从客观的事实和规律出发还是从公平正义的理想出发当作区别空想社会主义与科学社会主义的一个根本原则。建设中国特色的社会主义从根本上来说，就是在大力发展生产力和不断完善社会主义基本制度的基础上，实现社会的公平和正义、建立各尽其能、各得其所而又和谐相处的社会主义和谐社会，促进人的全面发展和社会的共同富裕，使社会主义的目的、制度和属性有机地统一起来。

三、 关于社会主义基本经济制度

马克思主义政治经济学认为，生产资料所有制是社会经济制度的基础，是决定社会基本性质和发展方向的根本因素。在《共产党宣言》中，马克思和恩格斯特别强调，所有制问题是社会主义运动的基本问题，共产党人可以把自己的理论概括为一句话：消灭私有制。在《反杜林论》中恩格斯曾经指出："无产阶级将取得国家政权，并且首先把生产资料变为国家财产。"他们认为，未来社会"同现存制度的具有决定意义的差别当然在于，在实行全部生产资料公有制（先是单个国家实行）的基础上组织生产"①。

新中国成立后，通过社会主义改造，我国建立了以公有制为基础的社会主义制度。改革开放以来，中国共产党从实际出发，确立了公有制为主体、多种所有制经济共同发展的社会主义初级阶段的基本经济制度。这一制度的主要内容是：

第一，必须毫不动摇地巩固和发展公有制经济。《中华人民共和国宪法》第六条明确指出："中华人民共和国的社会主义经济制度的基础是生产资料的社会主义公有制。"第七条明确指出："国有经济，即社会主义全民所有制经济，是国民经济中的主导力量。"在农村，实行以土地集体所有、统分结合的双层经营为特征的农村基本经营制度。公有制主体地位不能动摇，国有经济主导作用不能动摇，这是保证我国各族人民共享发展成果的制度性保证，也是巩固党的执政地位、坚持我国社会主义制度的重要保证。

第二，毫不动摇地鼓励、支持和引导非公有制经济发展。包括个体、私营等各种形式在内的非公有制经济是社会主义市场经济的重要组成部分，是我国经济社会发展的重要基础，有利于繁荣城乡经济、增加财政收入，

① 马克思恩格斯选集（第4卷）[M]. 北京：人民出版社，1995：693.

有利于扩大社会就业、改善人民生活，有利于优化经济结构、促进经济发展，对全面建设小康社会和加快社会主义现代化进程具有重大的战略意义。

第三，要把坚持公有制为主体，促进非公有制经济发展，统一于社会主义现代化建设的进程中，不能把这两者对立起来。各种所有制经济完全可以在市场竞争中发挥各自优势，相互促进，共同发展。国有资本、集体资本、非公有资本等交叉持股、相互融合的混合所有制经济，是基本经济制度的重要实现形式，有利于国有资本放大功能、保值增值、提高竞争力，是新形势下坚持公有制主体地位，增强国有经济活力、控制力、影响力的一个有效途径和必然选择。

在坚持和发展公有制的过程中，有许多重要的理论问题是需要弄清的，如：什么是公有制？公有制的生产力基础是什么？以公有制为主体的含义是什么？等等。

对于什么是公有制的问题，目前的认识主要是从所有权的归属的角度来进行的。但是，按照马克思主义经济学的观点，生产资料所有制在本质上是一种经济关系、经济过程和行为规范，脱离开这些关系、过程和行为的抽象的所有权，只不过是一种形而上学的或“法学的幻想”。就国有经济来说，它是什么性质的，是社会主义性质还是资本主义性质的，主要取决于一个社会占统治地位的生产关系。社会主义国家的国有经济与资本主义国家的国有经济的根本区别，在于它们所具有地位和作用不同，体现了不同的生产关系。社会主义经济以公有制为基础、国有经济为主导，体现了社会调节、按劳分配、民主管理和剩余分享等新型的经济关系；而资本主义经济以雇佣劳动关系为基础，国有经济只是私人资本的补充形式。深化国有经济改革的实质就是在实践中寻找公有制的有效实现形式，使国有经济更好地体现社会主义的性质，更好地发挥出它的制度优势。

对于什么是公有制的生产力基础问题，马克思主义经典作家提出了生产社会化这一概念，认为生产社会化的发展必然导致生产资料的公有制代替私有制。但是，在现实中，生产的社会化实际上是一个相当复杂的经济现象，它本身经历了若干重要的演化过程和发展阶段，在这些不同的发展阶段，生产社会化的性质和对生产资料所有制和产权制度的要求是不完全相同的。因此，生产的社会化与生产资料的社会占有之间的关系在现实中是比较复杂的，在这一问题上并没有一个简单的固定不变的标准，必须从实际出发进行具体深入的分析。

对于以公有制的主体的含义，以往的观点认为主要体现在两个方面，一是公有资产在社会总资产中占优势，二是国有经济在国民经济中发挥主导作用。但是，在现实生活中到底用什么样的指标来衡量公有制的主体地位和国有经济的主导作用，也是一个有待解决的复杂的问题。比如，对于公有资产的现有的各种统计都是以资产的市场价值为前提，对于没有进入市场交易的各种公有资产，如农村集体所有制的土地、城镇国有土地、矿藏等资源的价值，就很难加以统计。对于国有经济的主导作用，在理论上也存在许多有待深入探索的问题。目前人们对于国有经济主导作用的描述，使用了经济实力、国防实力、民族凝聚力以及经济活力、控制力、影响力等一系列具体概念，但这些概念还不能准确说明社会主义市场经济中国有经济主导作用的本质内含。

需要深入探讨的一个关键性问题，是《宪法》中规定的公有制的主体地位由谁以及如何来保障实施的问题。虽然社会主义初级阶段基本经济制度早已被写入《宪法》，但是在市场经济条件下，所有制结构的变动在很大程度上取决于市场机制的作用，受到市场竞争、全球化、资本流动等多种因素的影响，必然会处于动态变化之中。在这样的条件下，如果缺乏有效的体制机制和法律措施的保障而单纯依靠市场自发作用，基本经济制度的实现就有可能落空。而建立和完善基本经济制度的保障机制，关键是要确立基本经济制度的调控主体，由其负责对基本经济制度的发展状况进行调研，督促基本经济制度各项法律和政策措施的落实，协调各种所有制经济发展的关系。目前中国已经形成了比较完整和成熟的宏观经济调控体系，但是还没有形成比较完整成熟的所有制结构调控体系。

四、关于社会主义基本分配制度

对于社会主义社会的分配制度，马克思主义经典作家提出过两条基本原则：一是在新的社会制度中，生产将以所有人的富裕为目的，为了社会的共同利益。二是共产主义的高级阶段将实行按需分配原则，低级阶段则要对个人消费品实行按劳分配。改革开放以来形成的中国特色的社会主义分配理论从以下方面继承和发展了上述分配原则：

一是坚持以按劳分配为主、多种分配方式并存。按劳分配是社会主义公有制经济中的个人消费品分配原则，允许资本、土地、技术等生产要素参与分配，适应了多种所有制经济的发展。

二是改变计划经济中收入分配中的平均主义问题，既鼓励先进，促进效率，合理拉开收入差距，又注重防止两极分化，维护社会公平，逐步实现共同富裕。

三是坚持效率与公平的统一，初次分配和再分配都要处理好效率和公平的关系，再分配更加注重公平，使发展成果更多更公平惠及全体人民，朝共同富裕方向稳步前进。

关于收入分配的上述理论，既坚持了按劳分配和共同富裕的科学社会主义的基本原则，又适应了多种所有制经济共同发展和社会主义市场经济的新情况，是很有意义的。但是，在理论和实践中也遇到了不少棘手的问题，需要深入研究和探索的。

比如，在以按劳分配为主、多种分配方式并存的原则中，按劳分配为主的含义是什么？体现在哪些方面？是指劳动收入在国民收入占的比重，还是指参与按劳分配的社会成员在全社会成员中所占的比重，还是指按劳分配原则的适用范围的大小，或者其他？在市场经济的条件下，按劳分配中的劳以什么为标准，应当如何确定？从一般的理解来看，按劳分配是社会主义公有制经济中个人收入的分配原则，在社会主义经济中，由于公有制在所有制结构中占据主体地位，因此，与这种主体所有制相适应的分配形式即按劳分配自然在多种分配方式中也占主体地位。但是，这里有一个复杂的情况往往被忽略了，即公有制的主体地位并不必然带来按劳分配的主体地位，由于公有制经济特别是国有经济的有机构成远远高于非公有制经济，因而，公有资产占优势并不必然导致公有制企业中从业的劳动者也在社会总劳动中占优势，在实际的经济生活中，在非公有制经济中就业的劳动者的人数远远多于在公有制经济中就业的劳动者，因此，按劳分配的主体地位也是一个需要重新加以说明的问题。

改革开放以来，我国居民生活持续得到改善，与此同时，不同社会阶层之间的收入差距也越来越大，进入新世纪以来，基尼系数持续保持在0.45以上，收入差距扩大的问题十分突出。

那么，收入差距的这种扩大是由什么原因造成的呢？对这一问题，学界主要有三种观点：

一种观点认为，贫富差距扩大，是因为市场经济发展不到位，不规范，生产要素不能自由流动，存在着市场垄断。他们认为，只要市场经济发展好了，贫富差距就会缩小。

第二种观点认为，贫富差距扩大的原因是多种多样的，如腐败、地区差距、城乡差距、少数行业高薪、税收制度不健全等。因此，需要从多个方面入手进行全面治理。

第三种观点认为，上述这些因素固然对收入差距有重要影响，但都不是根本性原因。分析贫富差距，绕不开所有制问题。根据马克思的理论观点和中国的实际情况，造成两极分化的根本原因，只能是中外资本主义经济即私营和外资企业的大量发展。私有制的小商品生产会产生分化，而资本主义经济则会扩大两极分化的范围和趋势。

正确分析贫富差距扩大问题，关键是区分两类性质不同的收入问题：

一类收入差距发生在普通劳动者之间，主要是因不同部门、地区、行业之间劳动者的素质或贡献和生活费用的差别造成的。比如，高科技部门复杂劳动的收入高于其他部门简单劳动的收入，城镇居民的生活费用高于农民居民的生活费用。同时，也与现实中存在的行业垄断、劳动力市场和工资机制不完善等因素有一定关系。这类收入差距体现了按劳分配的要求，有利于调动生产者的积极性，对于其中不合理的因素则需要采取措施进行调节。

另一类收入差距发生在不同的财产占有者之间，特别是资本的所有者与劳动者之间，主要是由于人们在财产（包括生产资料、房地产、各种金融资产和经济资源）占有特别是生产资料占有上的差别造成的。这类收入差距是市场经济发展的必然产物，有利于发挥市场机制的作用，但如果没有有效的调节，则必然会导致财产占有和收入分配的两极分化：一极是财富在少数人手中的不断积累和增大，另一极则是大多数人生活的相对贫困。

马克思主义政治经济学告诉我们，生产决定分配，生产资料占有关系是决定收入分配关系的根本因素。导致贫富差距不断扩大的主要因素不可能是劳动收入，而只能是财产收入。实现共同富裕固然需要加大收入的再分配调节的力度，包括完善社会保障制度，增加公共支出、加大转移支付力度等措施，但初次分配体制和财产关系的公正合理才具有根本的意义，这就是：坚持完善以公有制为主体、多种所有制共同发展的基本经济制度，坚持完善以按劳分配为主体、多种分配方式并存的基本分配制度，建立和谐的劳动关系，保障劳动的基本权益，完善工资正常增长机制，提高劳动收入在国民收入分配中的比重，普遍较陕增加城乡居民收入。此外，还要构建能够有效拉近贫富差距的税制体系，加大对财产性收益和资源利用的税收调节，依法逐步建立以权利公平、机会公平、规则公平、分配公平为主要内容的社会公平保障体系，更好地体现社会主义制度的优越性。

五、 关于社会主义市场经济

经过30多年的深入改革，中国成功实现了从高度集中的计划经济体制到充满活力的社会主义市场经济体制的伟大历史转折，极大地促进了社会生产力、综合国力和人民生活水平的提高，打开了我国经济、政治、文化和社会发展的全新局面，为发展中国特色社会主义提供了强大动力和体制保障。改革开放成功的经验，最重要的就是社会主义制度与市场经济相结合，在社会主义条件下发展市场经济。

社会主义市场经济是与社会主义基本制度相结合的市场经济，或者说，是社会主义性质的市场经济。对于这一点，十四大以来党中央的许多重要文献都有过明确论述。中共十四大报告第一次明确提出了社会主义市场经济的改革目标，并强调，“社会主义市场经济是同社会主义基本制度结合在一起的”。邓小平同志指出，“社会主义市场经济优越性在哪里？就在四个坚持”①，即“四项基本原则”。江泽民同志指出，“我们搞的市场经济，是同社会主义的基本制度紧密结合在一起的。如果离开了社会主义基本制度就会走向资本主义。因而‘社会主义’这几个字是不能没有的，这并非多余，并非‘画蛇添足’，而恰恰相反，这是‘画龙点睛。所谓‘点睛’就是点明我们市场经济的性质”②。党的十七大报告“把坚持社会主义基本制度同发展市场经济结合起来”当作中国改革开放获得成功的一个重要的历史经验。习近平同志强调，要坚持社会主义市场经济改革方向，坚持辩证法、两点论，继续在社会主义基本制度与市场经济的结合上下功夫，把两方面

---

① 中共中央文献研究室．邓小平年谱（1975－1997）（下）［M］．北京：中央文献出版社，2004．1363．

② 江泽民．论社会主义市场经济［M］．北京：中央文献出版社，2006：2．

优势都发挥好[①]。

社会主义市场经济有什么优势呢？一方面发挥了市场机制信息灵敏、效率较高、激励有效、调节灵活等优点，增强了经济发展的活力；另一方面发挥了社会主义经济具有的党政有为、政府有效、统筹兼顾、共同富裕、独立自主、团结互助等制度优势，把市场经济的长处和社会主义制度的优越性有机结合起来了，这就从理论和实践上超越了以私有制为基础的资本主义市场经济的流俗教条，克服市场经济的盲目性、自发性和滞后性等弱点和消极方面，极大地促进了社会生产力的发展，创造了经济发展的奇迹。但是，需要强调的是，社会主义与市场经济之间的结合不是无差别无条件的结合，而是对立统一，有机结合。一方面，以分工和等量劳动相交换为基础的社会主义公有制，天然具有商品关系的属性，从这个方面看，社会主义公有制与市场经济之间存在着内在的一致性。另一方面，建立公有制的目的就是要克服生产社会化与生产资料资本主义私人占有制之间的基本矛盾，由社会按照社会的需要计划组织生产，满足社会成员的共同利益，实现人的全面发展和社会的共同富裕。从这一方面来看，社会主义公有制又具有超越市场经济的直接社会性。商品性与非商品性这两个方面都是公有制的内在属性，都是社会主义公有制的本质要求。利用市场经济同时又超越市场经济，把公有制与市场经济相结合，这就是社会主义市场经济的精髓。传统的社会主义理论只看到了公有制与市场经济之间对立的一面，而没有看到公有制与市场经济相容的一面，过早地压制和排斥商品货币关系和市场的作用，束缚了社会主义经济的活力。在改革开放和发展社会主义市场经济的过程中，则出现了另外一种片面性，许多人往往只看到公有制与市场经济相容的一面，而忽视了公有制与市场经济之间存在的矛盾和冲突，有意无意地削弱和淡化了社会主义制度特殊的目标、价值和要求，

---

① 习近平．在中共中央政治局第23次集体学习会上的讲话［N］．人民日报，2015－11－25.

从而偏离了科学社会主义的基本原则。

总之，社会主义制度具有自己特殊制度规定性，如消灭剥削、消灭两极分化、实现人的全面发展和社会的共同富裕，等等。这些特殊的制度规定既不能脱离开市场经济，又不能完全依赖于市场经济。脱离了市场经济，就会压抑经济的活力和效率；完全依赖市场经济，则会使社会主义制度蜕化变质。

我国社会主义市场经济体制虽已形成，但仍不成熟、不完善，需要通过深化改革加以解决。那么，全面深化经济体制改革面临的主要问题是什么？通常的回答是，仍存在旧的计划经济的残余或者市场化改革不彻底，政府对微观经济活动管得过多、市场作用不够充分。比如，行政审批范围过大，一些重要资源和生产要素的价格还未理顺，城乡体制分割等。因此，必须围绕着发挥市场的决定性作用推进相关领域的改革，大幅度减少政府对资源的直接配置，加快完善现代市场体系，进一步增强市场活力。但这只是问题的一个方面。还有一些问题，如局部产能过剩、贫富差距、金融风险、环境污染和食品药品安全、民生建设和社会保障不足等，显然不能简单地归因于旧的计划经济残余或市场化改革不彻底。

这些问题在很大程度上属于市场经济固有的弊端，即使在发达资本主义市场经济中也不可避免。寄希望于用所谓彻底市场化的办法解决市场化固有的缺陷，无异于缘木求鱼、南辕北辙。克服这些弊端的根本途径，在于坚持完善中国特色社会主义制度，更好发挥社会主义制度的优越性。最重要的是，坚持和完善公有制为主体、多种所有制共同发展的基本经济制度，坚持完善以按劳分配为主体、多种分配方式并存的基本分配制度，有效发挥社会主义国家的宏观调控作用，保障社会的公平正义，实现社会成员的共同富裕。

六、 关于政府和市场关系

政府和市场关系是一个历史的范畴，随着社会生产力、生产关系和上层建筑的发展而变化，处于动态变化的过程之中。正确认识社会主义市场经济中政府和市场的关系，必须从中国的实际出发，把握三个主要的维度：

一是市场经济的一般规律，核心是价值规律的作用，通过市场机制的供求、竞争和价格的波动，调节生产，配置资源。不过，即使在发达的市场经济中，政府的作用也是不可缺少的。一方面，市场机制的作用是有条件的，包括法律体系、竞争规则、宏观环境、社会保障等，这些条件的形成和完善离不开政府的作用。另一方面，市场经济存在局部失灵以及盲目性、自发性和滞后性的弊端，弥补市场失灵和克服市场缺陷也离不开政府的作用。

二是国情和发展阶段。现实的市场不是抽象的，而是具体的，总是存在于一定的时间和空间之中，受技术、经济、法律、政治和历史文化等各种因素的影响。我国是一个发展中的大国，幅员辽阔，人口众多，文化传统深厚，科技和工业水平相对落后，区域发展不平衡，二元结构长期存在，经济体制处于转型探索的历史过程之中。在这种特殊社会历史条件下，现阶段的中国市场经济是十分独特的，无论是政府还是市场，它们的规模、结构、运行方式和体制机制，都具有自己鲜明的特点，照搬照抄别国的理论和经验是行不通的。

三是我国的基本制度。基本经济制度即生产资料所有制的性质和结构，是一个社会经济制度的核心与基础，也是决定政府和市场关系的主要因素。市场经济作为资源配置的一种方式，在不同的社会制度下具有不同的性质和特点。我国以公有制经济为主体、多种所有制经济共同发展的社会主义初级阶段的基本经济制度是社会主义市场经济的根基，在这样的根基上建立社会主义市场经济以及与此相适应的政府和市场的关系，与以私有制为基础的资本主义市场经济经济是不可能完全相同的。

最后一个方面的维度，是当前特别需要强调和重视的。社会主义市场经济是社会主义制度与市场经济体制的有机结合，如果离开了社会主义基本制度特别是社会主义基本经济制度，社会主义市场经济的根基就会被瓦解，深化改革就失去了正确的方向。因此，坚持社会主义市场经济的改革方向，一方面要求处理好政府和市场的关系，使市场在资源配置中起决定性作用和更好发挥政府作用，提高资源配置的效率；另一方面则要求坚持和完善社会主义基本制度，发挥社会主义制度的优越性，最大限度地满足整个人民群众日益增长的物质文化需要，实现人的全面发展和社会的共同富裕，坚持以促进社会公平正义、增进人民福祉为改革的出发点和落脚点。在这两方面的关系上，前者是制度基础，后者是实现途径；前者是手段，后者是目的。不断坚持和完善我国的基本经济制度，实现社会主义制度与市场经济的更好结合，是正确认识处理政府和市场关系的前提。

关于社会主义市场经济中政府的作用，十八届三中全会有明确概括：“政府的职责和作用主要是保持宏观经济稳定，加强和优化公共服务，保障公平竞争，加强市场监管，维护市场秩序，推动可持续发展，促进共同富裕，弥补市场失灵。”具体讲，现阶段我国的社会主义市场经济中，政府的经济作用至少有以下几个方面：

计划统筹。政府从社会的全局和长远利益出发，统筹兼顾各方面的重大关系，在全社会范围内对经济运行进行自觉的有计划的调节，推动经济的全面协调可持续发展。

宏观调节。政府对宏观经济运行中社会供求的矛盾运动进行调控，以实现社会供求在总量上和结构上保持基本平衡，为市场经济的有效运行创造稳定的宏观环境。

市场监管。政府依法对市场主体及其行为进行监督和管理，维护公平竞争的秩序，为市场经济的有效经济运行提供正常的市场环境。

制度创建。政府通过自觉推进经济体制改革，实现社会主义制度的自我完善和发展，建立和完善社会主义市场经济体制。

公共服务。政府通过提供非营利性的公共产品和服务，满足社会的基本需求，弥补市场失灵。

保障民生。政府以提高人民物质文化生活水平为目标，努力使全体人民学有教、劳有所得、病有所医、老有所养，住有所居。

国有资产管理。政府代表全体人民对国有资产进行有效监管，保证国有资产的保值和增值，促进公有制与市场机制的有机结合（对国家资源如土地矿山森林水源的有效保护和合理利用）。

收入分配调节。政府对收入分配过程进行调节，以实现社会的共同富裕，保障效率和公平的统一。

推进可持续发展。政府通过健全国土空间开发、资源节约利用、生态环境保护的体制机制，推动形成人与自然和谐发展的现代化建设新格局。

从更广泛的角度看，在社会主义市场经济中，政府的作用还包括了党领导经济的路线方针政策以及思想理论、价值观念、道德规范等。特别要强调的是，中国共产党是建设中国特色社会主义事业的领导核心。党的总揽全局、协调各方和驾驭社会主义市场经济的能力，是社会主义市场经济健康发展的根本保障。

政府的上述作用既反映了市场经济的一般规律，又体现了社会主义制度的特殊要求，同时也反映了现阶段我国经济社会发展的内在要求。可以看出，在社会主义市场经济中，市场的决定作用主要体现在微观经济领域，体现为市场机制对资源配置的调节方面。从社会发展和宏观经济的角度看，则需要强调党的领导和政府的作用，党政有为是社会主义市场经济的本质要求和制度优势，是推动中国经济发展的强大动力，正如十八届三中全会《决定》指出的，“科学的宏观调控，有效的政府治理，是发挥社会主义市场经济体制优势的内在要求”，对于这一点，我们必须有清醒认识，绝不能受“小政府大市场”等新自由主义错误主张的误导。

七、关于对外开放和积极参与经济全球化

经济全球化，是社会生产力发展的客观要求和必然结果。但是，当代的经济全球化是资本主义在全球扩张的产物，它同时也是资本主义基本矛盾在全球的不断扩张。因此，如何把经济全球化与全世界人民的共同利益结合起来，推动各国的共同发展，是摆在人们面前的重大课题。对此，中国特色社会主义政治经济学作了深入的探索，形成了系统的认识。一是坚持“引进来”和“走出去”相结合，统筹国际国内两个大局，充分利用国际国内两个市场，优化资源配置。二是强调经济全球化作为一个客观进程，有两种不同的发展趋势：一方面促进世界资源的合理配置，造福各国人民；另一方面加剧世界经济发展的不平衡，加深资本主义基本矛盾。我们应当推进前一种趋势，警惕并控制后一种趋势。三是实施合作共赢的开放战略，促进国际经济秩序朝着平等公正、合作共赢的方向发展，打造人类命运共同体。四是在坚持对外开放的同时，把立足点放在依靠自身力量的基础上，把坚持独立自主同积极参与经济全球化结合起来。

30 多年的改革开放，使我国形成了全方位、宽领域、多层次的对外开放格局，中国经济和世界经济的相互联系和相互影响日益加深，极大地促进了中国的发展和改革。但经济全球化是一把双刃剑，既带来了机遇，也带来了挑战。当今以资本全球化为核心的经济全球化具有不可克服的内在矛盾，它一方面推动了生产社会化的巨大发展和生产力的巨大进步，给人类社会的发展带来了新的机遇，另一方面，也给人类社会的发展带来了许多新的问题，如世界性的危机、对国家主权的侵蚀、生态环境的破坏和金融的剧烈动荡，并且存在着明显的不对称性或不平等性，主要表现为：一

是没有黄金和充足实物支撑的美元成为国际结算支付和储备的主要货币，获得了世界货币的地位，美元的流动性泛滥是引发当前世界金融危机的重要根源。二是发达国家片面强调贸易的自由化特别资本和金融的自由化，但对来自发展中国家的劳动力流动却采取严格的管制措施。三是发达国家在经济、政治、文化、军事、科技以及战略性资源控制等方面处于垄断和支配地位，发展中国家则处于依附地位。四是发达国家要求发展中国家全面开放本国市场，但他们自己则在不同的时期和不同的领域交替使用自由贸易政策和保护贸易政策。资本主义的全球化中的这种不对称性，对发展中国家非常不利，导致它们长期被锁定于不发达状态而难以自拔，无法实现经济和社会的现代化。

概括地说，依附性发展的主要特点是：经济增长主要依靠外资，关键性部门被外资控制；技术主要依靠购买外国专利或设备，自主的核心技术缺乏；被动融入国际分工，局限于低层次的产业；金融体系依附或受控于西方，资本积累的能力低下；政策缺乏自主性，经济主权受到严重侵蚀，自主发展能力严重不足，国家利益得不到保障。

与此相对照，中国特色社会主义自主性发展道路的主要特点则是：坚持中国人民自己选择的社会主义制度和社会主义发展道路；保持强有力的国家调控，在对外开放中切实保障和维护国家的利益；根据国家经济发展的需要自主确定货币金融政策，维护货币和金融体系的稳定性；致力于掌握关键领域的核心技术，实现产业结构在国际分工体系中从中低端向中高端水平迈进；发挥国内市场广阔的优势，把扩大内需作为经济发展的基本立足点和长期战略方针；提高利用外资的水平，把引进外资与提升产业结构、技术水平结合起来。

随着经济全球化的不断深入，全球治理体系深刻变革，发展中国家群体力量继续增强，国际力量对比势将逐步趋向平衡，国内国际经济联动效应日益增强。中国正在从世界经济规则和秩序的“接受者”向倡导者、构建者转变。这是当前对外开放的一个重要变化，也是中国在世界经济中地位不断上升的必然要求。在此新条件下推进开放发展，必须积极参与全球经济治理，推动国际经济治理体系改革完善，积极引导全球经济议程，促进国际经济秩序朝着平等公正、合作共赢的方向发展。这不仅事关应对各种全球性挑战，而且事关给国际秩序和国际体系定规则、定方向；不仅事关对发展制高点的争夺，而且事关各国在国际秩序和国际体系长远制度性安排中的地位和作用。

八、 关于以人民为中心的发展思想

社会主义社会的经济发展概括地说包括两个方面的内容：一是解放和发展生产力，不断提高劳动生产率，创造更多的社会财富；二是满足人民日益增长的物质文化需要，促进人的全面发展，实现共同富裕。前者是手段，后者是目的，是社会主义制度的要求。这两个方面的有机结合，才能充分体现社会主义经济发展的本质特征。以人民为中心的发展还是以资本为中心的发展，这是两种截然对立的发展思想。

20 世纪 80 年代以后流行于资本主义世界的新自由主义，体现的是以资本为中心的发展思想，其实质就是要排除一切阻碍资本扩张的障碍，使资本具有完全的行动自由，以保证其获得最大限度的剩余价值。由此形成了新自由主义基本的价值倾向和政策主张：崇尚私有制而反对公有制，崇尚自由市场而反对政府调节，崇尚全球化而反对独立自主，崇尚市场效率而反对社会公平，崇尚资本主权而反对劳动主权，崇尚无条件开放而反对独立自主。显然，这样的价值倾向和政策主张同以人民为中心的社会主义发展思想是完全对立的。只有在经济改革和发展中自觉抵制和排除新自由主义的影响，才能真正贯彻落实以人民为中心的发展思想。

改革开放以来，我国的社会生产力获得巨大的发展，人民生活水平不断提高，但同时也面临着一些属于制度层面的深层问题，比如：一些地方和部门只注重追求物质财富的数量和 GDP 的高低，而忽视教育、医疗、社会保障事业的发展；在收入总量大幅增加的同时，财富和收入分配上的差距也明显扩大；一些企业为了追求利润最大化，损害工人合法权益；生产劣质假冒产品，破坏资源环境；一些干部大搞权钱交易，损公肥私，腐败盛行，严重损害人民的利益，等等。这些问题的存在和发展，都违背了以人民为中心的发展思想。

坚持以人民为中心，不是空洞的口号，必须体现在制度上，落实在政策上，转化在行动上，具体来说：

发展人民民主，维护社会公平正义，保障人民平等参与、平等发展的权利，特别是要将人民当家做主的原则贯彻到国家经济管理的各个领域和各个方面，充分调动人民的积极性、主动性、创造性。

坚持完善基本经济制度，毫不动摇地巩固和发展公有制经济，保障人民共同利益，毫不动摇地鼓励、支持、引导非公有制经济发展，使其成为中国特色社会主义事业建设者。

实行有利丁缩小收入差距的政策，明显增加低收入劳动者收入，扩大中等收入者比重，持续增加城乡居民收入，使发展成果更多更公平惠及全体人民，朝着共同富裕的方向稳步迈进。

解决好人民最关心最直接最现实的利益问题，在学有所教、劳有所得、病有所医、老有所养、住有所居上持续取得新进展，努力让人民过上更好生活。

形成政府主导、覆盖城乡、可持续的基本公共服务体系，更加公平更可持续的社会保障体系，安全有效方便价廉的公共卫生和基本医疗服务体系。实施脱贫攻坚工程，实施精准扶贫、精准脱贫，提高贫困地区基础教育质量和医疗服务水平，推进贫困地区基本公共服务均等化。

九、 关于中国渐进式改革道路

20 世纪 80 年代末 90 年代初，从传统计划经济向市场经济的过渡形成了两条不同的道路，即苏联东欧的激进式改革和中国的渐进式改革。剧变发生之时，在西方主流经济学家中间立刻达成了一种共识，即向市场经济的过渡必须实行以快速的私有化、自由化为核心的激进式改革，人们不可能两步跨越一道鸿沟，渐进式改革难以成功。然而，中国经济的快速发展和苏联东欧国家的停滞衰败，形成了鲜明对照，对此，斯蒂格利茨教授曾这样说：成功与失败的差别是如此之大，以至于如果我们不试图从中汲取一些教训，那未免也太不负责任了。

中国的经济体制改革为什么能够成功？概括讲，就是坚持以社会主义制度的自我完善和发展为目标，避免了颠覆性错误，同时又采取了正确的改革方法，保证了改革的有效推进。坚定的制度自信和战略定力与灵活机动的战略战术相结合，使中国的渐进式改革丰富多彩，魅力无穷，显示了独特的中国智慧，包括：

——自上而下与自下而上相结合，在坚持统一领导的前提下，尊重各方面的利益，充分发挥地方和基层单位在制度创新中的积极作用。

——循序渐进，分步推进，广泛采取双轨制等中间形式，使新旧体制在相互适应、相互融合、相互促进中平稳过渡。

——总体协调，重点突破，在坚持全国一盘棋的前提下，分部门、分企业、分地区各个突破，由易到难，依次推进。

——兼顾改革、发展与稳定，把改革的力度、发展的速度和社会可承受的程度统一起来。

——坚持问题导向、实践标准，从实际出发，摸着石头过河，先试验后推广，根据实践的发展不断调整完善改革的目标和方法。

事物总是在发展，三十多年过去了，中国的经济体制改革站在了一个新的历史起点上，进入了构建更加成熟更加定型体制的新阶段。在新的形势下全面深化经济体制改革，不仅目标和任务与以往相比有了新的特点，改革的方式方法也要与时俱进，有所创新：一是随着市场经济体制日渐成熟，人们对改革规律的认识不断深入，这就需要更加注重改革的系统性、整体性。二是随着经济利益的多元化和社会矛盾的复杂化，人们对改革的认识分歧也会加大，这就需要更加注重发扬民主，集思广益。三是随着统一市场的形成和完善，双轨制的空间越来越小，这就需要更加注重协同配合，统一规范。四是随着资源配置市场化的逐步完成，社会领域和民生领域改革的重要性上升，这就需要更加注意保障公平正义，实现共享发展。

上述变化，将进一步丰富和完善经济体制改革的理论和实践，但并没有改变中国经济体制改革的根本性质和前进道路。党的十八届三中全会《决定》指出，改革开放的成功实践为全面深化改革提供了重要经验，必须长期坚持。新形势下夺取改革的新胜利，仍然需要中国智慧，重要的是：

第一，注重不同制度要素的衔接和融合，创造新的制度优势。中国的改革是社会主义制度的自我完善，继承发展，而不是对社会主义制度的根本否定，推倒重来。在这里，新旧体制之间不是泾渭分明、截然对立的，特别是在基本制度方面，前后之间是相互衔接和有机融合的。这就从根本上决定了，中国不可能实行全面私有化、自由化的自由主义改革路线和自上而下、一步到位的激进式改革方法，而必须把公有与私有、政府与市场、中央与地方、城市与农村、自主与开放、自由与秩序、稳定与变革、改革与发展、历史与现实等不同的甚至看似对立的因素或范畴有机结合起来，坚持辩证法、两点论，在社会主义基本制度与市场经济的结合上下功夫，把两方面优势都发挥好，形成综合优势，汇聚强大合力。

其次，兼顾改革、发展与稳定，在发展中推进改革。激进式改革主张通过一步到位紧缩货币、放开市场，在竞争中淘汰落后企业，实现经济转型的目标，结果导致了生产力的严重破坏。中国的经验与此不同，我们坚持以发展为第一要务，实现发展与改革的良性互动。因为，经济的快速发展可以增加国民收入和群众的福利，创造更多的就业机会，提高政府、企业和全社会对改革的承受力；可以为新体制的发展创造广阔的生长空间，同时可以为旧体制的退出提供必要的补偿，减少改革的阻力；可以充分利用已经形成的物质资源、人力资源、组织资源和信息资源，提高资源配置的效率。

第三，摸着石头过河，尊重群众的首创精神。从高度集中的计划经济体制向社会主义市场经济体制的过渡，是极其复杂深刻的，不可能一蹴而就，毕其功于一役，需要经历长期艰苦的探索试验、比较反复、成熟定型的历史过程，必须从实际出发，慎重论证，循序渐进，从实践中总结经验，获得真知，把握规律。在此过程中，科学的战略规划和顶层设计是不可或缺的。但也要看到，社会制度的变迁，特别是以自发秩序为特征的市场经济的发展，不同于修路盖房子，必须遵循给定的图纸和流程，而在很大程度上取决于人们的认识和实践，取决于不同利益主体之间的博弈和合力，具有很大的不确定性。因此，必须尊重人民群众的首创精神，善于从人民的实践创造和发展要求中完善政策主张，把自上而下的顶层设计与自下而上的探索实践有机统一起来。

第四，包容各方利益，调动各方面的主动性积极性创造性。改革的目的在于调动各方面的主动性积极性创造性，解放和发展生产力，增进人民群众的利益。但是，在现实生活中，各方面的利益是极其复杂、多种多样、既相依存又促进又相互冲突的，包括城乡之间、区域之间、部门之间、群体之间、中央和地方之间、当前和长远之间等各个方面的利益，只有使这些不同的利益主体各尽其能、各得其所而又和谐相处，才能实现改革的目的。为此，在深化经济体制改革的过程中，既要强调统一步调，服从大局，又要包容各方利益及其制度诉求，鼓励大胆试验、大胆突破，避免整齐划一，搞一刀切。

习近平总书记多次强调，改革开放是前无古人的崭新事业，必须坚持正确的方法论，在不断实践探索中前进。在新的形势下，我们仍然需要认真总结和运用改革开放的成功经验，从纷繁复杂的事物表象中把准改革脉搏，把握全面深化改革的内在规律，推动改革开放事业不断迈向新的高度和境界。

（原载于《经济导刊》2016 年第 7 期）

关于构建中国经济学体系和学术话语体系的若干思考

在新中国成立以来革命和建设成就的基础上，中共十一届三中全会以来，中国成功地走出了一条有中国特色的社会主义经济发展的新道路，中国经济显示的蓬勃生机和活力为全世界所瞩目，“中国模式”“中国经验”“中国道路”成为全世界关注的焦点。如何正确总结中国改革开放的伟大实践，打造具有中国特色、中国风格、中国气派的经济学体系和学术话语体系，增强中国经济学的自觉自信，是当前中国经济学界面临的重大而紧迫的时代课题。

一、 在实践的基础上推进理论的发展理论是实践的反映

当代中国的经济学是与中国特色社会主义经济建设的实践紧密联系的，它一方面深刻地反映着中国改革开放和经济发展的历史进程与实践要求；另一方面又为中国的改革开放和经济发展提供了理论上的支持，推动着实践向前发展。

早在新中国成立之初，针对当时经济建设照搬苏联模式的问题，毛泽东就提出：“任何国家的共产党，任何国家的思想界，都要创造新的理论，写出新的著作，产生自己的理论家，来为当前的政治服务，单靠老祖宗是

不行的。"[①] 他号召全党要以苏联的经验教训为鉴戒，推动马列主义同中国实际"进行第二次结合"。为此，他写下了《论十大关系》《工作方法六十条草案》等指导经济建设的重要文献，努力探索中国自己的社会主义建设道路。他还多次向全党干部建议，读斯大林写的《苏联社会主义经济问题》和苏联科学院经济研究所编写的《政治经济学教科书》第三版"社会主义部分"，强调"研究政治经济学问题，有很大的理论意义和现实意义"，并对社会主义政治经济学的一系列重大问题进行了探索，提出了许多宝贵思想和重要观点，如政治工作是一切经济工作的生命线；以农业为基础，工业为主导，农、轻、重工业协调发展；统筹兼顾、适当安排，注意综合平衡；要实行中央与地方并举，充分发挥两个积极性；要处理好国家、集体和个人的关系，使各方各得其所；消除两极分化，实现共同富裕；价值法则是一个伟大的学校，是建设社会主义的有用工具；"向科学进军""实行技术革命"，全面实现农业、工业、国防和科学技术的现代化；自力更生为主，争取外援为辅等，这些思想和观点对中国社会主义政治经济学的发展做出了重要贡献。

改革开放以来，中国经济社会发生了深刻变革和快速发展，创造了人类历史上少有的发展奇迹，为世界发展做出了历史性贡献，为当代经济学的发展提供了极为典型和无比丰富的素材。同时，中国是一个具有广袤的土地、众多的人口、悠久的历史并处于发展和转型中的社会主义大国，面临着工业化、信息化、市场化、全球化和社会主义制度的改革几重重大的历史变革在同一个时代的交织和叠加，中国实践和中国道路的复杂性、丰富性和特殊性是其他任何国家都不能与之相比的。伟大的实践呼唤着理论的创新，中国经济学发展面临着前所未有的历史机遇。在这一过程中，中共十一届三中全会以来，中国共产党把马克思主义基本原理与改革开放新的实践相结合，创立了中国特色社会主义经济理论。1984 年 10 月《中共中

① 毛泽东文集（第 7 卷）[M]. 北京：人民出版社，1999：281.

央关于经济体制改革的决定》通过之后，邓小平就评价这个决定“写出了一个政治经济学的初稿，是马克思主义基本原理和中国社会主义实践相结合的政治经济学”①。

三十多年过去了，中国特色社会主义经济理论伴随着实践的蓬勃发展取得了长足的进步，初步形成了完整的理论体系，其主要内容包括：社会主义的本质是解放生产力、发展生产力、消灭剥削、消除两极分化，最终达到共同富裕；以公有制为主体、多种所有制经济共同发展的社会主义初级阶段的基本经济制度的理论；社会主义基本制度与市场经济相结合的社会主义市场经济体制的理论；以按劳分配为主体、多种分配方式并存和公平与效率统一的收入分配制度的理论；积极参与经济的全球化与坚持独立自主相结合的对外开放理论；坚持走中国特色新型工业化、信息化、城镇化、农业现代化道路，相互协调、良性互动、深度融合的经济发展理论；使市场在资源配置中起决定作用和更好发挥政府作用的理论等。中国特色社会主义经济理论是马克思主义政治经济学在当代中国的发展。

这一时期，在经济理论和学术界，人们逐渐摆脱了传统计划经济思想的束缚，把理论的重心转向了对于现实经济运行过程的分析，转向了对改革和发展重大问题的研究和探讨，中国经济学的发展出现了繁荣的局面。从理论和实践的关系看，经济研究的成果可以分为以下三个层次。

第一个层次是对策性研究，如关于宏观管理体制改革、企业改革、金融改革、财政改革、价格改革、汇率改革、收入分配体制改革、劳动与社会保障制度等方面的调研报告和改革方案，以及关于国民经济发展计划、宏观经济政策和各种经济管理办法的对策报告和政策建议等。从理论结构上来讲，这些研究看似属于浅层次的对策性的研究，与现实经济问题相距较近，与基本经济理论也相距较远。但尽管如此，其意义是不可低估的，它不仅为党和政府的经济决策提供了第一手资料和参考依据，同时还为中

① 邓小平文选（第3卷）［M］. 北京：人民出版社，1994：83.

国经济学的发展和创新提供了重要的原料。比如，联产承包责任制度的采用、国有企业现代企业制度的建立、自主创新政策的提出等重大的理论和政策，都是在这些对策研究的基础上产生的。

第二个层次是中国经济体制改革与经济发展基本理论的研究，如20世纪80年代初期关于生产力与生产关系、社会主义生产目的、经济效果、按劳分配、计划与市场关系、农村土地所有制等问题的讨论；20世纪80年代中期以后关于社会主义有计划商品经济、经济运行机制和运行模式、经济改革的整体思路、通货膨胀与经济增长的关系等问题的讨论；20世纪90年代以后关于社会主义市场经济的实质与特征、国有经济的地位与作用、现代企业制度的内涵和形式、按劳分配与按生产要素分配的关系、经济全球化的实质与影响等的讨论；进入新世纪后关于完善社会主义市场经济体制的思路、效率和公平关系、新型工业化道路、第三次工业革命、政府和市场关系、中国模式和中国道路，以及中国经济学的理论体系和学术话语体系的讨论等。这些研究推动了人们对中国经济改革与发展规律的认识，推动了中国特色社会主义经济理论的发展。

第三个层次是经济学一般理论的研究，如关于经济学方法论、价值理论、货币理论、企业理论、增长理论、危机理论等问题的研究。这种研究看似抽象，与现实经济联系较远，但对于科学认识经济发展的规律和制定正确的经济政策有重要意义。如理论界对深化劳动和劳动价值论的讨论就是针对如何认识社会主义市场经济中国有企业的自主权的确立、价格形成机制的形成、收入分配制度的改革等问题而展开的；关于产权和企业理论的讨论，是为了解决国有企业治理结构和制度设计的理论基础而展开的；对于当代资本主义经济的性质和发展趋势的研究，直接关系着我们如何认识中国特色社会主义所处的国际环境和历史方位，以及如何制定正确的对外开放战略。

总的来看，上述几个层次的研究都取得了丰硕的成果，推动了中国经济学理论的发展，也为中国改革开放实践做出了重要的贡献，成就是巨大的，功绩不可抹杀。

毋庸讳言，中国的经济学从总体上看还是不成熟的，在学术研究中，基础理论薄弱，照搬照抄西方经济学理论的现象严重，“玄、虚、浮”的毛病突出，经济学理论的研究和学术创新还明显落后于实践和时代的要求。这在一定意义上讲也是正常的。“对人类生活形式的思索，从而对它的科学分析，总是采取同实际发展相反的道路。这种思索是从事后开始的，就是说，是从发展过程的完成的结果开始的”[①]。在社会主义市场经济体制还没有成熟定型之前，在中国社会主义现代化建设还没有完成之前，我们自然不可能形成关于社会主义经济的完善成熟的理论。但是，只要我们坚持正确的方向，立足中国实践，扎根中国历史，面向中国问题，并从中总结经验、构建话语、提炼思想、创新理论，就一定能够做出无愧于时代和人民的理论成就，为人类的发展做出更大贡献。

二、 坚持以马克思主义为指导

构建中国经济学体系和学术话语体系的首要任务，就是要坚持和发展马克思主义政治经济学或经济学。列宁曾经指出，政治经济学“是马克思主义理论最深刻、最全面、最详尽的证明和运用”。恩格斯曾经指出，无产阶级政党的“全部理论来自对政治经济学的研究”。在中国特色社会主义经济建设中，马克思主义经济学具有特殊的不可替代的重要意义。

1. 科学的世界观和方法论。马克思主义经济学的科学性首先在于它的科学的世界观，这就是辩证唯物主义和历史唯物主义。在辩证唯物主义和历史唯物主义的世界观的基础上，马克思主义经济学形成了分析经济现象的科学方法论，包括：生产力决定生产关系、经济基础决定上层建筑的原

---

① 资本论（第1卷）[M]. 北京：人民出版社，2004：93.

理，在历史形成的社会经济结构的整体制约中分析个体经济行为的原理，以生产资料所有制为基础确定整个社会经济制度的性质的原理，依据经济关系来理解和说明政治法律制度和伦理规范，以及通过社会实践实现社会经济发展合规律与合目的的统一的原理等。这些原理为我们科学认识纷繁复杂的经济现象提供了科学的世界观和方法论。

2. 正确的立场和价值观。“为什么人”的问题，是我们做好一切经济工作的出发点和落脚点，也是不同经济制度相区别的根本标志。马克思主义政治经济学是劳动的政治经济学，鲜明地代表了广大劳动群众的利益，它把经济发展的规律性与人们实践的目的性有机统一起来，科学地证明了社会主义代替资本主义的历史必然性，并在此基础上提出了消灭剥削，消除两极分化，实现人的自由全面发展和社会成员共同富裕的社会理想，解决了我们发展经济的目的和意义这样根本的问题。

3. 社会生产的一般规律。马克思主义政治经济学揭示了社会生产的一般规律，提出了许多重要的理论，如关于劳动时间的节约是人类首要的经济规律的理论，关于按比例分配社会劳动的理论，关于生产的首要性以及生产与分配、交换和消费相互关系的理论，关于提高劳动生产率的途径和方法的理论，关于劳动过程的一般内容和基本要素的理论，关于分工协作发展规律的理论，关于社会再生产两大部类的划分及其相互关系理论，等等。关于这些见解的科学价值，我们可以举一个例子来说明，即如何认识发展的实质。马克思对发展的实质曾经提出过这样的认识，即社会的发展归根到底是生产力的发展，而生产力的发展等于劳动时间的节约，等于个人才能的发展，等于科学日益成为生产的主要动因，等于人与自然的和解，等于可支配的自由时间的增加，等于个性的自由全面发展。这个论断将生产力的发展、社会发展和人的发展有机地统一起来了，对于我们当前推动科学发展有重要启示。

4. 商品生产和市场经济的一般规律。有人认为，马克思的《资本论》

主张计划经济，因而，对发展社会主义市场经济没有指导意义，这完全是一种误解。实际上，《资本论》的研究对象恰恰是资本主义市场经济，而不是计划经济。马克思主义政治经济学深入研究了商品经济和市场经济，分析了价值、货币、价格、供求、竞争，以及成本、利润、信用、利息、地租等经济现象的本质和运动规律，特别是资本的本质和运动规律，这些规律如果抽去资本主义生产关系，对社会主义市场经济也是适用的。马克思主义政治经济学在当代的一个重大发展和贡献，就是提出了社会主义市场经济理论，并在实践中成功地建立了社会主义市场经济体制。社会主义市场经济是对资本主义市场经济的扬弃，它既体现了市场经济的普遍原则，又体现了社会主义制度的基本特征，使社会主义制度的优越性和市场经济的长处都得到了更好发挥，这样从理论和实践上超越了以私有制为基础的资本主义市场经济的流俗教条。

5. 资本主义经济的本质和运动规律。马克思主义经济学阐明了资本主义产生、发展和灭亡的历史趋势，提出了许多关于资本主义经济的重要理论，如剩余生产理论、剩余价值分配理论、资本积累理论、资本循环周转理论、社会资本再生产理论、资本主义经济危机理论等。资本主义经济发展的历史和现实一再证明，只要还存在资本主义制度，只要还存在资本和劳动的关系，马克思主义关于资本主义经济的基本原理就不会过时。学习马克思主义政治经济学关于资本主义经济的理论，对于我们科学认识当代资本主义经济的本质特征和发展趋势，把握世界发展的趋势，从统筹国内国际两个大局出发，更健康有效地推进对外开放，在全球化的条件下推进我国的社会主义现代化建设都是至关重要的。

6. 共产主义和社会主义的经济特征。马克思和恩格斯通过对资本主义生产方式矛盾运动规律和发展趋势的深刻分析，揭示了未来共产主义和社会主义经济关系的基本特征，包括实现个人自由全面发展，生产资料公有制代替私有制，按需分配和按劳分配，实现社会成员的共同富裕，有计划按比例地发展社会生产，消灭城乡之间、工农之间以及脑力劳动和体力劳动之间三大差别等重要思想，阐明了社会主义运动的一般目的和实质，指明了社会历史发展的基本趋势，成为社会主义革命和社会主义建设的重要指南。中国特色社会主义经济理论就是依据这些思想建设的。

马克思主义经济学在认识当前现实经济生活中的科学价值，我们不妨举两个例子来说明。

第一个例子是如何认识所谓“中等收入陷阱”问题。“中等收入陷阱”是世界银行在2006年《东亚经济发展报告》中首次提出的，指的是新兴经济体的人均GDP在突破1000美元的“贫困陷阱”之后进入中等收入行列，但在向高等收入行列迈进的过程中，快速发展期间积累的矛盾将会集中爆发，经济发展既不能继续又无法摆脱原有增长模式，经济处于长期徘徊、停滞而无法进入高等收入国家行列的局面。不少学者认为，经过三十多年的快速发展，中国经济在取得巨大成就的同时，也面临贫富差距拉大、产业结构落后、城乡差距和地区差距较大等诸多挑战，上述问题表明中国目前正处于由中等收入向高等收入过渡的发展阶段，并很有可能陷入“中等收入陷阱”，并把跨越“中等收入陷阱”作为推进中国经济改革与发展的一个重要目标和基本依据。从马克思主义经济学的观点看，上述的认识存在着一定的误区。因为这一理论把世界上不同国家、不同制度、不同资源禀赋和历史文化传统下经济发展面临的问题和发展规律混为一谈，把不同层次和领域的问题，如生产力、生产关系、经济政策、政治制度等等混为一谈，把本质和现象混为一谈，既缺乏理论依据又缺乏事实根据，无助于我们对问题的清晰把握。正如恩格斯所说的那样：“人们在生产和交换时所处的条件，各个国家各不相同，而在每一个国家里，各个世代又各不相同。因此，政治经济学不可能对一切国家和一切历史时代都是一样的……谁要想把火地岛的政治经济学和现代英国的政治经济学置于同一规律之下，那么，除了最陈腐的老生常谈以外，他显然不能揭示出任何东西。因此，政治经济学本质上是一门历史的科学。”①

从马克思主义经济学的观点看，所谓“中等收入陷阱”现象并不是一个所有国家都要经历的普遍规律，而是资本主义世界体系中不发达国家经济发展中所面临的特殊矛盾。马克思在论述作为资本主义发展较为落后国家的德国所面临的特殊矛盾时曾经指出：“在其他一切方面，我们（指德国——引者注）也同西欧大陆所有其他国家一样，不仅苦于资本主义生产的发展，而且苦于资本主义生产的不发展。”② 马克思的这一论述不仅准确揭示了19世纪初期德国经济发展所面临的困境，也准确地揭示了当代发展中国家所遭遇的“中等收入陷阱”问题的实质。“苦于资本主义生产的不发展”，指的是许多发展中国家在从前资本主义社会向资本主义制度转变的过程中，存在着大量旧制度残余，如自然经济、君主专制、政教合一、种族主义、部落制度等，阻碍了资本主义经济的发展，由此产生了一系列经济社会问题。“苦于资本主义生产的发展”，则指发展中国家伴随着资本主义制度的形成，剥削、两极分化、经济危机等资本主义的弊病日益暴露。特别由于广大发展中国家处于资本主义世界体系的外围，与处于中心的发达资本主义国家相比，在经济、政治、文化、科技、军事等各个方面都处于依附地位，长期受发达资本主义或帝国主义国家的剥削、支配和控制，处于殖民和半殖民的状态，丧失了自主发展的能力，从而导致经济长期停滞。这就是所谓“中等收入陷阱”的真相。由此得出的结论是什么呢？那就是，坚定不移地走自主发展的道路，把立足点放在依靠自身力量的基础上，坚持中国人民自己选择的社会制度和发展道路，把增强自主创新能力作为国家发展战略，贯穿到现代化建设各个方面，这就是摆脱所谓“中等收入陷阱”的根本途径。

第二个例子是如何认识全球化的实质、影响和对策问题。20世纪90年

---

① 马克思恩格斯选集（第3卷）[M]. 北京：人民出版社，2012：525.

② 资本论（第1卷）[M]. 北京：人民出版社，2004：9.

代以后，经济全球化的潮流迅猛发展，如何准确把握全球化的实质和发展趋势，制定明智合理的应对策略，成为摆在我们面前的一个无法回避的重大课题。在此问题上，目前存在着自由贸易理论、民族主义理论、现代化理论、文明冲突理论等许多不同的理论，但都不能科学说明全球化的本质。比如，自由贸易理论片面强调全球化的好处，把经济全球化看作是一个互惠互利、平等自愿和各国的收益趋向均衡的过程；而民族主义又过分强调全球化的危害，对全球化采取了排斥的态度；文明冲突的理论则过分夸大文化的作用和不同文明之间的冲突。与上述这些理论不同，马克思主义对于全球化问题提供了一个科学的系统的解释：（1）以历史唯物主义为基础，从生产力与生产关系的矛盾运动中解释了全球化现象产生和发展的必然规律和客观过程。（2）把近代以来的全球化理解为一种特殊的社会历史现象，当作资本主义经济关系不断扩张的产物。（3）揭示了全球化的矛盾性后果，即一方面是生产社会化在全球的展开，对生产力的发展有积极作用；另一方面是资本主义基本矛盾在全球的发展，会产生许多消极影响。（4）承认全球化过程中各民族之间的相互依赖和共同利益，同时也强调了发达资本主义中心国对落后的外围国家的剥削和它们之间存在的对立。（5）具有鲜明的阶级立场，坚持从无产阶级和广大劳动群众的利益出发分析全球化的利弊得失，制定应对全球化的政策。（6）坚信人类社会最终要走向全球的或世界的历史，各民族之间最终要走向融合和统一，并把这一理想与资本主义向共产主义的过渡联系起来。（7）兼顾国际主义与民族主义，既强调全世界无产阶级的共同利益和各民族之间的相互依赖，又承认各民族的差异以及它们之间的独立、平等和自决权。（8）认同全球化的趋势，把对外开放当作中国的一项基本国策，然而又绝不无条件地放弃国家的独立性和自主性，而是努力在全球化中实现自主发展或以国家为基点的开放战略。马克思主义的全球化理论科学揭示了全球化的本质和发展规律，是我们正确推进对外开放重要的理论基础。

由此可见，离开了马克思主义的指导，离开了马克思主义经济学作为理论基础，我们就不可能科学认识当今资本主义经济和社会主义经济的运动规律，不可能取得中国特色社会主义经济建设的胜利，也不可能正确总结和认识中国经济体制改革的经验。

三、推动马克思主义经济学的发展创新

马克思主义是不断发展的科学。发展中国的经济学必须坚持马克思主义的与时俱进的品格，根据改革开放的实践不断推进马克思主义经济学的发展创新。

首先，要科学对待马克思主义经济学，特别是马克思主义经典作家关于未来社会主义经济的理论，要注意以下几点。（1）马克思主义的基本观点必须坚持，如关于生产资料公有制代替私有制、实现社会的共同富裕等，背离了这些理论，就等于放弃了科学社会主义的基本原则。（2）马克思主义经典作家著作中的一些观点由于种种主观和客观的原因被忽略或简单化了，如关于“人的自由全面发展”的观点和“重建个人所有制”观点等。对于这些观点要正本清源。（3）马克思主义经典作家的理论中有一些与当前现实不符的具体观点，应当实事求是地根据实践的发展加以修正，如马克思和恩格斯也有关于社会主义不存在商品货币关系的论述。（4）由于历史条件所限，有许多新情况和新问题是当时马克思主义经典作家所没有深入讨论和研究过的，应当根据马克思主义的立场观点和方法，进行深入研究，做出科学的解释和说明，如经济信息化问题、社会主义市场经济问题等。

其次，要把理论与中国特色社会主义经济建设的实际相结合，不断推进马克思主义经济学的中国化。马克思主义经济学中国化的主要途径是：

一是对科学社会主义基本原理的运用，如在坚持以生产资料公有制和

按劳分配为基础的前提下，从中国的实际出发探索公有制和按劳分配的具体的实现机制、适用范围和实现过程，建立国有企业的现代企业制度和农村土地承包制度，丰富了科学社会主义的基本原理。

二是对科学社会主义基本原理的发展，如根据中国的特殊国情和历史发展阶段，创造性地提出了社会主义初级阶段基本经济制度、全面建设小康社会、建设社会主义新农村、对资本主义国家实行对外开放等新的理论，发展了科学社会主义的基本原理。

三是对科学社会主义基本原理的创新，如未来社会不存在商品货币和实行计划经济的原则，是科学社会主义的一个基本原则。我们从实际出发修改了这一原则，提出了社会主义市场经济理论，这是对马克思主义和科学社会主义理论的重大创新。

再次，要把理论与当今时代相结合，推动马克思主义经济学的时代化，特别是要从中国的实践经验出发，推动马克思主义经济学基本理论的发展创新。我们可以举一个例子来说明，就是社会主义制度优越性的评价标准问题。生产力决定生产关系是马克思主义经济学的一个基本原理，改革开放以来我们据此提出了生产力标准作为检验一切工作和改革成效的根本标准这一重要观点。这无疑是正确的。但是，由此也产生了一个问题即如何看待生产力的发展与社会主义制度完善之间的关系，也就是人们通常所说的客观事实与价值判断、规范经济学与实证经济学的关系问题。

问题的根源在于科学社会主义的理论中始终存在的一个内在的尖锐矛盾，即根据历史唯物主义的观点，社会存在决定社会意识，生产力决定生产关系，因此，生产力的发展自然是社会进步的根本动力和判断制度变迁进步与否的根本标准。另一方面，社会主义又是一种实践中的运动，一种需要通过顽强的追求奋斗才能实现的美好理想，因此，如果没有伟大的价值追求和目标引导，如果人们对于所从事的社会主义运动的目标毫无热情和向往，那么，社会主义的实践还有什么意义？这个矛盾从科学社会主义诞生的那天起始终困扰着社会主义者们。社会主义运动史上许多错误的认识，都是因为不能正确认识和处理这个矛盾造成的。

生产力标准与价值标准的矛盾在当前中国经济改革的发展中日益凸显出来。一方面是经济总量以近10%的速度持续快速发展30多年；另一方面是贫富两极分化、腐败广泛蔓延、道德利己主义泛滥、资本主义因素的明显增长。这样，生产力的标准和制度或价值标准的关系是否一致的问题就突出地摆在了人们面前，我们不得不深入思考这样一系列重大的理论问题，包括什么是生产力的发展，生产力的发展如何衡量，生产力决定生产关系的依据和机制是什么，生产关系反作用于生产力的性质和效果，等等。最重要的一点是，判断一种社会经济制度先进或落后，是不是只有生产力一个标准，生产力的标准和制度标准或价值标准是什么关系？对于这些基本理论问题，如果不进行深入的研究并得出科学的认识，就会产生指导思想上的混乱，甚至发生重大的方向性的偏差。近年来，我国理论界围绕着这些问题展开了深入的讨论，并取得了有益的成果。比如，有的学者提出，评价社会主义经济制度需要有两条标准，即要实现生产力标准与价值标准的统一。在实际的生活中，我国经历了四种情况：一是将两个标准统一起来，社会主义经济与社会顺利发展。二是表面上重视生产力的发展，但违反生产力发展的规律搞“大跃进”；表面上重视社会主义和共产主义的价值取向，但违反生产关系的发展规律刮“共产风”，造成生产力的损失和人民的灾祸。三是忽视生产力的发展，片面强调社会主义道路，“割资本主义尾巴”，结果是普遍贫穷的社会主义，既偏离了生产力标准，又扭曲了价值标准。四是重视和强调生产力标准，但忽视社会主义价值标准，结果会出现贫富分化，偏离消除两极分化，实现共同富裕的要求，甚至出现动摇和损害社会主义经济制度的情况①。总结历史经验教训，社会主义制度下两个问题应该统一起来，邓小平同志提出社会主义本质，就是把两个标准统一起

① 卫兴华．论社会主义生产力标准和价值标准的统一［J］．经济学动态，2010（10）．

来的。他说社会主义的本质是解放生产力、发展生产力，这是生产力标准；消灭剥削、消除两极分化，达到共同富裕，这就是价值标准。社会主义要消灭剥削，消除两极分化，要共同富裕，这是一个价值标准。有的学者则不同意上述见解，坚持生产力标准的唯一性。无论人们的看法如何，可以肯定的是，对于这一问题的讨论和研究是非常必要的，是需要根据理论和实践的发展不断深化认识的。

四、正确借鉴西方经济学

马克思主义经济学历来是在与西方资产阶级经济学的不断对话和交锋中产生和发展的。正如列宁所说："马克思主义同'宗派主义'毫无共同之处，它绝不是离开世界文明发展大道而产生的一种故步自封、僵化不变的学说。恰恰相反，马克思的全部天才正是在于他回答了人类先进思想已经提出的种种问题。他的学说的产生正是哲学、政治经济学和社会主义极伟大的代表人物的学说的直接继续。"[①] 推进中国经济学体系和学术话语体系的建设必须正确借鉴西方经济理论，处理好马克思主义经济学与西方经济学的关系。

首先应当承认，西方经济学有其合理的有用的一面，需要我们认真学习借鉴，这主要表现在以下三个方面。

1. 西方经济学的各个分支，都或多或少地反映了市场经济和资源配置的一些规律，如关于价格运动的理论、关于增长与波动的理论、关于货币金融的理论、关于国际贸易的理论、关于利率和汇率变动的理论、关于产业组织的理论、关于企业和制度变迁的理论等。对于这些具体的经济现象和经济运行规律的研究，西方经济学理论的发展已经有了几百年的历史，研究的领域不断扩展，研究的内容越来越细，新理论新观点层出不穷，促

---

① 列宁选集（第2卷）[M]. 北京：人民出版社，2012：309.

进了人类对经济生活运动规律的认识。

2. 西方经济学的分析方法，如边际分析方法、统计和计量方法、投入产出方法、实验的方法和目前流行的博弈论等，对于经济科学的发展具有积极意义。特别是数学方法得到了广泛的运用，是现代西方经济学的一个重要特征。数学方法的广泛运用可以将理论的假设、推理和结论清晰、准确地表达出来，如果正确地加以运用，对经济理论的发展无疑是有益的。

3. 西方经济学的各派理论体现了不同时代的不同的人对当时经济生活的本质及其运动规律的思考，这些理论即使被证明是不正确的，但是对于我们总结经验教训和了解经济思想的发展也是有价值的。比如，19 世纪英国自由贸易理论与保护贸易理论的争论反映了当时工业资本家与地主阶级的不同利益；德国历史学派与英国古典学派的争论，则反映了那个时代相对落后的德国资本主义与先进的英国资本主义之间的不同要求。

西方经济学的这种合理性和有用性，决定了我们对西方经济学不能采取完全否定和排斥的态度，而必须认真学习和科学借鉴。但是，对于西方经济学绝不能照抄照搬，盲目崇拜，更不能把它当作唯一科学的理论。而必须批判性地加以借鉴，有条件地加以运用，吸收其合理的因素，摒弃其意识形态的因素。这是因为：

第一，西方经济学历来具有二重性，既有合理有用的一面，也有不可否认的意识形态因素，这在基本理论中表现得尤其明显。如西方经济学中的“经济人假说”、主观价值论、要素价值理论、人力资本理论、完全竞争理论、自由至上等重要理论等，都直接是为资本主义制度作辩护的，既不能被事实和经验所证实，在逻辑上也存在严重的缺陷，但符合经济当事人的利益和要求，因此在资本主义国家得到了流行。马克思对资产阶级庸俗经济学的批评恰当地道出了这些理论的实质：“问题不再是这个或那个原理是否正确，而是它对资本有利还是有害，方便还是不方便，违背警章还是不违背警章。不偏不倚的研究让位于豢养的文丐的争斗，公正无私的研究探讨让位于辩护士的坏心恶意。”[①] 西方经济学所包含的意识形态色彩，也为当代的一些西方经济学家所承认。如诺贝尔经济学奖获得者、美国经济学家索洛说过这样的话：“社会科学家和其他人一样，也具有阶级利益、意识形态的倾向以及一切种类的价值判断。但是，所有的社会科学的研究，和材料力学或化学分子结构的研究不同，都与上述的（阶级）利益、意识形态和价值判断有关。不论社会科学家的意愿如何，不论他是否觉察到这一切，甚至他力图避免它们，他对研究主题的选择，他提出的问题，他没有提出的问题，他的分析框架，他使用的语言，很可能在某种程度上反映了他的（阶级）利益、意识形态和价值判断。”

第二，西方经济学学派林立，观点各异，并不存在被一切时代和一切人都普遍认可的所谓科学理论。例如，虽然都是主流经济学家，斯蒂格利茨就对新古典经济学持强烈的批评态度。他认为，新古典经济学的理论存在着许多根本的缺陷：如没有认识到激励问题的重要意义，过高地估计了价格的作用，没有认识到资本配置中的困难，对于分散化和竞争的作用与功能缺乏正确的理解，忽视了技术创新在经济中的作用，等等。同为新自由主义经济学，也存在着以米塞斯、哈耶克为代表的新奥地利学派，以坎南、罗宾斯等为代表的伦敦学派，以弗里德曼等为代表的芝加哥学派，以科斯、诺斯等为代表的新制度主义等不同的学派。它们虽然由于倡导私有制和自由市场经济而形成了一个学术共同体，但在一些具体问题上又相互批评，互为敌手。比如，新制度经济学家认为，新古典经济学是关于市场运作的理论，而不是关于市场生成的理论，它舍弃了时间，抽象掉了制度，因而是不完善的。奥地利学派则认为，市场机制并不是资源配置的机制，而是知识和信息交流的机制，由于知识和信息是主观的，而且是以分散的状态为个人所掌握，因此，所谓的一般均衡是不存在的。西方经济学各个学派之间的这种争论从学术上讲是正常现象，另一方面也说明，这里并不

---

① 吴易风. 马克思主义经济学与西方经济学［M］. 北京：经济科学出版社，2002：237－238.

存在所谓的普适性的科学真理。

第三，西方经济学的一些即使是在一定时期看属于正确的理论，也是以一定的假设条件、历史经验、价值取向、文化背景和逻辑结构为前提，不能照搬照抄，而必须结合中国的实际。瑞典著名经济学家冈纳·缪尔达尔曾指出："这些（西方）经济学术语是从西方世界的生活方式、生活水平、态度、制度和文化中抽象出来的，它们用于分析西方世界可能有意义，并可能得出正确的结论；但是在欠发达国家这样做显然不会得出正确的结论。"比如，作为一种市场经济需要具有一些一般性的要素或基本的框架，如独立的企业、充分的竞争、自由的价格等，把这些因素加以进一步抽象，形成了理想的完全竞争市场的理论。但是，在现实的经济生活中，这些要素或框架的形成是需要条件和时间的，并且很难完全具备。所谓的"理想的市场""完全竞争的市场"就只能看作是一种理论假说，而不能作为现实决策的基础。又如，自由贸易理论是主流经济学的一个基本原理，但是，在现实中只有当一个国家在国际市场上具有竞争优势的时候，它才会采用自由贸易的政策，而当它在进行资本原始积累、建立自己的工业体系的时候，则都倾向于实行保护关税制度。因此，无论是英国、德国、法国，还是美国，都毫无例外地实行过保护关税制度。

问题的复杂性在于，西方经济学中的有用成分和意识形态成分并不是分开的，而往往是混合在一起的，因此，如果我们缺乏科学的鉴别力，不进行仔细的甄别，就很容易将西方经济学中的有害的东西当作有用的成分来学习运用，而真正合理有用的东西则反而可能被忽视。可以举两个例子说明。

一是如何认识政府与市场的关系。在这一问题上目前流行许多观点，如"大市场、小政府""小政府、大社会"；政府管得越少越好，只能为市场和企业服务，只能提供公共产品而不能承担其他更多职能；在市场经济中，政府是裁判员、服务员，而不是运动员，所以，除了维护市场秩序和提供公共服务外，不应当承担更多的职能，等等。这些观点从表面上看，是讨论经济体制的，是反映资源配置规律的，但实际上却体现着新自由主义的意识形态。因为在资本主义制度下，市场的作用就是资本的作用，特别是垄断资本的作用。正如马克思早就指出的那样，所谓的自由贸易，实质上是资本的自由，它要“排除一切仍然阻碍着资本前进的民族障碍”。对社会生产过程的任何有意识的社会监督和调节，都被说成是侵犯资本家的财产权、自由和自决的“独创性”。当代美国著名学者乔姆斯基一针见血地指出，新自由主义的理论和政策，“代表了极端富裕的投资者和不到1000家庞大公司的直接利益”，只不过是少数富人为限制民众的权利而斗争的现代称谓而已。保罗·克鲁格曼把新自由主义运动的实质概括为“将时间往回调，逆转那些抑制不平等的经济政策”，把美国带回到大危机前由少数富豪统治的时代。

二是如何认识经济效率。在现代西方经济学中，效率被公认为是一个纯粹客观的概念，与价值判断完全无关，用效率来评价人们的经济活动似乎天经地义。然而，事实并非如此。实际上，人们的道德判断和效率评价之间存在着复杂的、常常很不明确的相互影响。就效率评价而言，不仅效率概念本身总要以某种常常有争议的假设为前提，而且当一个具体的社会安排满足其中一种效率标准时，对它的重要性和意义的评价也是与人们的价值判断直接相关的。其主要原因在于，效率的高低是与成本与收益或投入与产出比较或衡量的结果，但是对于什么是成本和什么是收益的问题，不同历史、文化和制度背景下的人有着不同的认识。原始人的效率不同于奴隶主的效率，封建主的效率不同于资本家的效率，国家的宏观效率不同于企业的微观效率，短期的效率不同于长期的效率，技术的效率不同于货币的效率。比如，制造污染的化工厂得到的收益可能造成了被污染企业的成本；耗竭地球资源而增加财富使当代人获得收益却会造成后代人的巨大损失；工资是工人的收益但却是资本的成本，利润是资本的收益但却是劳动的付出；对于某些特定的地区、企业和个人进行的经济补贴（如对贫困地区、基础产业和失业人群等的补贴）虽然不符合市场短期效率的要求，但却有利于提高宏观的动态的效率，等等。

近年来，中国经济学界流行着一种新的教条主义思想。这种思想认为，整个世界上的经济学只有一种，这就是西方的主流经济学，它是科学的普适的，是无民族无国界的，毫无疑问地相信它、学习它，就是中国经济学发展的方向；不折不扣地贯彻它、实践它，就是中国经济改革的方向。这是一种新的蒙昧主义。不摆脱这种教条主义和蒙昧主义，就不可能真正树立理论上的自觉和自信。保罗・克鲁格曼在2008年金融危机后曾论道："宏观经济学在过去三十多年的研究成果，说得好听点是毫无用处的，说得难听点甚至是有害的。"约瑟夫・斯蒂格利茨说得更为直白："新自由市场原教旨主义一直是为某些利益服务的政治教条，它从来没有得到经济学理论的支持，现在也变得清楚了的是它也没有得到历史经验的支持。吸取这个教训或许是现在乌云密布的世界经济的一线希望。"西方的主流学者对自己的理论尚且能实事求是地进行评价，我们中国经济学界的一些学者怎么能对这些西方的理论如此迷信呢?

理论是对现实生活的反映和对实践经验的总结，必然要随着现实和实践的发展而发展。从来就不存在可以脱离特定的历史背景和现实生活的永恒的普适的经济学。经济学的发展和人类文明的发展一样，从来就是不同时代不同国家的人们根据自己的实践和经验，在思想和理论上相互交流、碰撞、融合的结果，绝不只是哪个国家和哪些个人的专利。在人类历史的发展中，中华民族从来就不是现在更不应当仅仅是他国理论的亦步亦趋的模仿者和追随者，而应当有所发明有所创造有所贡献。任何照搬照抄别国理论与经验的做法，都必然会在丰富多彩和生机蓬勃的实践面前折戟碰壁。特别需要注意的是，盲目崇拜和照抄照搬西方理论和经验的危害，不仅在于它脱离中国的实际，无法解答中国的问题，更在于它会使我们成为某些错误思想的附庸和奴隶，丧失思想理论的自主性和创造性，甚至会把西方国家的特殊经验、特殊利益和意识形态当作所谓的普世价值推广甚至强加于中国，危害中国特色社会主义事业。对此，必须高度警惕，绝不可掉以轻心。

五、开放融通、兼容并包

像所有的科学一样，中国经济学的繁荣发展也需要百花齐放、百家争鸣，开放融通、兼容并包，在多元中求主导，在多样中求共识，在超越中引潮流。遗憾的是，在当前中国的经济学界，开放融通、兼容并包似乎并不是主流，而追求所谓的标准化和与国际接轨的做法似乎成了一种时髦。抛开经济学所具有的时代性、实践性和阶级性不谈，所谓的标准化和接轨说也存在着明显误区。且不说不同国家和不同时代流行的理论是不一样的，即使是同一个时代同一个国家，例如当今的美国，经常也是学派林立、观点各异，此起彼伏、此消彼长。如果说要标准化和与国际接轨，那么，的确存在一个用哪个“轨”、怎么“接”的难题。事实上，当前许多人所主张的标准化指的只是美国化，更具体地说，是新古典化。然而，新古典经济学绝不是完美无缺可以通用的理论，而是存在着严重缺陷的，主要表现：重逻辑、轻历史、重形式、轻内容，否认不同社会制度和历史条件下人们行为的差异，排除了技术、制度、政治、文化等各种复杂因素对经济生活的影响，把追求自身利益最大化的所谓经济人当作考虑所有问题的出发点，把资本主义的市场经济当作人类永恒不变的经济形式，把抽象的数理逻辑当作判断经济学是否科学的主要标准，等等。对这种理论，我们只能有条件地吸收，有批判地借鉴，不能把它作为与国际接轨的唯一标准。

这里，需要对所谓的主流经济学有一个正确的态度。一般来说，所谓的主流经济学，就是得到了大多数经济学家和政策制定者的认可和赞同的经济学说。以此标准来看，西方主流经济学在中国的影响日益增大已经是一个不争的事实。抛开主流经济学的严重弊端不谈，单从思想和学术发展的途径来讲，过分崇拜主流经济学而贬斥非主流经济学也是有害的。因为所谓的主流与非主流是一个相对的历史的概念，并不是固定不变的。某种经济学理论由于符合当时的统治阶级的利益和价值观而成为一定时期的主流理论和政策主张；而随着历史条件的变化，这种理论的主流地位就可能被另外的理论所代替。某种处在非主流地位的新理论在适当的条件下也可能会变成主流的理论。例如，16 世纪英国和法国流行的是重商主义，17 世纪至 19 世纪流行的是古典经济学，19 世纪末到 20 世纪初流行的是新古典经济学，资本主义世界经济大危机后凯恩斯主义则成为主流经济学。20 世纪 70 年代以后，由于资本主义内部经济和社会矛盾的发展，凯恩斯主义有所失势，主张自由市场的货币主义和理性预期学派开始成为主流。主流与非主流的这种变化当然以后也不会停止。此外，在同一时期的不同的国家中，主流经济学也是不一样的。比如，19 世纪英国流行的是以亚当·斯密和大卫·李嘉图为代表的古典经济学；而在德国历史学派一直居于主流地位；在日本，由于其特殊的历史环境，在 20 世纪以来的经济学教育和研究中，马克思主义经济学一直占有重要的地位。

此外，受统治阶级的利益和价值观的局限，主流经济学并不见得就一定比非主流的经济学更科学、更有道理。例如，19 世纪 30 年代以后，为了调和日益尖锐的阶级矛盾，以詹姆斯·穆勒、麦克库洛赫庸、西尼尔、凯里、巴斯夏等为代表的当时的资产阶级经济学家们抛弃了科学的古典政治经济学，建立了马克思所说的庸俗经济学，庸俗经济学在当时成为主流的经济学理论。然而，这绝不表明庸俗经济学比古典经济学更科学，恰恰相反，在马克思看来，古典经济学力求探索资本主义生产方式的内部联系，透过经济现象寻求客观经济规律，后者则满足于描绘资本主义生产方式的外在联系，抓住颠倒地表现出来的现象外表来否认现象背后的客观经济规律；古典经济学从来没有只限于反映资本主义经济关系中生产和经营当事人的观念，而是力图揭示在这种当事人的观念和行为背后起支配作用的经济关系和客观规律，而庸俗经济学则只是限于把资产阶级生产和经营当事人的观念加以系统化和学理化，并且宣布为永恒的真理；古典经济学是批判的经济学，表现出科学上的诚实，敢于说出具有进步性、革命性的资产阶级想说的话，庸俗经济学则是辩护的经济学，它不是无所畏惧地追求科学真理，而是让科学去迎合和适应资产阶级的私利。在当代，主流的新古典经济学的科学性也是很有疑问的。且不说包括制度经济学、新政治经济学、演化经济学、激进经济学等众多学派在内的非主流经济学对这一理论进行了多方面的深刻的批评，就连斯蒂格利茨这样的主流经济学家也认为，以亚当·斯密“看不见的手”为基础的新古典经济学不仅在转型经济和制度选择中用处很小，即使在解释发达的市场经济方面也存在着根本的局限。对于中国的经济学者来说，我们更没有理由脱离中国经济学建设与发展的根本任务去盲目追捧西方的主流经济学，更不应当把它当作唯一的真理来强加于中国的现实。

发展中国的经济学，构建中国的经济学体系和学术话语体系，必须克服这种片面的标准化、国际化的教条主义思想，走开放融通、兼容并包、广泛学习的道路。

——要向一切民族一切国家学习，不仅要学习借鉴发达国家经济发展的经验和理论，也要学习借鉴广大发展中国家经济发展的经验和理论。

——要向历史和传统学习，既要学习国内外经济发展的历史，也要学习国内外经济理论和思想发展的历史，继承先人们创造的思想遗产，尊重历史形成的文化传统。

——要向所有的科学学习，既要学习一切自然科学的成果，也要学习包括哲学、政治学、历史学、社会学、文学艺术等在内的各门人文社会科学的成果。

——要向各门各派学，既要学习包括新古典经济、新凯恩斯经济学等在内的主流经济学，也要学习包括后凯恩斯经济学、制度经济学、演化经济学、激进经济学等在内的非主流经济学。

——要向实践和群众学习，既要学习人民群众在社会主义建设中创造的新鲜经验，也要学习指导和推动实践发展的党和政府的路线方针政策，以及有关决策部门、研究机构和专家学者的调研报告和政策咨询等。

六、 把握一般与特殊的辩证法

西方主流经济学的一个重要的方法论特点是崇尚普遍性一般性，排斥特殊性个别性，热衷于从假设公理、演绎、模型出发思考问题，习惯于用教科书中抽象的理论原理裁剪丰富多彩的现实，而这些所谓的一般原理又是以特别的理论特别是新古典经济学为基础的。在这样的思维逻辑的支配下，就形成了这样一种关于中国经验的标准阐释：中国经验至多是“转型经济学”，即向资本主义完美市场的过渡阶段，没有经济学的普遍意义。发展 = 市场化 = 自由化，最终走向是城市化、全球化；服务业将挤出农业和制造业；国家的边界和作用都将消亡；只有个人（消费者、兼生产者与投资者）与企业永存；资本主义最终战胜社会主义的理由是人的自私本性；苏联和中国前三十年的社会主义工业化的实验是历史性的错误，等等。还有，如果说中国经济获得了成功，那应该归功于对主流经济学一般原理的有效应用，如发展了私有经济、市场调节、对外开放等；而中国经济面临的问题则是由于偏离了这些一般原理，如保留了国有经济、政府干预、独立自主等，这些问题不解决，中国经济迟早会出现崩溃的局面。总之，一切不符合主流经济学标准模型的做法，都被看作是对一般规则的偏离和扭曲。很明显，这样的思维逻辑是完全错误和极其有害的，是典型的形而上学猖獗。

我们知道，共性是以个性为基础的，普遍性寓于特殊性之中，这对所有的理论都是适用的。现代西方的经济学，从它在一定程度上反映市场经济运动规律的方面看，具有共性或普遍性；从另外一些方面看，又具有个别性或特殊性。且不说西方经济学学派林立，观点各异，能够被人们普遍认可的一般理论很少，即使是一些人们普遍认为比较正确的理论也是以一定的时空结构为前提的。社会经济系统之间既存在时间的区别，又存在空间的不同，这就是所谓的“历史与地理特性问题”。总的来说，现代西方经济学是以市场经济为基础产生发展起来的，对于非市场经济体系如原始社会、奴隶社会、封建社会和计划经济并不适用。即使是对于市场经济，由于存在着社会主义市场经济与资本主义市场经济的区别，其适用性也是需要仔细斟酌的。资本主义的市场经济又是目前为止最发达的市场经济，因而，人们很容易以它为样板，把资本主义市场经济的特殊规律当作普遍规律或“国际惯例”。但实际的情况并不是这样，资本主义市场经济同样是一般与特殊的统一，服从于一般与特殊的辩证法。众所周知，劳动力成为商品，资本雇佣劳动，剩余价值的生产，平均利润的形成，垄断资本的出现，普遍的生产过剩的世界性经济危机，所有这些都不是市场经济与生俱来的现象，而是小商品生产向资本主义商品生产过渡的产物。而在以公有制为基础的社会主义市场经济中，上述现象虽然不可能完全消失，但至少在很大程度上受到了调节和制约，发生了重要的变化，同时还出现了一些新的经济规律和运行特点。

这里特别需要强调的是，从中国的实践经验中概括形成的中国特色社会主义经济理论也不仅仅是中国独有的特殊的东西，更不能简单地将其当作是一种个案或例外。毫无疑问，中国经济改革和发展的经验首先是中国特殊国情的产物，特殊的经济结构、政治结构、历史文化传统以及特殊的路线方针政策乃至于领导集团的特殊的风格，都是中国特色的重要元素。因此，中国的经验并不一定适用于所有的国家。但是，我们不能因此而把中国特色与一般性或普遍性对立起来，割裂开来，这样的做法不符合辩证法。共性寓于个性之中，实际上，中国经济改革和发展中的所有重要议题，如工业化、信息化、城市化、宏观经济稳定、市场体系的发育、企业治理结构的创新、中央与地方关系、对外开放、民主政治的建设、传统文化的继承与发展等，是每个国家特别是发展中国家都要面临的共同问题，这些问题的产生、发展和有效解决，当然也有其一般规律。因此，中国经验中必然包含着某些具有普遍的和一般意义的东西。有一个例子可以充分说明这一点。众所周知，在一个很长的历史时期中，无论是在社会主义国家，还是在资本主义国家，人们对市场经济的认识都存在很大的狭隘性、片面性，认为市场经济仅仅适合资本主义，只有资本主义才能搞市场经济，社会主义不能搞市场经济。这种认识严重阻碍了人们的眼界。中国共产党以巨大的理论和历史勇气，突破了这一传统的观点，提出了社会主义市场经济理论，建立了社会主义市场经济体制，在人类历史上第一次实现了社会主义与市场经济的结合，既体现了市场经济的普遍原则，又体现了社会主义制度的基本特征，实现了效率和公平、计划和市场、自主和开放、公有制主体地位和多种所有制共同发展的结合，发挥了社会主义制度的优越性和市场经济的长处。社会主义市场经济理论的提出，不仅是对马克思主义和科学社会主义理论的重大贡献，也为当今世界试图摆脱贫困、实现国家发展的广大发展中国家选择发展道路提供了重要的启示和借鉴意义。因而，它既是特殊的，也是普遍的。类似的例子还有许多。人们普遍认为，中国经济改革和发展的实践开阔了经济学研究的视野，丰富了经济学研究的思路，深化了人们对市场经济和制度变迁过程的认识，对西方主流经济学的许多所谓一般理论提出了挑战。当代中国经济学的一个重要任务，就是从中国的经验中提炼思想、创新理论，使特殊性上升为一般性，从而推动经济学理论的发展。

七、把逻辑与历史相统一

崇尚普遍性一般性、排斥特殊性个别性的一个必然结果，就是崇尚逻辑演绎，排斥历史分析。把资本主义市场经济当作某种先验的超历史的现象，这是资产阶级经济学从亚当·斯密和李嘉图开始就已经形成的一个重要传统，在这一点上，现代西方经济学可以说是有过之而无不及。根据这种观点，资本主义社会形成的市场制度不是历史发展的产物，而是历史发展的起点；不是生产发展的结果，而是生产发展的前提；不是从客观历史条件中产生出来的，而是自然的人类本性造成的。同样，以资本主义当事人的认识和思想表达为基础的西方主流经济学，则被看作是亘古不变的永恒真理。比如，经济人假说被看作是无须证明的公理，私有制被看作是人类利己本性的表现，自由契约被看成是天赋人权，成本收益分析被看作是人类一切行为的出发点，比较优势理论被看作是和物理学的定理一样超历史的科学原理。在这种思想的影响下，经济思想史和经济史的教学和研究受到了严重削弱，数典忘祖、抛弃传统、生吞活剥、照搬照抄的历史虚无主义严重泛滥。显然，用这样的思想指导改革，难免不出现颠覆性错误，难免不走改旗易帜的邪路。

政治经济学在本质上是一门历史科学，正如恩格斯所说的："人们在生产和交换时所处的条件，各个国家各不相同，而在每一个国家里，各个时代又各不相同。因此，政治经济学不可能对一切国家和一切历史时代都是一样的……谁要想把火地岛的政治经济学和现代英国的政治经济学置于同一规律之下，那么，除了最陈腐的老生常谈以外，他显然不能揭示出任何东西。因此，政治经济学本质上是一门历史的科学。它首先涉及的是历史性的即经常变化的材料；它首先研究生产和交换的每个个别发展阶段的特殊规律，而且只有在完成这种研究以后，它才能确立为数不多的、适用于生产一般和交换一般的、完全普遍的规律。”[①] “历史从哪里开始，思想进程也应该从哪里开始，而思想进程的进一步发展不过是历史过程在抽象的理论上前后一贯的形式上的反映；这种反映是经过修正的，然而是按照现实的历史过程本身的规律修正的。”熊彼特也曾说过：“如果一个人不掌握历史事实，不具备适当的历史感或所谓历史经验，他就不可能指望理解任何时代（包括当前）的经济现象。”总结中国的改革经验，发展中国的经济学理论，必须认真研究中国的历史，从历史中汲取营养。正如习近平指出的那样：“中华民族五千多年文明史，中国人民近代以来一百七十多年斗争史，中国共产党九十多年奋斗史，中华人民共和国六十多年发展史，改革开放三十多年探索史，这些历史一脉相承，不可割裂。脱离了中国的历史，脱离了中国的文化，脱离了中国人的精神世界，脱离了当代中国的深刻变革，是难以正确认识中国的。”中国的经济学是从中国的经济史和经济思想史的丰厚土壤中生长出来的，只有深深扎根历史的丰厚土壤，中国经济学的发展才能根深叶茂，生生不息。

众所周知，改革开放后三十多年以来形成的中国特色社会主义道路是以改革开放前三十年社会主义建设的历史为基础的，党在社会主义建设中取得的独创性理论成果和巨大成就，为新的历史时期开创中国特色社会主义提供了宝贵经验、理论准备、物质基础。看不到前三十年与后三十年之间的这种紧密的联系，就不可能把握中国经济改革的内在逻辑。在分析中国渐进式改革获得成功的原因时，国内外的学者们都注意到了这样一个事实，即中国渐进式改革的成功与改革开始时具备的一些有利的初始条件有很大关系。世界银行在对中国经济的考察报告《90 年代的改革和计划的作用》一书中曾经把中国改革所具有的有利的初始条件归结为改革前物质投资的滞后收益，比如，农业在人民公社时期已具备了适当的物质、销售和人力等方面的基础设施，但它缺乏激励因素，因而一旦个人激励措施得以

① 马克思恩格斯选集（第 3 卷）[M] 北京：人民出版社，2012：525.

引入，国家的作用得以改革，产出的迅速提高就不足为奇了。又如，在工业领域，1949 年以后工业化程度有了很大提高，尤其是重工业和大中型国营企业得到了很大扩展，这一方面意味着中国已有一个进行建设的相当规模的工业基础，另一方面意味着一旦投资政策下放后就会有许多轻工业投资机会。这方面的例子是很多的，可以说是比比皆是。

认识当代中国的经济改革，不仅不能脱离几十年社会主义革命和建设的历史，也不能脱离几千年中华民族发展的历史。中国是一个有着悠久历史的文明古国，根深蒂固的传统、博大精深的文化，为社会的转轨提供了丰富而深厚的历史遗产。历史宛如看不见的手引导着时代变革的方向。关于中国传统文化与市场经济和现代化的关系，人们众说纷纭，认识莫衷一是。但是，对于两者之间存在着内在联系，恐怕人们是很难加以否认的。比如，中国传统文化是以家族主义为核心的，改革以来农村实行的以家庭承包为基础的土地经营制度实际上是古老的家族主义的一种新的形式；此外，在相当长的一个时期里，中国的社会保障特别是农村的社会保障是以传统的大家庭为基础的，因而，在很大程度上节约了政府和企业的社会保障费用，促进了提高居民储蓄率的提高，对于推动经济增长是十分有利的。

理论是实践的反映，中国特色社会主义事业的蓬勃发展和中华民族的伟大复兴，必然要求并伴随理论的繁荣兴盛。而增强中国经济学的理论自信，发展与中国的历史、文化、制度和实践相适应的具有中国特色和时代特点的经济学理论和学术话语体系，则是中国的理论繁荣兴盛不可或缺的重要内容。新的理论和话语体系有待于我们的探索、开拓和创新，但其方向应当是明确无疑的，这就是，以马克思主义为指导，学习吸收国外优秀成果，立足中国、面向世界，扎根历史、服务现实，开放融通、兼容并包，为建设社会主义现代化强国和中华民族的伟大复兴提供理论支持。

（原载于《学习与探索》2015 年第 4 期）

社会主义政治经济学的历史演变

一、 社会主义政治经济学创立

社会主义政治经济学是关于社会主义生产方式及其发展规律的科学，是马克思主义政治经济学的重要组成部分。众所周知，马克思主义是关于无产阶级解放运动的性质、条件和目的的学说，这一学说的目的，就在于科学阐明人类社会从资本主义向共产主义过渡的历史必然性及其内在的规律。实现这一目的，仅有资本主义的政治经济学是不够的，还必须有社会主义的政治经济学，这两个部分相互联系、相互依赖、不可分割。社会主义是资本主义发展的归宿，又是向共产主义过渡的中介，因而是社会形态演变历史进程中必经的重要阶段。显然，以揭示这一社会形态的经济规律为目的的社会主义政治经济学，自然成为了马克思主义政治经济学不可或缺的重要组成部分。

马克思恩格斯是科学社会主义的创始人，也是社会主义政治经济学的奠基者。他们通过对资本主义生产方式矛盾运动规律和发展趋势的深刻分析，揭示了未来共产主义和社会主义经济关系的基本特征，其主要内容包括：实现人的自由全面发展，建立自由人的联合体；消灭私有制，生产资料社会占有；共产主义高级阶段实行按需分配，低级阶段实行按劳分配；消灭商品生产，对社会生产实行有计划的调节；消除城乡和工农差别，实现城乡融合；阶级和国家的消亡，对人的统治将由对物的管理和对生产过程的领导所代替；各国人民之间的民族分隔和对立日益消失；向社会主义的过渡需要一个较长的时期，在过渡时期可以采取合作制、商品生产等多种中介形式。马克思和恩格斯创立的社会主义经济理论的经典形态，是社会主义政治经济学的本源、基础和发端，是社会主义革命和社会主义建设的重要指南。但是这些理论只是社会主义政治经济学的起点，而不是它的完成形态，更不是它的终结，因而需要在实践中加以不断的检验、丰富和发展。

十月革命前后的一段时期里，关于社会主义条件下政治经济学“消亡”的理论，在马克思主义理论中颇为流行。希法亭、卢森堡等当时一些重要的马克思主义经济学家，都曾持这一观点。布哈林的观点很具代表性，在1920年出版的《过渡经济学》一书中，他开宗明义地讲道：“理论政治经济学是关于以商品生产为基础的社会经济的科学，也就是关于无组织的社会经济的科学。”[①] 因此，“资本主义商品生产的末日就是政治经济学的告终”。因为，在未来的共产主义社会，“人们同他们的劳动和劳动产品的社会关系，无论在生产上还是在分配上，都是简单明了的”，商品世界的全部神秘性，资产阶级政治经济学的各种范畴的社会效力，都立刻消失了。然而，资本主义政治经济学的消亡绝不等于政治经济学的消亡。列宁十分正确地指出，布哈林的关于政治经济学的定义相比恩格斯的定义“倒退了一步”，在《反杜林论》中恩格斯指出，政治经济学是“一门研究人类各种社会进行生产和交换并相应地进行产品分配的条件和形式的科学”[②]。列宁问道：“即使在纯粹的共产主义社会里不也有 Iv + m = IIc 的关系吗？还有积累呢？”随着社会经济建设实践的不断发展，创建社会主义政治经济学的任务摆在了人们面前。沃兹涅辛斯基20世纪30年代明确提出了创建“社会主义政治

---

① 布哈林著，余大章、郑异凡译. 过渡时期经济学［M］. 北京：三联书店，1981：1.

② 马克思恩格斯选集（第3卷）［M］. 北京：人民出版社，2014：528.

经济学”的任务。他认为，在经济思想史上，英国资产阶级在资本主义发展初期，就着手创立了自己的政治经济学；苏联已经是一个进入社会主义阶段，并建成社会主义经济基础的国家，更应该着手创立和这种社会经济关系相适应的“社会主义政治经济学”。1936 年联共（布）中央做出《关于改革政治经济学讲授》的决议，正式提出开设独立的社会主义政治经济学课程，1937 年苏共中央组织了一批著名的经济学家编写包括社会主义部分在内的政治经济学教科书，到 1940 年底，完成了教科书的未定稿。① 斯大林高度重视这一工作，指出“一本好的马克思主义政治经济学教科书的出版，不仅具有国内的政治意义，而且具有巨大的国际意义”②。1941 年初，斯大林在阅读了教科书的未定稿后，邀请了一批经济学家和党的领导干部进行讨论，提出了一些原则性意见。这些意见后来反映在 1943 年他在《在马克思主义旗帜下》杂志发表的一篇题为“政治经济学讲授中的若干问题”的编辑部文章中。在斯大林的领导下，政治经济学教科书在 1951 年基本完成。随后苏共中央举行了经济问题讨论会，对这本教材进行了专门的讨论，斯大林针对大会讨论的重要理论问题发表了书面意见，1952 年，这些意见正式以《苏联社会主义经济问题》为题出版发行。1954 年 8 月，政治经济学教科书正式出版，标志着社会主义政治经济学作为一门独立科学的诞生。

二、 传统社会主义政治经济学

马克思和恩格斯关于未来社会的理论揭示了社会发展的一般趋势和社会主义革命的基本目标，成为了从事社会主义运动的无产阶级政党的指导思想。这种经典理论与当时具体的历史条件相结合，就形成了社会主义经济的最初模式即高度集中的计划经济体制，传统社会主义政治经济学则是

① ③顾海良、张雷声. 20 世纪国外马克思主义经济思想史［M］. 北京：经济科学出版社，2006：298 – 304.

② 斯大林选集（下卷）［M］. 北京：人民出版社，1979：573.

这一最初模式理论形态，其核心思想是公有制基础上实行计划经济。传统社会主义政治经济学的基本思想在苏联1954年版《政治经济学教科书》中得到了系统的表达，其主要观点是：生产资料公有制是社会主义生产关系的基础，公有制有两种形式，国家所有制和合作社集体所有制；社会主义的基本经济规律是，用在高度技术基础上使生产不断增长和不断完善的办法，来保证最大限度地满足整个社会经常增长的物质和文化需要；国民经济有计划按比例发展的规律是社会主义经济中调节社会主义经济的主要规律；按劳分配是社会主义经济最基本的分配形式和重要的经济规律，这一规律要求按劳动的数量质量分配物质资料；在社会主义制度下，商品生产和商品流通主要限于个人消费品，价值规律不是生产的调节者，但在一定范围内对个人消费品的流通起调节作用；社会主义阵营各国的经济关系则是建立在完全平等、互利、尊重一切大小民族的国家主权、兄弟互助、一切经济联系的计划性和组织性之上的。

传统社会主义经济理论与马克思恩格斯的关于未来社会的经典理论的关系是怎样的呢？在这一问题的认识上存在着两种不同的观点：一种观点认为，传统社会主义经济理论是马克思和恩格斯经典理论在现实中的运用，其中主要观点如公有制、计划经济、按劳分配等来源于经典作家的论述，传统的社会主义经济理论与经典的社会主义理论是一回事。另一种观点则认为，传统社会主义经济理论是对马克思恩格斯经典理论的歪曲，它在根本上背离了经典作家的思想。例如，经典作家认为，未来的共产主义社会是自由人的联合体，消灭了阶级和国家，以人的自由全面发展为目的。而在传统的社会主义经济理论中，国家不仅没有被消亡，反而成为了无所不能的空前强大的暴力机器，个人的自由受到了严重的压制。

上述两种观点都有片面之处。实际上，传统社会主义经济理论与经典的社会主义经济理论既有联系又有区别，传统社会主义经济理论是教条式地运用、实践马克思恩格斯关于未来社会理论的结果，这包括两层意思。

一是传统社会主义经济理论直接来源于马克思恩格斯关于未来社会的

经典理论，这一理论的基本观点，如生产资料的公有制、计划经济、按劳分配等都是对经典作家关于未来社会主义基本特征理论的继承和发展，使社会主义从一种理论上的设想转变成为了现实的存在，对社会主义经济制度的实现形式和运行机制作了具体的探索，对社会主义经济理论的具体内容和内在规律作了深入的阐发，这些都极大地丰富发展了马克思恩格斯经典的社会主义经济理论。从实践上看，虽然经历了严重曲折和巨大挫折，但传统社会主义经济体制的历史功绩不能抹杀。依靠这一体制，苏联和中国等社会主义国家在较短的时间内，迅速实现了国家的工业化，建立了独立完整的国民经济体系，消灭了人剥削人的制度，人民成为了国家的主体，物质生活和文化生活的水平得到大大提高，对人类的进步做出了不可磨灭的贡献。因此，不能割裂二者的联系，从而把传统社会主义经济理论排斥在社会主义经济理论的历史谱系之外，否则就会割断历史，陷入历史虚无主义的泥潭。

二是传统的社会主义经济理论是对经典理论的教条化的运用，它虽然源自于经典社会主义理论，但又依据这些经典理论并结合当时的客观实际和人们的主观理解，进行了深入的探索，其中有不少探索是对马克思恩格斯有关思想的丰富和发展，但也有不少片面甚至错误的东西，主要是把马克思恩格斯对于社会主义经济关系的最一般、最抽象的规定与社会主义经济关系的具体形式或具体模式相混同。忽视了一般的规定和丰富的具体之间的差别，忽视了经济关系内部各种具体复杂的联系，忽视了各种特殊的经济规律，从而犯了教条主义的错误。马克思和恩格斯反复强调，“我们对未来非资本主义社会区别于现代社会的特征的看法，是从历史事实和发展过程中得出的确切结论；不结合这些事实和过程加以阐明，就没有任何理论价值和实际价值”[①]，他们还指出，“所谓‘社会主义社会’不是一种一成不变的东西，而应当和任何其他社会制度一样，把它看成是经常变化和

① 马克思恩格斯选集（第4卷）[M]. 北京：人民出版社，2012：582.

改革的社会”①。

社会主义政治经济学的发展就是伴随着改革的实践而不断发展的，而发现或引入市场、探索在公有制基础上建立市场经济则是过去一个世纪里社会主义理论与实践发展中的核心问题。

三、社会主义政治经济学面向市场的转型

社会主义与市场经济的结合实际上包括了两个方面的内容：一是计划与市场的关系；二是公有制与市场经济的兼容或结合。计划与市场的关系主要涉及的是资源配置方式或经济运行的问题，公有制与市场经济的结合则涉及公有制生产关系的本质及其改革问题。这两个问题是相互联系的，但又不完全相同。

逻辑与历史是一致的。人们对社会主义条件下市场问题的认识最初主要是围绕着计划与市场的关系展开的。按照罗默（John E. Roemer）等人的概括，市场社会主义理论的发展已经经历了五个大的发展阶段：第一个阶段，认识到了社会主义经济不能使用实物单位进行经济计算，而必须求助于价值符号；第二阶段，意识到应当通过求解复杂方程的方式来获得正确的均衡价格；第三阶段，主张引入市场用竞争的办法解决经济的平衡问题；第四阶段，社会主义国家出现各种市场化的理论与实践；第五阶段，市场社会主义理论在苏联东欧社会主义改革失败后产生，它的基本观点是：公有制（主要是指国家所有制）不是社会主义制度的本质，市场社会主义的核心问题是寻求把公平与效率统一起来的企业制度。②

市场社会主义理论发展的这五个阶段，前四个阶段都主要是围绕着计划与市场的关系展开的，只是到了第四个阶段的后期，公有制与市场经济

① 马克思恩格斯选集（第4卷）[M]. 北京：人民出版社，2012：601.

② John E. Roemer. A Future for Socialism, Harvard University Press, 1994.

的结合问题才逐步成为了主要的议题。20 世纪 60 年代至 80 年代东欧经济学派提出的许多改革理论，如兰格的试错模式、布鲁斯的分权模式、奥塔·锡克宏观收入计划协调下的自由市场模式、科尔内的宏观间接控制下的自由市场模式，都试图探讨既保持经济运行的计划性、又发挥市场机制作用的可行的社会主义经济体制。从实践看，这一时期匈牙利、南斯拉夫等国家的经济改革在解决计划与市场的关系问题上也取得了一定进展，企业开始成为独立的商品生产者，市场调节开始发挥重要的调节作用。但是，对于构建完整的市场经济来说，这显然是远远不够的。关键的问题是，公有制企业能不能以及如何适应市场机制。科尔内等人发现，之前提出的关于竞争市场的一些设想如奥斯·兰格著名的计划模拟市场的理论模型，假定社会主义企业家们在竞争市场上的实际行为与私人企业完全相同，但对这一假定的根据并未作充分说明，因而缺乏微观基础，以完全竞争的市场为基础的改革方案，如果不能认真考虑传统国有制形式能否容纳这些改革措施的问题，那就只能是一种天真的幻想①。针对这一问题，布鲁斯提出了生产资料社会化理论，奥塔·锡克提出了资本中立化理论，南斯拉夫的理论家们提出了社会所有制理论。但是，这些理论都没有解决好公有制与市场经济的结合问题。例如，布鲁斯的生产资料社会所有制的概念是针对国家所有制的弊端而提出的，它有两条基本标准：一是生产资料必须用于满足社会利益；二是社会必须对其占有的生产资料具有有效的支配权。其中，第二条标准具有决定性意义，而第二条标准的实质是政治的民主化问题②。布鲁斯把公有制的本质与管理的民主联系起来无疑是很有见地的。但是，政治的民主化并不能代替经济的市场化，解决公有制与市场经济的结合问题。奥塔·锡克的资本中立化理论和南斯拉夫的社会所有制理论的基本思

① 亚诺什．科尔内．理想与现实——匈牙利的改革过程［M］．北京：中国经济出版社，1987：61－71．

② 布鲁斯（Brus. W.）著，郑秉文等译．社会主义所有制与政治体制［M］．北京：华夏出版社，1989：58．

想非常相似[①]，在他们所设想的公有制中，劳动者是集体资本的所有者，以民主自治的方式管理企业，共同参与对利润的分享，克服了劳动与资本的对立，实现经济的民主化与人道化。这种所有制实质上是一种集体所有制，它试图使公有企业成为自治主体，摆脱国家的宏观计划，把企业所有混同于社会所有，只能是一种空想。

传统社会主义经济转型的实质，是要建立一种与市场经济相结合的新型的社会主义经济形态或经济模式，使社会主义经济更具有活力和效率。在此问题上，西方和苏联东欧国家的市场社会主义虽然取得了很大进展，提出了不少有价值的观点，但由于缺乏实践经验的支持，很难形成科学系统的理论。社会主义政治经济学转型的历史使命，是由中国特色社会主义政治经济学完成的。

四、 中国特色社会主义政治经济学的形成发展

中国共产党以马克思主义为立党立国的指导思想，历来重视对马克思主义政治经济学的学习研究和运用。中国特色社会主义政治经济学，是马克思主义政治经济学基本理论与中国具体实际相结合的最新理论成果，是当代中国马克思主义政治经济学的集中体现，是指导中国特色社会主义经济建设的理论基础。

新中国成立后，以毛泽东为代表的中国共产党人领导全国人民，创造性地实现了由新民主主义到社会主义的转变，确立了社会主义基本制度，努力探索适合国情的社会主义经济建设道路，提出了发展社会主义经济的一系列独创性理论观点。如以农业为基础，工业为主导，农、轻、重工业协调发展；统筹兼顾、适当安排，注意综合平衡；实行中央与地方并举，充分发挥两个积极性；处理好国家、集体和个人的关系，使各方各得其所；

① 奥塔·锡克．一种未来的经济体制［M］．北京：中国社会科学出版社，1989：128.

建设独立的比较完整的工业体系和国民经济体系，全面实现农业、工业、国防和科学技术的现代化；自力更生为主，争取外援为辅；等等。这些理论观点，是对马克思主义政治经济学的创造性发展。毛泽东高度重视社会主义政治经济学的发展，多次号召全党干部学习研究政治经济学，并对苏联的社会主义政治经济学教科书进行了深入的研究，肯定了其正确的方面，指出其存在的缺点错误，提出了许多真知灼见，为中国特色社会主义政治经济学的创立进行了探索，开辟了道路。[①]

党的十一届三中全会以来，我们党把马克思主义政治经济学基本原理同改革开放新的实践结合起来，不断丰富和发展马克思主义政治经济学，创立了中国特色社会主义政治经济学。1984 年 10 月《中共中央关于经济体制改革的决定》通过之后，邓小平评价这个决定“是写出了一个政治经济学的初稿，是马克思主义基本原理和中国社会主义实践相结合的政治经济学”[②]。改革开放三十多年以来，中国特色社会主义政治经济学随着实践的发展而不断发展，形成了许多重要理论成果，包括关于社会主义本质理论，关于科学发展理论，关于全面建设小康社会理论，关于经济体制改革理论，关于实行“三步走战略”理论，关于社会主义初级阶段基本经济制度理论，关于社会主义基本分配制度理论，关于社会主义市场经济理论，关于对外开放理论，关于走中国特色新型工业化道路、中国特色自主创新道路、中国特色新型城镇化道路和中国特色农业现代化道路理论，关于建设社会主义新农村的理论，等等。这些理论成果，是适应当代中国国情和时代特点的政治经济学，不仅有力指导了我国经济发展实践，而且开拓了马克思主义政治经济学新境界。

党的十八大以来，以习近平同志为总书记的党中央根据时代和实践的要求，围绕发展中国特色社会主义经济提出了一系列新的重大战略思想和

① 毛泽东文集（第 8 卷）[M]. 北京：人民出版社，1999：103 - 140.

② 邓小平文选（第 3 卷）[M]. 北京：人民出版社，1993：83.

重要理论观点，包括：必须牢固树立创新、协调、绿色、开放、共享的发展理念；坚持以人民为中心的发展思想；使市场在资源配置中起决定性作用和更好地发挥政府作用；公有制为主体、多种所有制经济共同发展的基本经济制度是中国特色社会主义制度的重要支柱，也是社会主义市场经济体制的根基；国有企业是推进现代化、保障人民共同利益的重要力量，把国有企业做大做强做优；健全城乡发展一体化体制机制，推进城乡要素平等交换、合理配置和基本公共服务均等化；加快构建开放型经济新体制，推进更高水平的对外开放，构建广泛的利益共同体；认识新常态、适应新常态、引领新常态，是我国经济发展的大逻辑；加强供给侧结构性改革，提高供给体系质量和效率等。这些战略思想和理论观点，丰富完善了中国特色社会主义政治经济学，书写了当代中国马克思主义政治经济学的新篇章。

概言之，中国特色社会主义政治经济学的内容是非常全面和丰富的，涵盖了中国特色社会主义经济的生产、分配和交换等主要环节，以及基本制度、经济体制、经济发展和对外开放等主要方面，初步形成了一个比较完整的理论体系。

五、中国特色社会主义政治经济学的历史贡献

（一）丰富发展了对社会主义经济制度的认识

恩格斯曾经指出，“所谓‘社会主义社会’不是一种一成不变的东西，而应当和任何其他社会制度一样，把它看成是经常变化和改革的社会”。传统的社会主义经济制度是以单一的公有制和高度集中的计划经济为基本特征的。中国特色社会主义经济理论和实践的发展，实现了社会主义基本制度与市场经济的历史性结合，创造了社会主义经济制度的新形态或新模式。具体来说，在所有制结构上，实行以公有制为主体、多种所有制经济共同

发展；在分配制度上，实行以按劳分配为主、多种分配方式并存；在经济运行上，把市场的决定性作用与强有力的政府调控相结合；在对外开放上，把积极参与经济全球化同独立自主相结合；在经济发展上，形成了以五大发展理念为核心的系统的发展思想；在制度实现形式上，建立了适应市场经济的新型公有制和按劳分配的体制机制。这些深刻的变革，体现了时代和实践的要求，赋予社会主义经济制度以新的内涵，使社会主义焕发了新的活力和勃勃生机，充分彰显了社会主义制度的优越性。

（二）丰富发展了对市场经济的认识

市场经济是人类社会发展的必经阶段。但是，在一个很长的历史时期中，无论是在社会主义国家，还是在资本主义国家，人们对市场经济的认识都存在很大的狭隘性、片面性，认为市场经济仅仅适合资本主义，只有资本主义才能搞市场经济，社会主义不能搞市场经济。在社会主义条件下发展市场经济，是中国共产党人的伟大创造，是中国特色社会主义政治经济学对人类文明发展的重大贡献。传统的市场经济是与资本主义制度相结合的，必然会产生盲目性、自发性和滞后性以及经济危机、贫富分化等深刻的缺陷和弊病。社会主义市场经济则是同社会主义基本制度结合在一起的，具有不同于传统市场经济的新特点和优势，一方面发挥了市场机制信息灵敏、效率较高、激励有效、调节灵活等优点，增强了经济发展的活力；另一方面发挥了社会主义制度中生产资料公有制、按劳分配、计划调节、统筹兼顾、独立自主、共同富裕等优势，特别是发挥了中国共产党总揽全局、协调各方的核心作用。因此，社会主义市场经济既体现了市场经济的一般原则，又体现了社会主义制度的内在要求，有利于实现效率和公平、计划和市场、自主和开放、活力与协调的统一，创造了市场经济新的形态，为市场经济的发展开辟了新的更加广阔的前景。

（三）丰富发展了对改革方法的认识

中国经济改革的成功不仅在于它向世人昭示，社会主义与市场经济是可以结合的，还在于它探索出了一条有中国特色的经济改革或转型道路，其主要特点是：坚持尊重人民首创精神，坚持在党的领导下推进，把摸着石头过河与加强顶层设计相结合；正确处理改革发展稳定的关系，把改革的力度、发展的速度和社会可承受的程度相统一；双轨过渡，增量先行，整体协调，重点突破，把社会主义制度的自我完善与深化经济体制改革相结合；注重提高改革决策的科学性，增强改革措施的协调性，使改革兼顾到各方面、照顾到各方面关切，真正得到广大人民群众拥护和支持。中国渐进式改革的经验向人们提供了一个重要的方法论原则，即以完善基本制度而不是推倒重来为目标的改革或转型，其方法必然是渐进式的，在这里新旧体制不是泾渭分明、截然对立的，而是具有明显的连续性和继承性，它们之间的转换要经历许多具体阶段，经过许多中间环节，采取许多中间形式。中国的经济改革由于遵循了这一方法论原则，因而避免了苏联东欧国家实行激进式改革所导致的制度断裂、秩序混乱和经济破坏，保持了经济的稳定，推动了经济的发展，取得了改革的成功。

（四）丰富发展了对经济发展的认识

发展是当代中国的主题，是中国共产党执政兴国的第一要务。中国经济发展的成功实践，积累和蕴含了极其丰富的发展思想：一是经济发展战略，如关于“三步走”战略、科技兴国战略、创新驱动发展战略、人才强国战略、可持续发展战略、区域发展总体战略等。

二是经济发展道路，如坚持走中国特色新型工业化道路，中国特色农业现代化道路，中国特色自主创新道路，中国特色城镇化道路，坚持生产发展、生活富裕、生态良好的文明发展道路等。三是经济发展方式，包括经济速度的调整、经济结构的优化、经济动力的转换、经济质量效益的提高等。四是经济发展理念，特别是关于“创新、协调、绿色、开放、共享”的发展理念，集中体现了中国特色社会主义政治经济学关于发展的理论成果，在新的历史条件下，对什么是发展、为什么发展、怎样发展，发展为了谁、发展依靠谁、发展成果由谁享有等重大问题，进行了富有创造性的探索，不仅是对中国经济发展实践经验的理论总结，也是对社会经济发展规律认识的深化。

（五）丰富发展了对政府和市场关系的认识

政府和市场关系是现代市场经济体制的核心问题，在不同的社会制度下，具有不同的特点。社会主义市场经济中的政府作用与资本主义市场经济中的政府作用存在着本质的区别，主要表现在：一是政府作用的主体不仅局限于市场规则的制定者和宏观经济的调节者，而且是全民所有的生产资料所有权和社会公共利益的总代表，能够集中更大资源调控经济运行。二是政府作用的目标不局限于维护市场秩序，还包括保持宏观经济稳定，加强和优化公共服务，保障公平竞争，加强市场监管，维护市场秩序，推动可持续发展，促进共同富裕，弥补市场失灵。三是政府作用的方式不局限于短期的需求调节，而是包括了总量调节和定向施策并举、短期和中长期结合、供给管理与需求管理、国内和国际统筹、改革和发展协调，并创造了采取相机调控、精准调控措施、适时预调微调等多种宏观调控方式。四是政府作用的内容不局限于财政政策、货币政策，还包括计划规划、统筹协调、市场监管、国有资产管理、产业政策等。这些都大大超越了西方市场经济的理论框架和实践经验，深化和创新了对政府和市场关系的认识。

（六）丰富发展了对经济全球化的认识

经济全球化，是社会生产力发展的客观要求和必然结果。但是，在相当长的时期里，经济全球化是资本主义在全球扩张的产物，导致了资本主义基本矛盾在全球的不断发展。因此，如何把经济全球化与全世界人民的共同利益结合起来，推动各国的共同发展，是摆在人们面前的重大课题。对此，中国特色社会主义政治经济学作了深入的探索，形成了系统的认识：一是坚持“引进来”和“走出去”相结合，统筹国际国内两个大局，充分利用国际国内两个市场，优化资源配置。二是强调经济全球化作为一个客观进程，可以有两种发展趋势：一方面促进世界资源的合理配置，造福各国人民；另一方面加剧世界经济发展的不平衡，加剧资本主义基本矛盾。我们应选择并推进前一种趋势，警惕并控制后一种趋势。三是实施合作共赢的开放战略，促进国际经济秩序朝着平等公正、合作共赢的方向发展，打造人类命运共同体。四是在坚持对外开放的同时，把立足点放在依靠自身力量的基础上，把坚持独立自主同积极参与经济全球化结合起来。

总之，中国特色社会主义政治经济学既体现了马克思主义政治经济学的基本理论和科学社会主义的基本原则，又体现了当代中国国情和时代特点，同时体现了社会经济发展的一般规律。因而，既有特殊性，也有普遍意义；既是民族的，也是世界的，为马克思主义政治经济学的创新发展，为丰富人类经济思想的宝库贡献了中国智慧。在新的历史条件下，我们必须继续在理论和实践上坚持中国特色社会主义政治经济学的重大原则，不断推进中国特色社会主义政治经济学的发展，夺取中国特色社会主义经济建设的新胜利。

（原载于《中国特色社会主义研究》2016 年第 1 期，
副标题：兼论中国特色社会主义政治经济学的历史贡献）

毛泽东对中国特色社会主义政治经济学的探索

一、 毛泽东对社会主义政治经济学的极大关注

中国共产党是以马克思主义为指导思想和理论基础的，历来重视对马克思主义理论的学习、研究、宣传和普及。作为马克思主义三个重要组成部分之一，被列宁视为“马克思主义理论最深刻、最全面、最详尽的证明和运用”的政治经济学，自然也受到了高度重视。早在革命战争年代，毛泽东就强调：“凡不注重研究生产的人，不算好的领导者”[①]。凡是在当时能找到的马克思主义经济学著作，毛泽东都认真加以阅读，如马克思的《哥达纲领批判》和《资本论》等；还有日本著名马克思主义经济学家河上肇所著《马克思主义经济学基础理论》和《经济学大纲》，他也读了许多遍。毛泽东亲自组织收集和整理了有关经济和财政方面的历史和现状的材料，撰写了关于抗日战争时期经济问题和财政问题的重要的经济报告。他提出的革命根据地经济建设的理论和新民主主义革命的经济纲领，是指导新民主主义革命的重要指南。不过总的来说，在革命战争年代，毛泽东读书和

① 毛泽东选集（第3卷）[M]. 北京：人民出版社，1991：911.

研究的重点在哲学和军事等方面，对经济学的关注相对较少。但是这种情况在新中国成立后有了很大变化。

新中国成立后，经济工作逐步成为全党的工作重点，政治经济学也随之成为毛泽东读书和研究的重点。在社会主义过渡时期，毛泽东领导党和人民，创造性地提出用国家资本主义的形式与和平赎买政策改造资本主义工商业，用逐步过渡的形式改造个体农业和个体手工业，开辟了一条适合中国国情的社会主义改造道路，从理论和实践上解决了在中国这样一个人口占世界近四分之一的、经济文化落后的大国中建立社会主义经济制度的难题，丰富和发展了马克思主义的过渡经济理论。社会主义制度建立以后，以毛泽东为代表的中国共产党人把马克思主义基本理论与中国实际相结合，努力寻找适合自己国情的社会主义建设道路，建立起独立的比较完整的工业体系及国民经济体系，取得了社会主义经济建设的伟大成就；同时也积累了社会主义经济建设正反两方面的经验，并提出了关于社会主义经济建设的许多宝贵思想，包括：政治工作是一切经济工作的生命线，政治和经济统一，政治和技术统一；以农业为基础，工业为主导，农、轻、重工业协调发展；统筹兼顾、适当安排，处理好积累和消费的关系，注意综合平衡；要实行中央与地方并举，充分发挥两个积极性；要处理好沿海工业和内地工业的关系，促进共同发展；要处理好国家、集体和个人的关系，使各方各得其所；建设独立的比较完整的工业体系和国民经济体系，全面实现农业、工业、国防和科学技术的现代化，使我国国民经济走在世界的前列；自力更生为主，争取外援为辅，破除迷信，独立自主地干工业、干农业、干技术革命和文化革命，认真学习外国的好经验，也一定研究外国的坏经验——引以为戒，等等。这些观点继承了马克思主义经典作家关于社会主义经济的理论，同时结合中国的实际对其作了创新和发展。

社会主义制度建立以后，大规模经济建设的任务摆在了人们面前，迫切需要经济理论的指导。但是，当时在中国流行的政治经济学教材是由斯大林主持和指导、苏联科学院经济研究所编写的著名的《政治经济学教科书》。理论上的不足自然会在实践中反映出来，这引起了毛泽东的忧虑。他说："解放后，三年恢复时期，对搞建设，我们是懵懵懂懂的。接着搞第一个五年计划，对建设还是懵懵懂懂的，只能基本上照抄苏联的办法，但总觉得不满意，心情不舒畅。"[①] 针对这种情况，毛泽东提出，要以苏联的经验教训为鉴戒，推动马列主义同中国实际"进行第二次结合"。为此，他写下了《论十大关系》《工作方法六十条草案》等指导经济建设的重要文献，努力探索中国自己的社会主义建设的道路。

这一时期，毛泽东对社会主义政治经济学给予了前所未有的极大关注。1958—1960 年，鉴于 1958 年"大跃进"中产生的一些问题和干部思想中存在的一些混乱认识，毛泽东多次向全党干部建议，读斯大林写的《苏联社会主义经济问题》和苏联科学院经济研究所编写的《政治经济学教科书》第三版"社会主义部分"。他强调："目前研究政治经济学问题，有很大的理论意义和现实意义。""经济建设是科学，要老老实实地学。"[②] 2046 他自己也身体力行，提出要下决心搞通经济学这门学问。斯大林的《苏联社会主义经济问题》，毛泽东读了许多遍，经他批注的同一本原书就有四本。特别值得一提的是，在 1959 年 12 月至 1960 年 2 月的三个月的时间里，毛泽东与邓力群等同志一起对苏联《政治经济学教科书》下册即"社会主义部分"进行了逐章逐节的认真研读，发表自己的意见。在讨论中，毛泽东既肯定了苏联教科书的正确方面，同时也指出这本教科书"有严重缺点，有原则错误"。他运用马克思主义基本理论并结合中国的实际，对社会主义政治经济学的一系列重大问题进行了探索，提出了许多真知灼见，对社会主义政治经济学的发展做出了重要贡献。

---

① 毛泽东文集（第 8 卷）［M］. 北京：人民出版社，1999：117.

② 毛泽东著作专题摘编（下）［M］. 北京：中央文献出版社，2013：2046.

二、 毛泽东关于社会主义政治经济学的主要观点

毛泽东对社会主义政治经济学的发展有什么贡献呢？他提出了哪些新的见解和理论呢？概括起来主要有以下几个方面。

1. 坚持政治挂帅，政治工作是一切经济工作的生命线

毛泽东指出："党组织不挂帅，要充分动员一切积极力量，发挥广泛主动性，是不可能的。""政治和经济的统一，政治和技术的统一，这是毫无疑义的，年年如此，永远如此。这就是又红又专。""一方面要反对空头政治家，另一方面要反对迷失方向的实际家"①。他批评斯大林的《苏联社会主义经济问题》说："他这本书，只谈经济关系，不谈政治挂帅，不讲群众运动。""在他的经济学里，是冷冷清清，凄凄惨惨，阴阴森森。""他过去说，技术决定一切，这是见物不见人；后来又说干部决定一切，这是只见干部之人，不见群众之人。"②

2. 在社会主义社会，矛盾仍然是社会发展的动力

在社会主义社会，随着生产资料公有制代替私有制，阶级对立被消灭了，这时社会发展的动力是什么呢？对此，人们的认识并不是很清楚。毛泽东坚持用辩证法的观点看待社会主义社会，强调生产力与生产关系之间、生产关系和上层建筑之间的矛盾和不平衡是绝对的，平衡是相对的，有了这样的观点，就能够正确认识我们的社会，没有这样的观点，认识就会停滞僵化。③ 他批评苏联教科书说：这本教科书一般不讲社会主义生产关系和生产力的矛盾，而只讲二者的相互作用。在个别地方，虽然也承认社会主义社会中生产关系和生产力的矛盾的存在，也讲要克服这个矛盾，但是它

---

① 毛泽东文集（第7卷）[M]. 北京：人民出版社，1999：351.

② 毛泽东著作专题摘编（下）[M]. 北京：中央文献出版社，2013：2407.

③ 毛泽东文集（第8卷）[M]. 北京：人民出版社，1999：131.

不研究社会主义社会的基本矛盾，更不承认社会主义社会的矛盾仍然是社会发展的动力[①]。他还指出：在社会主义社会里，还有阶级、阶级矛盾和阶级斗争，还有保守的阶层，还有类似“既得利益集团”，还存在着脑力劳动和体力劳动的差别，城市和乡村的差别，工人和农民的差别。要解决这些矛盾，消除这些差别，不经过斗争是不行的[②]。

3. 走群众路线，实行两参一改三结合

毛泽东认为，在所有制问题基本解决以后，最重要的问题是管理问题，即全民所有的企业如何进行管理的问题，集体所有的企业如何进行管理的问题，这也就是人与人的关系问题。毛泽东提出：在人与人之间的相互关系中存在着的资产阶级法权，必须破除。例如，等级森严，居高临下，脱离群众，不以平等待人，不是靠工作能力吃饭而是靠资格、靠权力，干群之间、上下级之间的猫鼠关系和父子关系[③]。毛泽东坚信，社会主义是生气勃勃的、富有创造性的，是人民群众本身的创造，我们的群众路线，就是这样的。他主张：“领导人员以普通劳动者姿态出现，以平等态度待人，改进规章制度，干部参加劳动，工人参加管理，领导人员、工人和技术人员三结合。”[④]

4. 兼顾国家、集体和个人利益

毛泽东尖锐地批判苏联《政治经济学教科书》，指出：“这本书很多地方一有机会就讲个人物质利益，好像总想用这个东西来引人入胜。钱能通神。”[⑤] 毛泽东强调，物质利益是一个重要原则，但不是唯一的原则。社会主义建设还必须把物质作用与精神作用统一起来，两者不可偏废。他指出：

① 毛泽东思想原理讲话［M］. 北京：中国青年出版社，1983：165.

② 同上。

③ 社会主义主流意识形态与当今中国社会思潮［M］. 北京：人民出版社，2014：186.

④ 毛泽东文集（第8卷）［M］. 北京：人民出版社，1999：135.

⑤ 毛泽东年谱（一九四九—一九七六）（第4卷）［M］. 北京：中央文献出版社，2013：280.

“社会主义社会要有‘物质鼓励’和‘精神鼓励’。‘精神鼓励’拿老子的话来说，就是要‘尚贤’。”[①] 这两方面都不能过头，过头了，“会变成个人主义”。同时，物质利益也不能单讲个人利益、暂时利益、局部利益，还应当讲集体利益、长远利益、全局利益，应当讲个人利益服从集体利益，暂时利益服从长远利益，局部利益服从全局利益。各方面利益要统筹兼顾，各得其所[②]。

5. “向科学进军”，“实行技术革命”

毛泽东高度重视科学技术在社会主义建设中的极端重要性，号召“向科学进军”“实行技术革命”，为迅速赶上世界科学先进水平而奋斗。他指出：“我们不能走世界各国技术发展的老路，跟在别人后面一步一步地爬行。我们必须打破常规，尽量采用先进技术，在一个不太长的历史时期内，把我国建设成为一个社会主义的现代化的强国。”[③] 他还指出：“要采用先进技术，必须发挥我国人民的聪明才智，大搞科学试验。外国一切好的经验，好的技术，都要吸收过来，为我所用。学习外国必须同独创精神相结合。采用新技术必须同群众性的技术革新和技术革命运动相结合。必须实行科学研究，教学同生产相结合。”[④]

6. 消除两极分化，实现共同富裕

新中国成立后，毛泽东一直把建立“人人平等、大家富裕”的社会主义社会放在极其重要的位置。在 1955 年所写的《关于农业合作化问题》中，他第一次提出了“共同富裕”的概念。同年 10 月，他又再次强调：“要巩固工农联盟，我们就得领导农民走社会主义道路，使农民群众共同富

① 毛泽东经济思想研究［M］. 上海：复旦大学出版社，1991：180.

② 毛泽东文集（第 8 卷）［M］. 北京：人民出版社，1999：133.

③ 毛泽东文集（第 8 卷）［M］. 北京：人民出版社，1999：341.

④ 毛泽东经济思想大辞典［M］. 沈阳：辽宁人民出版社，1993：656.

裕起来。”① 不久，他又在资本主义工商业社会主义改造问题座谈会上讲共同富裕。他说：“现在我们实行这么一种制度，这么一种计划，是可以一年一年走向更富更强的，一年一年可以看到更富更强些。而这个富，是共同的富，这个强，是共同的强，大家都有份，也包括地主阶级。”②

7. 价值法则是一个伟大的学校，是建设社会主义的有用工具

20 世纪 50 年代后期，毛泽东对社会主义制度下的商品生产问题进行了认真的思考，得出结论：“现在要利用商品生产、商品交换和价值法则，作为有用的工具，为社会主义服务。”“价值法则是一个伟大的学校。”③ 针对那种将商品经济与资本主义混为一谈的错误观点，他指出：“商品生产，要看它是同什么经济制度相联系，同资本主义制度相联系就是资本主义的商品生产，同社会主义制度相联系就是社会主义的商品生产。”④ 他认为，斯大林关于两种所有制的存在是商品生产存在的条件这一提法，没有说到最终条件，阐述得不完整。他认为，商品生产的命运最终和社会生产力的水平有密切关系。因此，即使是过渡到了单一的社会主义全民所有制，如果产品还不很丰富，某些范围内的商品生产和商品交换仍然有可能存在。

8. 社会主义经济是波浪式发展的

斯大林进一步提出了社会主义有计划按比例发展的规律。但是，这种有计划按比例发展的规律是如何实现的呢？有计划是否消灭无政府，自觉性是否消灭自发性呢？对此，毛泽东表示怀疑，因为这不符合辩证法。毛泽东指出：“教科书没有接触到社会主义生产发展的波浪式前进。说社会主义经济的发展一点波浪也没有，这是不可能设想的。任何事物的发展都不

---

① 建国以来重要文献选编（第 7 册）[M]. 北京：中央文献出版社，1993：308.

② 毛泽东选集（第 3 卷）[M]. 北京：人民出版社，1991：495.

③ 毛泽东文集（第 7 卷）[M]. 北京：人民出版社，1999：435.

④ 毛泽东文集（第 7 卷）[M]. 北京：人民出版社，1999：439.

是直线的，而是螺旋式地上升，也就是波浪式发展。”① 毛泽东认为：“平衡是对不平衡来说的，没有了不平衡，还有什么平衡？事物的发展总是不平衡的，因此有平衡的要求。平衡和不平衡的矛盾，在各方面、各部门、各个部门的各个环节都存在，不断地产生，不断地解决。”②

9. 农、轻、重协调发展，“两条腿走路”

毛泽东提出，重工业和轻工业、农业的关系，必须处理好，苏联的缺点是“片面地注重重工业，忽视农业和轻工业”③。他从中国的实际出发，对生产资料优先增长的规律作了新的阐发，即“在优先发展重工业的条件下，实行几个同时并举；在每个并举中间，又有主导的方面”④。这里所说的同时并举又称作“两条腿走路”，包括实行中央和地方企业同时并举，大、中、小型企业同时并举，洋法生产和土法生产同时并举，等等。他提出必须以农、轻、重为序安排国民经济计划，重工业要为轻工业和农业服务，并把“以农业为基础，以工业为主导”确定为发展国民经济的总方针。

10. 自力更生为主，争取外援为辅

毛泽东指出：“自力更生为主，争取外援为辅，破除迷信，独立自主地干工业、干农业、干技术革命和文化革命，打倒奴隶思想，埋葬教条主义，认真学习外国的好经验也一定研究外国的坏经验——引以为戒，这就是我们的路线。”⑤ 针对苏联《政治经济学教科书》提出的苏联已经不再受资本主义世界包围、存在着和平经济竞赛的认识，毛泽东提出，这种说法是不正确的，没有坚持马克思主义，没有进行阶级分析。毛泽东认为，资本主义世界体系和社会主义世界体系这两个经济体系不仅进行竞赛，而且存在

① 毛泽东文集（第8卷）[M]. 北京：人民出版社，1999：120.
② 毛泽东文集（第8卷）[M]. 北京：人民出版社，1999：121.
③ 毛泽东文集（第7卷）[M]. 北京：人民出版社，1999：24.
④ 毛泽东文集（第8卷）[M]. 北京：人民出版社，1999：124.
⑤ 毛泽东文集（第7卷）[M]. 北京：人民出版社，1999：380.

激烈、广泛的斗争。即使社会主义国家之间也不是完全平等的。

上述毛泽东对社会主义政治经济学的深刻认识，在许多方面超越了苏联《政治经济学教科书》的思想，体现了中国社会主义建设在理论和实践方面的新探索，是中国特色社会主义政治经济学的历史起点。

三、 毛泽东提出的社会主义政治经济学的理论原则

毛泽东对社会主义政治经济学的探索，不仅为中国社会主义经济学派的建立奠定了基础，而且为我们不断发展和完善中国社会主义经济理论提供了科学的方法论原则。

1. 老祖宗的理论既要坚持又要发展

毛泽东强调："马克思主义一定要向前发展，要随着实践的发展而发展，不能停滞不前。停止了，老是那一套，它就没有生命力了。但是，马克思主义基本原则又是不能违背的，违背了就要犯错误。"① "马克思这些老祖宗的书，必须读，他们的基本原理必须遵守，这是第一。但是，任何国家的共产党，任何国家的思想界，都要创造新的理论，写出新的著作，产生自己的理论家，来为当前的政治服务，单靠老祖宗是不行的。"②

2. 从实际而不是从概念出发

毛泽东指出："我们是马克思主义者，马克思主义叫我们看问题不要从抽象的定义出发，而要从客观存在的事实出发，从分析这些事实中找出方针、政策、办法来。"他批评苏联《政治经济学教科书》说："教科书对问题不是从分析出发，总是从规律、原则、定义出发，这是马克思主义从来反对的方法。"③ 他还指出："规律自身不能说明自身。规律存在于历史发展

① 毛泽东文集（第7卷）[M]. 北京：人民出版社，1999：281.

② 毛泽东选集（第3卷）[M]. 北京：人民出版社，1991：853.

③ 毛泽东文集（第8卷）[M]. 北京：人民出版社，1999：139.

的过程中。应当从历史发展过程的分析中来发现和证明规律。不从历史发展过程的分析下手，规律是说不清楚的。”①

3. 没有哲学家的头脑搞不好经济学

毛泽东批评苏联《政治经济学教科书》的作者不使用辩证法，指出：“没有哲学家头脑的作家，要写出好的经济学来是不可能的。马克思能够写出《资本论》，列宁能够写出《帝国主义论》，因为他们同时是哲学家，有哲学家的头脑，有辩证法这个武器。”② “这本教科书，只讲物质前提，很少涉及上层建筑，即：阶级的国家，阶级的哲学，阶级的科学。政治经济学研究的对象主要是生产关系，但是，政治经济学和唯物史观难得分家。不涉及上层建筑方面的问题，经济基础即生产关系方面的问题不容易说得清楚。”③

4. 古为今用，洋为中用

毛泽东指出：“我们决不可拒绝继承和借鉴古人和外国人，哪怕是封建阶级和资产阶级的东西。但是继承和借鉴决不可以变成替代自己的创造，这是决不能替代的。”④ “我们的方针是，一切民族、一切国家的长处都要学，政治、经济、科学、技术、文学、艺术的一切真正好的东西都要学。但是，必须有分析有批判地学，不能盲目地学，不能一切照抄，机械搬用。”⑤ “应该学习外国的长处，来整理中国的，创造出中国自己的、有独特的民族风格的东西，这样道理才能讲通，也才不会丧失民族信心。”⑥

5. 坚持真理，修正错误

在《十年总结》一文中，毛泽东指出：“不犯错误的人从来没有。郑重

① 毛泽东文集（第8卷）[M]. 北京：人民出版社，1999：106.

② 毛泽东文集（第8卷）[M]. 北京：人民出版社，1999：140.

③ 毛泽东文集（第8卷）[M]. 北京：人民出版社，1999：1139.

④ 毛泽东选集（第3卷）[M]. 北京：人民出版社，1991：860.

⑤ 毛泽东文集（第7卷）[M]. 北京：人民出版社，1999：41.

⑥ 毛泽东文集（第7卷）[M]. 北京：人民出版社，1999：83.

的党在于重视错误，找出错误的原因，分析所以犯错误的客观原因，公开改正。真理不是一次完成的，而是逐步完成的。我们是辩证唯物论的认识论者，不是形而上学的认识论。自由是必然的认识和改造。由必然王国到自由王国的飞跃，是在一个长期认识过程中逐步地完成的，对于我国的社会主义革命和建设，我们已经有了十年的经验了，已经懂得了不少的东西了。但是我们对于社会主义时期的革命和建设，还有一个很大的盲目性，还有一个很大的未被认识的必然王国。我们还不深刻地认识它。我们要以第二个十年时间去调查它，去研究它，从其中找出它的固有的规律，以便利用这些规律为社会主义的革命和建设服务。对中国如此，对整个世界也应当如此。”①

6. 百花齐放，百家争鸣

毛泽东指出：“百花齐放，百家争鸣，是促进艺术发展和科学进步的方针，是促进我国的社会主义文化繁荣的方针。艺术上的不同形式和风格可以自由发展，科学上不同的学派可以自由争论。利用行政力量，强制推行一种风格，一种学派，禁止另一种风格，另一种学派，我们认为会有害于艺术和科学的发展。”② 他还指出，在社会主义制度建立之后，“马克思主义仍然必须在斗争中发展。马克思主义必须在斗争中才能发展，不但过去是这样，现在是这样，将来也必然还是这样。正确的东西总是在同错误的东西做斗争的过程中发展起来的。真的、善的、美的东西总是在同假的、恶的、丑的东西相比较而存在，相斗争而发展的。当着某一种错误的东西被人类普遍地抛弃，某一种真理被人类普遍地接受的时候，更加新的真理又在同新的错误意见做斗争。这种斗争永远不会完结。这是真理发展的规律，当然也是马克思主义发展的规律”③。

---

① 毛泽东年谱（一九四九—一九七六）（第4卷）[M]. 北京：中央文献出版社，2013：420.

② 建国以来重要文献选编（第19册）[M]. 北京：中央文献出版社，1998：68.

③ 毛泽东文集（第7卷）[M]. 北京：人民出版社，1999：229.

毛泽东提出的这些理论原则，体现了马克思主义辩证唯物主义和历史唯物主义的世界观和方法论，体现了科学发展和知识进步的一般规律，闪烁着真理的光芒，历久而弥新。

四、关于“两个过渡”的思想

毛泽东的社会主义经济思想总体上还属于传统的社会主义经济理论的范畴，难免有历史局限。特别是其中的一些思想，如主张限制资产阶级法权并主要依靠群众的政治思想悟推动经济发展等，明显超越了历史发展的阶段，夸大了人的主观能动性，为以后出现“大跃进”“文革”等灾难性局面埋下了隐患。对于其中的教训，我们必须深刻反思和记取。从政治经济学的角度来看，问题出在哪里呢？问题就出在如何看待所谓的“资产阶级法权”。理解20世纪60年代后毛泽东的社会主义经济思想和中国的传统社会主义经济模式，“破除资产阶级法权”的思想是一把钥匙。

毛泽东把社会主义国家分为三类：一类是退回到资本主义；一类是不满足于现状，不停顿地向共产主义前进；还有一类是达到一定阶段就停顿下来。毛泽东注意到，苏联的工业和农业虽然还在发展，但是社会制度和生产关系多年来基本上是停顿的，而且还出现了值得重点关注的倒退现象。毛泽东设想的社会主义模式是以社会主义向共产主义过渡为方向的，而且这种过渡在他那里并不是什么遥不可及的事情，而是当下必须时时刻刻都不能忘记的事情。苏联《政治经济学教科书》只讲一个过渡的客观必然性，即“从资本主义到社会主义的过渡时期的客观必然性”。毛泽东则认为，应当讲“两个过渡”的客观必然性：第一个是从资本主义到社会主义过渡的客观必然性，第二个是从社会主义到共产主义过渡的客观必然性。毛泽东以历史的眼光看待社会主义社会的经济范畴，认为社会主义社会的经济范畴也是历史范畴，而不是永恒的。他说：社会主义社会里的按劳分配、商品生产、价值规律，等等，现在是适合生产力发展的要求的，但是，发展下去，总有一天要不适合生产力的发展，总有一天要被生产力的发展所突破，总有一天它们要完结自己的命运。能说社会主义社会里的经济范畴都是永恒存在的吗？能说按劳分配这些范畴是永久不变的，而不是像其他范畴一样都是历史范畴吗？[①]

毛泽东特别强调，社会主义社会是一个过渡性质的社会，在这个社会中既有新生的共产主义的因素，又有残留的资本主义的痕迹，过渡的方向必然是新生的共产主义因素不断增长进而逐步战胜残留的资本主义的痕迹。1958 年《中共中央关于在农村建立人民公社问题的决议》指出："看来，共产主义在我国的实现，已经不是什么遥远将来的事情了，我们应该积极地运用人民公社的形式，摸索出一条过渡到共产主义的具体途径。"[②] 中国人民大学经济学系编写的《政治经济学（社会主义部分）》（1960 年）明确提出，必须从共产主义的角度来分析社会主义社会的经济问题。一方面，必须积极地发现和培育共产主义的因素，如生产资料公有制、共产主义的互助合作关系、生产为了满足整个社会的需要、国民经济的有计划按比例发展、共产主义的劳动和按需分配的萌芽，等等；另一方面，对旧社会遗留下来的残余和痕迹，如生产资料私有制、商品生产、按劳分配以及工农、城乡、脑力与体力劳动的差别等，在一定时期是必要的，但是它们不是凝固不变的东西，更不能把它们看成神圣不可侵犯的东西。在条件成熟的时候要将它们转变为共产主义。

所谓的"破除资产阶级法权"，表达的就是这个意思。早在"大跃进"期间，毛泽东就注意到了"破除资产阶级法权"的问题，并就此发表了一

---

① 毛泽东思想通论［M］. 北京：人民出版社，2013：531.

② 若干重大决策与事件的回顾（修订本）（下卷）［M］. 北京：中共党史出版社，1997：792.

系列意见。总的看法是，资产阶级法权既要利用，又必须限制。他指出："资产阶级法权只能破除一部分，例如三风五气，等级过分悬殊。老爷态度，猫鼠关系，一定要破除，而且破得越彻底越好。另一部分，例如工资等级，上下级关系，国家一定的强制，这些还不能破除，资产阶级法权有一部分在社会主义时代是有用的，必须保护，使之为社会主义服务。"① 在1974年的关于理论问题的谈话中，毛泽东又专门讨论了资产阶级法权问题，他指出："总而言之，中国属于社会主义国家。解放前跟资本主义差不多。现在还实行八级工资制，按劳分配，货币交换，这些跟旧社会没有多少差别。所不同的是所有制变更了。"又说："我国现在实行的是商品制度，工资制度也不平等，有八级工资制，等等。这只能在无产阶级专政下加以限制。"②

无论是商品生产还是按劳分配，都是建立在个人的经济利益关系基础之上的。那么，在消除资产阶级法权后，社会主义经济发展的动力是什么呢？毛泽东的回答是，发扬共产主义精神，走群众路线。毛泽东指出："列宁这句话：'社会主义是生气勃勃的，创造性的，是人民群众本身的创造。'讲得好。我们的群众路线，就是这样的。""提高劳动生产率，一靠物质技术，二靠文化教育，三靠政治思想工作。后两者都是精神作用。""应当强调艰苦奋斗，强调扩大再生产，强调共产主义前途、远景，要用共产主义远景教育人民，要强调个人利益服从集体利益，局部利益服从整体利益，目前利益服从长远利益。"③

但是，现实中的问题是，在社会主义制度建立之后，虽然生产资料私有制被生产资料公有制代替，剥削阶级在整体上已经被消灭，但是，剥削

---

① 毛泽东年谱（一九四九—一九七六）（第4卷）[M]. 北京：中央文献出版社，2013：526.

② 毛泽东传（第6卷）[M]. 北京：中央文献出版社，2001：2682.

③ 毛泽东文集（第8卷）[M]. 北京：人民出版社，1999：129.

阶级的思想并没有消失，甚至还具有相当大的影响。在这种条件下，就会有一部分干部试图不断扩大而不是缩小资产阶级法权，并以此为跳板退回到资本主义去。因此，为了防止资本主义复辟，就不可避免地要有斗争，而且要有长期的斗争，这在本质上是阶级斗争。这种斗争有利于提高人们的共产主义觉悟，培养人们的共产主义精神，推动社会主义建设事业向前发展，这就是“抓革命、促生产”的经济逻辑。

可以说，建设社会主义是为过渡到共产主义积极地做好准备。从共产主义的角度来分析社会主义社会的经济问题，这是毛泽东关于社会主义经济思想的灵魂，也是理解中国传统社会主义经济模式的一个关键视角。我国在社会主义建设过程中出现“大跃进”、人民公社、“文革”等一系列重大经济和政治运动的最深刻的思想根源，都在于毛泽东的这种社会主义思想。

显然，这里出现了双重的历史错位。第一个历史错位是，新中国在成立之初是一个落后的国家，在社会主义制度建立之后，还需要相当长的时期来大力发展生产力，巩固和完善社会主义制度，提高人民群众的生活水平。即使进入 21 世纪，我国还仍然处在社会主义初级阶段，根本的任务仍然是发展生产力，而不是立刻向共产主义社会过渡。与此相联系的第二个历史错位是，在传统的社会主义经济体制中，对商品生产、按劳分配等所谓的“资产阶级法权”并不是利用得太多、限制得太少，而是利用得不够、限制得过多。社会主义国家的经济体制改革就是从解决后一个问题出发的。这样的历史错误在当时或许是难免的，但是其留下的教训无疑是十分深刻的，应当深刻记取。

五、 正确看待毛泽东的社会主义经济思想

习近平同志在“在纪念毛泽东同志诞辰 120 周年座谈会上的讲话”中

指出："中国特色社会主义不是从天上掉下来的，是党和人民历尽千辛万苦、付出各种代价取得的根本成就。改革开放前的社会主义实践探索，是党和人民在历史新时期把握现实、创造未来的出发阵地，没有它提供的正反两方面的历史经验，没有它积累的思想成果、物质成果、制度成果，改革开放也难以顺利推进。"① 习近平的这一思想对于我们正确认识毛泽东的经济思想具有重要指导意义。

毛泽东对于社会主义政治经济学的探索，继承和发展了马克思主义经典作家关于公有制、按劳分配、有计划发展等关于未来社会主义经济的基本理论，肯定和吸收了苏联社会主义政治经济学的正确的方面，同时又对其中一些不科学、不正确的方面进行了批判性分析，并在此基础上，根据中国的实际，提出了一系列创新性观点，开启了中国特色社会主义政治经济学发展的历史征程，为中国特色社会主义政治经济学的发展开辟了道路。毛泽东是一个伟大的马克思主义者，这一点不仅在哲学、政治和军事思想等方面得到了充分体现，在政治经济学领域特别是社会主义政治经济学领域也得到了验证。

实践是检验真理的唯一标准。在探索适合中国国情的社会主义建设道路的过程中，我国虽然出现过经济建设上急躁冒进和把阶级斗争扩大化的错误，甚至发生过"大跃进""文革"那样的严重错误，但是，在党中央和毛泽东同志的领导下，社会主义建设仍取得了巨大成就。我国在"一穷二白"的基础上建立了独立的比较完整的工业体系和国民经济体系，独立研制出"两弹一星"，1952—1978 年，工农业总产值年均增长 8.2%，其中工业产值年均增长 11.4%。1952 年，工业产值占国民生产总值的 30%，农业产值占 64%；而到 1975 年，这个比率就颠倒过来了，工业占国家经济生产总量的 72%，农业则仅占 28%，中国从一个完全的农业国变成了一个以工业为主的国家。我国的经济实力、科技实力、国防实力显著增强，城乡居

① 习近平. 在纪念毛泽东同志诞辰 120 周年座谈会上的讲话［N］. 人民日报，2013－12－27（2）.

民生活水平逐步提高，成为在世界上有重要影响的大国，积累起在中国这样一个社会生产力水平十分落后的东方大国进行社会主义建设的重要经验。

十一届三中全会以来，我们党把马克思主义政治经济学基本原理同改革开放新的实践结合起来，不断丰富和发展马克思主义政治经济学，创立了中国特色社会主义政治经济学。1984 年 10 月，《中共中央关于经济体制改革的决定》通过之后，邓小平评价这个决定“写出一个政治经济学的初稿，是马克思主义基本原理和中国社会主义实践相结合的政治经济学”①。三十多年以来，中国特色社会主义政治经济学随着实践的发展而不断发展，形成了许多重要理论成果。党的十一届三中全会以来，中国共产党把马克思主义政治经济学基本原理同改革开放新的实践结合起来，不断丰富和发展马克思主义政治经济学，创立了中国特色社会主义政治经济学，其主要内容包括：关于社会主义本质的理论，关于社会主义初级阶段基本经济制度的理论，关于树立和落实创新、协调、绿色、开放、共享的发展理念的理论，关于发展社会主义市场经济、使市场在资源配置中起决定性作用和更好发挥政府作用的理论，关于我国经济发展进入新常态的理论，关于推动新型工业化、信息化、城镇化、农业现代化相互协调的理论，关于用好国际国内两个市场、两种资源的理论，关于促进社会公平正义、逐步实现全体人民共同富裕的理论，等等。这些理论成果不仅有力指导了我国的经济发展实践，而且开拓了马克思主义政治经济学的新境界。

党的十八大召开以后，习近平总书记就马克思主义政治经济学做出了一系列重要讲话，他强调，要立足我国国情和我国发展实践，揭示新特点新规律，提炼和总结我国经济发展实践的规律性成果，把实践经验上升为系统化的经济学说，不断开拓当代中国马克思主义政治经济学新境界②。中国特色社会主义政治经济学的发展正迈向新的历史时代。

① 陈云传（下）[M]．北京：中央文献出版社，2005：1688.

② 习近平：立足我国国情和我国发展实践发展当代中国马克思主义政治经济学 [EB/OL]．(2015-11-24) [2016-06-12]．http://news.xinhuanet.com/politics/2015-11/24/c_1117247999.htm.

在新的历史条件下，我们要在毛泽东奠基和开创的、改革开放后建立和完善的中国特色社会主义政治经济学的基础上，不断发展、完善和创新中国的经济学理论，为建设社会主义现代化强国和中华民族伟大复兴提供理论支持。

（原载于《高校马克思主义理论研究》2016 年第 2 期）

社会主义经济理论的本源和基础

科学社会主义理论是由马克思和恩格斯创立的，他们通过对人类社会发展的历史规律考察，揭示出了社会主义代替资本主义的必然趋势，阐明了未来共产主义和社会主义的基本特征，为社会主义革命和建设指明了方向。马克思和恩格斯所创立的经典的社会主义理论，是科学社会主义理论的本源和基础。在新的历史条件下坚持和发展科学社会主义，首先要原原本本地学习科学社会主义的经典理论。本文中试图对马克思恩格斯关于未来共产主义和社会主义的经济理论进行总结和梳理，以利于我们系统掌握社会主义经济的基本原理，更好地发展中国特色社会主义经济。

一、 社会主义从空想到科学的发展

进入资本主义社会以后，社会主义思想得到了广泛而迅猛的发展。形形色色的社会主义思想都致力揭露和批判现实资本主义社会的种种弊病，并在此基础上构建代替资本主义的理想王国。在《共产党宣言》中，马克思和恩格斯对于当时的社会主义文献进行了批判性的总结，把当时流行的社会主义思想概括为了三种主要形式：即反动的社会主义、保守或资产阶级的社会主义、批判的空想的社会主义[①]。反动的社会主义又包括封建的社

① 马克思恩格斯选集（第1卷）[M]. 北京：人民出版社，2012：432.

会主义、小资产阶级的社会主义和德国的或“真正”的社会主义。它们的共同特征是站在封建社会的立场上，从封建的或小资产阶级的利益出发批判资本主义，企图恢复旧的所有制关系和社会制度，开历史倒车。保守的或资产阶级的社会主义则站在资本主义社会的立场上，代表资产阶级的利益批评资本主义社会，它试图在不改变资本主义经济制度的基础上通过局部的改良来消除资本主义社会的弊病。与反动的保守的社会主义相比，批判的或空想的社会主义代表了历史发展的方向，它站在未来共产主义的立场上，代表工人阶级的利益来批判资本主义制度，构建未来社会的理想王国。空想社会主义有正确的目标而没有正确的手段，找到了社会发展的方向但没有认识到社会发展的规律。社会主义从空想到科学的发展是由马克思和恩格斯完成的，马克思的两个伟大发现，即唯物主义历史观和剩余价值理论，使社会主义从空想变成了科学。

科学社会主义与空想社会主义有什么根本区别呢？科学社会主义的科学性体现在什么地方呢？概括起来讲：

第一，空想社会主义者是从公平、正义等理性原则出发来批判资本主义，并在此基础上构想未来的理性王国的，而马克思和恩格斯则是依据历史唯物主义的科学方法，通过对资本主义生产方式内在矛盾和运动规律的深刻分析，从中发现否定资本主义经济关系的种种物质因素，从正在瓦解的经济运动形式内部发现未来的、能够消除这些弊病的、新的生产组织和交换组织的因素，比如，私有制下生产的盲目性和无政府状态与社会化大生产的矛盾，只能由社会占有生产资料的有计划的生产来代替；公有制的建立也就必然使一切阶级剥削和压迫被为全体劳动者的共同利益而进行的生产和分配所代替，等等。社会主义从空想到科学的这种转变，恩格斯做了这样概括：“社会主义现在已经不再被看作某个天才头脑的偶然发现，而被看作两个历史地产生的阶级即无产阶级和资产阶级之间斗争的必然产物。它的任务不再是构想出一个尽可能完善的社会体系，而是研究必然产生这两个阶级及其相互斗争的那种历史的经济过程；并在由此造成的经济状况中找出解决冲突的手段。”① 列宁也指出：“资本主义社会必然要转变为社会主义社会这个结论，马克思完全是从现代社会的经济的运动规律中得出的。”②

第二，空想社会主义者热衷于设计未来社会的细节，而马克思和恩格斯则认为，要谈共产主义的细节而“同时既不坠入空想又不流于空泛的辞藻”是不可能的。早在1843年马克思刚刚成为共产主义者时，他就明确宣布：“我们的任务不是推断未来和宣布一些适合将来任何时候的一劳永逸的决定”，而是希望在批判旧世界中发现新世界。1881年1月6日在回答荷兰社会民主党提出的这样一个问题，即假使社会党人取得政权，为了保证社会主义的胜利，他们在政治和经济方面采取的首要措施应当是什么时，马克思指出：“在将来某个特定环境中，应该做些什么，应该马上做些什么，这当然完全取决于人们将不得不在其中活动的那个既定的历史环境。但是，现在提出这个问题是不着边际的，因而，实际上是一个幻想的问题，对这个问题的唯一答复应当是对问题本身的批判。如果一个方程式的已知各项中不包含解这个方程式的因素，那我们就无法解这个方程式。”③

第三，空想社会主义设想的未来社会是千年不变的理想王国，而马克思和恩格斯则认为，未来社会也是不断变化发展的，而不是一成不变的，他们反复强调：“所谓‘社会主义社会’不是一种一成不变的东西，而应当和任何其他社会制度一样，把它看成是经常变化和改革的社会。”④ “我们对未来非资本主义社会区别于现代社会的特征的看法，是从历史事实和发展过程中得出的确切结论，不结合这些事实和过程加以阐明，就没有任何理

---

① 马克思恩格斯选集（第3卷）[M]. 北京：人民出版社，2012：796.
② 列宁专题文集：论马克思主义 [M]. 北京：人民出版社，2009：29.
③ 马克思恩格斯选集（第4卷）[M]. 北京：人民出版社，2012：541.
④ 马克思恩格斯选集（第4卷）[M]. 北京：人民出版社，2012：601.

论价值和实际价值。”[①] “我们没有最终目标。我们是不断发展论者，我们不打算把什么最终规律强加给人类。关于未来社会组织方面的详细情况的预定看法吗？您在我们这里连它们的影子也找不到。”[②]

总而言之，科学社会主义之所以是科学的，并不是因为它的每一个观点都是正确的，第一个结论都是确定无疑的，而是因为这一理论是从事实中得出来的，能够经受事实的检验，并且随着实际的变化而发展，这也是任何一门科学所具有的特征和品格。

二、 未来社会的基本经济特征

在马克思和恩格斯的经典文献中，社会主义和共产主义经常是作为同义语加以使用的。不过，为了把自己的理论与当时流行的各种空想的、改良的社会主义相区别，他们更多地是用共产主义而不是社会主义来表达自己的理论和主张。在恩格斯后来的著作中，把马克思主义的共产主义称作科学社会主义，科学社会主义和共产主义实际上是一回事。

那么，马克思和恩格斯所设想的共产主义社会从经济方面看，有什么基本经济特征呢？概括起来有如下几个方面。

（一）人的自由全面发展，自由人的联合体

1894 年 1 月，意大利社会党人卡内帕请求恩格斯为即将在日内瓦出版的周刊《新纪元》找一段题词来表述未来社会主义纪元的基本思想。恩格斯对此做了这样的答复：“除了从《共产党宣言》中摘出下列一段话外，我再也找不出合适的了，即‘代替那存在着阶级和阶级对立的资产阶级旧社会的，将是这样一个联合体，在那里，每个人的自由发展是一切人的自由

① 马克思恩格斯选集（第 4 卷）[M]. 北京：人民出版社，2012：582.

② 马克思恩格斯全集（第 22 卷）[M]. 北京：人民出版社，1965：628—629.

发展的条件’。”①

马克思和恩格斯的这一思想贯穿在了他们关于未来社会的全部理论之中。早在1844年的《经济学哲学手稿》中，马克思就借助于德国古典哲学的异化这一概念，对资本主义经济制度进行了尖锐的批判，提出了共产主义的主张，他认为：“共产主义是私有财产即人的自我异化的积极的扬弃，因而也是通过人并且为了人而对人的本质的真正占有；因此，它是人向作为社会的人即合乎人的本性的人的自身的复归，这种复归是彻底的、自觉的、保存了以往发展的全部丰富成果的。这种共产主义，作为完成了的自然主义，等于人道主义，而作为完成了的人道主义，等于自然主义，它是人和自然界之间、人和人之间的矛盾的真正解决，是存在和本质、对象化和自我确证、自然和必然、个体和类之间的斗争的真正解决。”②

在《德意志意识形态》中，马克思和恩格斯第一次比较系统地阐明了历史唯物主义的基本原理，并把人自由全面发展与生产力的发展和分工的消除联系起来。“只要人们还处在自然地形成的社会中，就是说，只要特殊利益和共同利益之间还有分裂，也就是说，只要分工还不是出于自愿，而是自然形成的，那么人本身的活动对人说来就成为一种异己的、同他对立的力量，这种力量压迫着人，而不是人驾驭着这种力量。原来，当分工一出现之后，每个人就有了自己一定的特殊的活动范围，这个范围是强加于他的，他不能超出这个范围：他是一个猎人、渔夫或牧人，或者是一个批判的批判者，只要他不想失去生活资料，他就始终应该是这样的人。在共产主义社会里，任何人都没有特殊的活动范围，而是都可以在任何部门内发展，社会调节着整个生产，因而使我有可能随自己的兴趣今天干这事，明天干那事，上午打猎，下午捕鱼，傍晚从事畜牧，晚饭后从事批判，这

① 马克思恩格斯选集（第4卷）［M］. 北京：人民出版社，2012：647.

② 马克思. 1844年经济学—哲学手稿［M］. 北京：人民出版社，1979：73.

样就不会使我老是一个猎人、渔夫、牧人或批判者。”①

《德意志意识形态》提出消除异化、实现个人自由全面发展的基本条件，即消灭分工和私有制，并指出，这一条件消灭只有在生产力达到一定阶段有可能得到实现。但是对于在什么样的生产力水平上才能实现这一条件，他们并没有作具体说明。在《政治经济学批判1857—1858年》手稿中，马克思对于这个问题做了讨论，这些讨论并不系统，但是极为深刻。马克思的逻辑是：社会的发展归根到底是生产力的发展，而生产力的发展等于劳动时间的节约，等于个人才能的发展，等于科学日益成为生产的主要动因，等于人与自然的和解，等于可支配的自由时间的增加，等于个性的自由全面发展②。这些论断将生产力的发展、社会发展和人的发展有机地统一起来了，并从经济上深刻地论证了个性自由全面发展的可能性和必然性。

马克思从个性发展的角度把社会发展概括为三大形态，即：“人的依赖关系，……是最初的社会形态，在这种形态下，人的生产能力只是在狭窄的范围内和孤立的地点上发展着。以物的依赖性为基础的人的独立性，是第二大形态，在这种形态下，才形成普遍的物质变换、全面的关系、多方面的需求以及全面的能力体系。建立在个人全面发展和他们共同的社会生产能力成为他们的社会财富这一基础上的自由个性，是第三个阶段。第二个阶段为第三个阶段创造条件。”③

第二个阶段是如何为第三个阶段创造条件的呢？这要归功于资本的本性。无止境地追求剩余价值是资本的本性，追求剩余价值的冲动推动着生产力的自由的、毫无阻碍的、不断进步和全面发展，而生产力的发展达到这样的程度，以至于工人不再是生产过程的主要调节者，而是站在生产过

---

① 马克思恩格斯选集（第1卷）[M]. 北京：人民出版社，2012：165.

② 马克思恩格斯全集（第46卷）[M] 北京：人民出版社，2003：927.

③ 马克思恩格斯全集（第30卷）[M]. 北京：人民出版社，1995：107.

程的旁边。一旦到了那样的时候，资本的历史使命就完成了，可自由支配的时间本身就成了财富的尺度。马克思深刻地指出：“在这个转变中，表现为生产和财富的宏大基石的，既不是人本身完成的直接劳动，也不是人从事劳动的时间，而是对人本身的一般生产力的占有，是人对自然界的了解和通过人作为社会体的存在来对自然界的统治，总之，是社会个人的发展。现在财富的基础是盗窃他人的劳动时间。这同新发展起来的由大工业本身创造的基础相比，显得太可怜了。”① “真正的财富就是所有个人的发达的生产力。那时，财富的真正尺度决不再是劳动时间，而是可以自由支配的时间。以劳动时间作为财富的尺度，这表明财富本身是建立在穷困的基础上的。”“于是，资本就违背自己的意志，成为了社会可以自由支配的时间创造条件的工具，使整个社会的劳动时间缩减到不断下降的最低限度，从而为全体社会成员本身的发展腾出时间。”②

上述伟大的历史转变，在马克思的时代至多还只能是一种逻辑上的推演和天才的猜测；然而在当代，正在发生并且日益深化的信息化革命却使马克思提出的这些猜测得到了令人叹服的证明。这又充分说明，生产力的发展是内生的不可阻挡的，资本因此也就必然地不自觉地充当了历史进步的工具，为人的自由全面发展创造了条件，这就是历史的辩证法。

（二）消灭私有制，生产资料社会占有

马克思和恩格斯认为，生产资料所有制不仅是社会所有经济关系的基础，也是社会政治、法律等上层建筑的基础，因此，所有制问题是社会主义运动的基本问题。资本主义社会的阶级对立和社会发展的无政府状态等弊病，从根本上来说，是由生产资料的私有制造成的，因而，消灭私有制是建立未来自由人联合体的根本途径。在《共产主义原理》中，恩格斯对

① 马克思恩格斯全集（第31卷）［M］．北京：人民出版社，1998：101.

② 马克思恩格斯全集（第31卷）［M］．北京：人民出版社，1998：103.

未来社会的基本特征作了这样的描述："彻底消灭阶级和阶级对立，通过消除旧的分工，进行生产教育、变换工种、共同享受大家创造出来的福利，以便城乡融合，使社会全体成员的才能得到全面的发展——这一切都将是废除私有制的最主要的结果。"①

在《共产党宣言》中，马克思和恩格斯明确指出："共产主义的特征，并不是要废除一般的所有制，而是要废除资产阶级所有制。""共产党人可以把自己的理论概括为一句话：消灭私有制。"②

生产资料公有制代替私有制的决定性意义，在共产主义这一名称中已经明白地表达出来了，1894 年恩格斯在一封信中对于这一点做了明确阐述："我处处不把自己称作社会民主主义者，而称作共产主义者，这是因为当时在各个国家里那种根本不把全部生产资料转归社会所有的口号写在自己旗帜上的人自称是社会民主主义者。……因此对马克思和我来说，用如此有伸缩性的名称来表示我们特有的观点是绝对不行的。"③

那么，为什么要用公有制代替私有制呢？对于这一问题，马克思和恩格斯曾做过多方面的说明，主要有三条线索：

1. 资本主义积累的趋势

在《资本论》第 1 卷中，马克思概括了资本主义积累的历史趋势，从资本积累的历史趋势中，马克思得出这样的结论，即：

"随着这种集中或少数资本家对多数资本家的剥夺，规模不断扩大的劳动过程的协作形式日益发展，科学日益被自觉地应用于技术方面，土地日益被有计划地利用，劳动资料日益转化为只能共同使用的劳动资料，一切生产资料因作为结合的、社会的劳动的生产资料使用而日益节省，各国人民日益被卷入世界市场网，从而资本主义制度日益具有国际的性质。随着

① 马克思恩格斯全集（第 4 卷）[M]. 北京：人民出版社，1958：371.

② 马克思恩格斯选集（第 1 卷）[M]. 北京：人民出版社，2012：414.

③ 马克思恩格斯全集（第 22 卷）[M]. 北京：人民出版社，1965：489.

那些掠夺和垄断这一转化过程的全部利益的资本巨头不断减少，贫困、压迫、奴役、退化和剥削的程度不断加深，而日益壮大的、由资本主义生产过程本身的机制所训练、联合和组织起来的工人阶级的反抗也不断增长。资本的垄断成了与这种垄断一起并在这种垄断之下繁盛起来的生产方式的桎梏。生产资料的集中和劳动的社会化，达到了同它们的资本主义外壳不能相容的地步。这个外壳就要炸毁了。资本主义私有制的丧钟就要响了。剥夺者就要被剥夺了。

“从资本主义生产方式产生的资本主义占有方式，从而资本主义的私有制，是对个人的、以自己劳动为基础的私有制的第一个否定。但资本主义生产由于自然过程的必然性，造成了对自身的否定。这是否定的否定。这种否定不是重新建立私有制，而是在资本主义时代的成就的基础上，也就是说，在协作和对土地及靠劳动本身生产的生产资料的共同占有的基础上，重新建立个人所有制。”①

2. 资本主义基本矛盾

在《反杜林论》和《社会主义从空想到科学的发展》中，恩格斯明确系统地阐述了生产的社会化与生产资料资本主义私人占有这个资本主义生产方式的基本矛盾，并在此基础上说明了生产资料社会占有和国家占有的必然性：

“猛烈增长着的生产力对它的资本属性的这种反作用力，要求承认生产力的社会本性的这种日益增长的压力，迫使资本家阶级本身在资本关系内部可能的限度内，越来越把生产力当作社会生产力看待。无论是信用无限膨胀的工业高潮时期，还是由大资本主义企业的破产造成的崩溃本身，都使大量生产资料不得不采取像我们在各种股份公司中所遇见的那种社会化形式。某种生产资料和交通手段一开始就规模很大，它们，例如铁路，排斥任何其他的资本主义经营形式，在一定发展阶段，这种形式也嫌不够了：

① 资本论（第1卷）[M]. 北京：人民出版社，2004：874.

资本主义社会的正式代表——国家不得不承担起对生产的领导。这种转化必然性首先表现在大规模的交通机构，即邮政、电报和铁路方面。"①

"当人们按照今天的生产力终于被认识了的本性来对待这种生产力的时候，社会的生产无政府状态就让位于按照社会总体和每个成员的需要对生产进行的社会的有计划的调节。那时，资本主义的占有方式，即产品起初奴役生产者而后又奴役占有者的占有方式，就让位于那种以现代生产资料的本性为基础的产品占有方式：一方面由社会直接占有，作为维持和扩大生产的资料，另一方面由个人直接占有，作为生活资料和享受资料。"②

"无产阶级将取得公共权力，并且利用这个权力把脱离资产阶级掌握的社会化生产资料变为公共财产。通过这个行动，无产阶级使生产资料摆脱了它们迄今具有的资本属性，使它们的社会性质有充分的自由得以实现。从此按照预定计划进行的社会生产就成为可能的了。"③

3. 资本的社会化

马克思和恩格斯认为：生产的社会化发展到一定程度必然导致资本的社会化，资本的社会化是生产的社会化在资本主义占有方式内部的必然表现，同时，它又进一步证明了资本主义占有方式的历史局限性。资本的社会化有两种基本的形式：一种是股份公司，另一种是国有化。国有化是资本社会化的最高形式，它虽然没有最终解决生产的社会化与资本主义私人占有的矛盾，但是已经为这一矛盾的解决指明了基本方向和线索。而在股份公司中，一方面，资本已经突破了单个资本的局限，变成了联合起来的个人资本，与单个人的资本相比，资本在这里具有了社会性；另一方面股份公司中出现的这种资本的社会化却使资本主义私人占有的财产制度失去最后存在的理由。

---

① 马克思恩格斯选集（第3卷）[M]. 北京：人民出版社，2012：665.
② 马克思恩格斯选集（第3卷）[M]. 北京：人民出版社，2012：667.
③ 马克思恩格斯选集（第3卷）[M]. 北京：人民出版社，2012：817.

“如果说危机暴露出资产阶级无能继续驾驭现代生产力，那么，大的生产机构和交通机构向股份公司和国家财产的转变就表明资产阶级在这方面是多余的。资本家全部的职能现在由领工薪的职员来执行了。资本家除了拿红利、持有剪息票、在各种资本家互相争夺彼此的资本的交易所中进行投机以外，现在没有任何其他的社会活动了。”①

“在股份公司内，职能已经同资本所有权相分离，因而劳动也已经完全同生产资料的所有权和剩余劳动的所有权相分离。资本主义生产极度发展的这个结果，是资本再转化为生产者的财产所必需的过渡点，不过这种财产不再是各个互相分离的生产者的私有财产，而是联合起来的生产者的财产，即直接的社会财产。另一方面，这是所有那些直到今天还和资本所有权结合在一起的再生产过程中的职能转化为联合起来的生产者的单纯职能，转化为社会职能的过渡点。”②

在马克思和恩格斯以后的100多年里，资本的积累，生产和资本的社会化，都获得了空前的巨大的发展，远远超过了马克思的时代。就股份公司来说，在当代的资本主义经济中，除了建立在私人资本联合基础上的传统的资本社会化形式之外，又出现了以大的机构如各种基金会、保险公司等持股为基础的所谓的社团资本主义（美国模式）和以银行与企业为基础持股的法人资本主义（日本模式）。私人资本所有制的局限性更加明显，由社会占有代替社会化的资本的可能性大大增强了，历史的发展是证实而不是否定了马克思和恩格斯的关于私有制代替公有制理论。对此，我们有理由怀有信心。

（三）生产以所有人的富裕为目的

在生产资料公有制代替私有制后，社会的生产目的将会发生根本的改

---

① 马克思恩格斯选集（第3卷）［M］．北京：人民出版社，2012：666.

② 资本论（第3卷）［M］．北京：人民出版社，2004：494.

变，由于消灭了阶级对立，生产力的发展不再是少数人剥削大多数人的手段，而是为了社会成员的需要，实现共同的富裕，目的和手段实现了真正的统一。《共产党宣言》这样说："在资产阶级社会里，活的劳动只是增值已经积累起来的劳动的一种手段。在共产主义社会里，已经积累起来的劳动只是扩大、丰富和提高工人的生活的一种手段。"① 在《1857—1858 年经济学手稿》中，马克思阐明了未来社会生产以所有人的富裕为目的的观点，指出："生产力增长再也不能被占有他人的剩余劳动所束缚了，工人群众自己应当占有自己的剩余劳动。当他们已经这样做的时候，——这样一来，可以自由支配的时间就不再是对立的存在物了，那时，一方面，社会的个人的需要将成为必要劳动时间的尺度，另一方面，社会生产力的发展将如此迅速，以致尽管生产将以所有的人富裕为目的，所有的人的可以自由支配的时间还是会增加。"②

在《剩余价值理论》中，马克思高度评论了以李嘉图理论为依据的社会主义理论者一个精彩命题，"一个国家只有在劳动 6 小时而不是劳动 12 小时的时候，才是真正的富裕的。财富就是可以自由支配的时间，如此而已"，并对这一命题做了如下解释："如果所有的人都必须劳动，如果过度劳动者和有闲者之间的对立了消灭了——而这一点无论如何是资本不再存在产品不再提供占有别人剩余劳动的权利的结果，——如果把资本创造的生产力的发展也考虑在内，那么社会在 6 小时内将生产出必要的丰富产品，这 6 小时生产的将比现在 12 小时生产的还多，同时所有人都会有 6 小时'可自由支配的时间'，也就是有真正的财富，这种时间不被直接生产劳动所吸收，而是用于娱乐和休息，从而为自由活动和发展开辟广阔天地。"③

恩格斯也多次阐述这一思想，他指出，在未来社会中："社会的每一个

---

① 马克思恩格斯选集（第 1 卷）［M］. 北京：人民出版社，2012：415.

② 马克思恩格斯全集（第 31 卷）［M］. 北京：人民出版社 1998：104.

③ 马克思恩格斯全集（第 25 卷）［M］. 北京：人民出版社，2001：137.

成员不仅有可能参加社会财富的生产，而且有可能参加社会财富的分配和管理，并通过有计划地组织全部生产，使社会生产力及其成果不断增长，足以保证每个人的一切合理的需要在越来越大的程度上得到满足。”① “通过社会生产，不仅可能保证一切社会成员有富足的和一天比一天充裕的物质生活，而且还可能保证他们的体力和智力获得充分的自由的发展和运用。”②

尽可能快地发展生产力以满足人民群众日益增长的共同的物质文化需要，实现社会的共同富裕，这是共产主义社会生产的根本目的，反映了这一社会的根本性质。

（四）消灭商品生产，对社会生产实行有计划的调节

消灭商品生产，对社会生产实行有计划调节，这是经典的科学社会主义的一项基本原则，也是他们一贯的主张，其主要理由概括起来有以下四个方面：

第一，商品是私人劳动的产物，商品交换是私人生产者之间的一种劳动交换关系。因此，一旦社会占有生产资料，商品生产就将被消除。他们所设想的未来社会是一个没有商品货币关系的社会，在那里，人们“用公共的生产资料进行劳动，并且自觉地把他们许多个人劳动力当作一个社会劳动力来使用”③。整个社会生产过程是在直接的计划调节下进行的。由于消灭了生产资料私有制，社会的发展处在人们直接的控制之下，因此，整个生产过程和生产关系都是简单明了的。对于商品生产和私有制之间的这种内在联系，恩格斯作过这样简单明了的说明：“当我说某一商品具有一定的价值的时候，那我就是说：（1）它是一个对社会有用的产品；（2）它是由私人为了私人的打算生产出来的；（3）它虽然是私人劳动的产品，但同

---

① 马克思恩格斯选集（第3卷）［M］. 北京：人民出版社，2012：724.

② 马克思恩格斯选集（第3卷）［M］. 北京：人民出版社，2012：814.

③ 马克思恩格斯选集（第2卷）［M］. 北京：人民出版社，2012：126.

时又是社会劳动的产品（这一点似乎是生产者所不知道的或者似乎是违背他们意愿的），而且以社会方法即通过交换来确定的一定量社会劳动的产品；（4）我表现这个数量，不是用劳动本身，也不是用若干劳动小时，而是用另外一个商品。”① 在不具备上述条件的其他社会形态下，如原始共同体内部、自给自足的小农经济、计划经济中的国有企业之间，生产者的产品都不是商品，他们的劳动也不需要表现为价值。因此，商品关系和商品价值与拜物教是天然地联系在一起的。

第二，在未来的共产主义条件下，旧分工将会消失，个人将得到全面自由的发展。在这种条件下，劳动不再是谋生的手段，而成为了生活的第一需要，社会财富的一切源泉都会充分涌流出来，这样以交换价值为基础的生产就会崩溃。在《政治经济学批判（1857—1858 年手稿）》中，马克思这样写道：“一旦直接形式的劳动不再是财富的巨大源泉，劳动时间就不再是，而且必然不再是财富的尺度。群众的剩余劳动不再是发展一般财富的条件，同样，少数人的非劳动不再是人类头脑的一般能力的条件。于是，以交换价值为基础的生产便会崩溃，直接的物质生产过程本身也就摆脱了贫困和对抗的形式。个性得到了自由发展，因此，并不是为了获得剩余劳动而缩减必要劳动时间，而是直接把社会必要劳动缩减到最低限度，那时，与此相适应，由于给所有的人腾出了时间和创造的手段，个人会在艺术、科学等方面得到发展。”②

在《资本论》第 3 卷，马克思指出：“自由王国只是在由必需和外在目的规定要做的劳动终止的地方才开始；因而按照事物的本性来说，它存在于真正物质生产领域的彼岸。像野蛮人为了满足自己的需要，为了维持和再生产自己的生命，必须与自然进行斗争一样，文明人也必须这样做；而且在一切社会形态中，在一切可能的生产方式中，他都必须这样做。这个

---

① 马克思恩格斯选集（第 3 卷）［M］. 北京：人民出版社，2012：695.

② 马克思恩格斯全集（第 31 卷）［M］. 北京：人民出版社，1998：104.

自然必然性的王国会随着人的发展而扩大，因为需要会扩大；但是，满足这种需要的生产力同时也会扩大。这个领域内的自由只能是：社会化的人，联合起来的生产者，将合理地调节他们和自然之间的物质变换，把它置于他们的共同控制之下，而不让它作为盲目的力量来统治自己；靠消耗最小的力量，在最无愧于和最适合他们的人类本性的条件下来进行这种物质变换。但是不管怎样，这个领域始终是一个必然王国。在这个必然王国的彼岸，作为目的的本身的人类能力的发展，真正的自由王国就开始了。但是，这个自由王国只有建立在必然王国的基础上，才能繁荣起来。工作日的缩短是根本条件。”①

恩格斯多次指出，旧分工的消失在社会化大生产的条件下已不再是什么虔诚的愿望，它已经被大工业变为生产条件本身，只要消除资本主义生产方式所引起的阻挠和破坏，产品和生产资料的浪费，就可以做到这一点②。

第三，消灭商品关系是实现人类社会从自由王国到自由王国飞跃的必要条件。在《德意志意识形态》中，马克思和恩格斯指出：“共产主义和所有过去的运动不同的地方在于，它推翻一切旧的生产关系和交往关系的基础，并且第一次自觉地把一切自发形成的前提看作是前人的创造，消除这些前提的自发性，使这些前提受联合起来的个人的支配。因此，建立共产主义实质上具有经济的性质，这就是为这种联合创造各种物质条件，把现存的条件变成联合的条件。”③

在《反杜林论》中，恩格斯指出：“一旦社会占有了生产资料，商品生

---

① 资本论（第3卷）[M]. 北京：人民出版社，2004：926. 马克思对于自由的这段说明值得重视。按照马克思和恩格斯前面提出的理论，真正意义上的共产主义和自由人的联合只有在消灭分工、实现个人自由全面发展的基础上才能实现，但是假定社会实行的是按劳分配，可自由支配的时间尚未成为财富的尺度，那么，这时候建立的公有制社会（即现在所说的社会主义）属于不属于自由人联合体的范围？在这里，马克思提出了物质领域的自由和真正的自由两个概念，对于这两种自由的区分或许能回答这一问题。

② 马克思恩格斯选集（第3卷）[M]. 北京：人民出版社，2012：681.

③ 马克思恩格斯选集（第1卷）[M]. 北京：人民出版社，2012：202.

产就将被消除，而产品对生产者的统治也将随之消除。社会生产内部的无政府状态将为有计划的自觉的组织所代替。个体生存斗争停止了。于是，人在一定意义上才最终地脱离了动物界，从动物的生存条件进入真正人的生存条件。人们周围的、至今统治着人们的生活条件，现在受人们的支配和控制，人们第一次成为自然界的自觉的和真正的主人，因为他们已经成为自身的社会结合的主人了。人们自己的社会行动的规律，这些一直作为异己的、统治着人们的自然规律一样而同人们相对立的规律，那时就将被人们熟练地运用，因而将听从人们的支配。人们自己的社会结合一直是作为自然界和历史强加于他们的东西而同他们相对立的，现在则变成他们自己的自由行动了。至今一直统治着历史的客观的异己的力量，现在处于人们自己的控制之下了。只是从这时起，人们才完全自觉地自己创造自己的历史；只是从这时起，由人们使之起作用的社会原因才大部分并且越来越多地达到他们所预期的结果。这是人类从必然王国进入自由王国的飞跃。”①

第四，劳动的直接社会性和可计算性。恩格斯认为，消灭商品生产不仅是必要的，而且是可能的：“社会一旦占有生产资料并且以直接社会化的形式把它们应用于生产，每一个人的劳动，无论其特殊用途是如何的不同，从一开始就直接成为社会劳动。那时，一个产品中所包含的社会劳动量，可以不必首先采用迂回的途径加以确定；日常的经验就直接显示出这个产品平均需要多少数量的社会劳动。……因此，到那时，它就不会想到还继续用相对的、不断波动的、不充分的、以前出于无奈而不得不采用的尺度来表现产品中包含的、现在已直接地和绝对地知道的劳动量，就是说，用第三种产品，而不是用它们的自然的、最恰当的、绝对的尺度——时间来表现这些劳动量。……因此，在上述前提下，社会也不会赋予产品以价值。……诚然，就在这种情况下，社会也必须知道，第一种消费品的生产需要多少劳动。它必须按照生产资料来安排生产计划，这里特别是劳动力

① 马克思恩格斯选集（第3卷）[M]. 北京：人民出版社，2012：671.

也要考虑在内。各种消费品的效用（它们被相互衡量并和制造它们所必需的劳动量相比较）最后决定这一计划。人们可以非常简单地处理这一切，而不需要著名的‘价值’插手其间。”①

未来的共产主义社会不存在商品货币关系，这是马克思和恩格斯的一个基本观点，是他们揭示的未来共产主义社会的一个基本特征，这一观点贯穿于关于未来共产主义社会理论的始终。马克思和恩格斯认为，商品、货币、私有制和分工是同一个系列的概念，是特定历史发展阶段同一社会关系的不同方面，只有消灭分工、私有制和商品关系，才能实现个人全面自由的发展，实现人类社会从必然王国向自由王国的飞跃。值得注意的是，虽然马克思和恩格斯从总体上否定了未来共产主义社会存在商品货币关系的可能性，但是，他们对商品关系的这种否定在某些情况下也做了一定的保留：

第一，马克思和恩格斯认为，在未来的共产主义社会里，商品生产和价值规律的自发性将被克服，但它的物质内核即社会劳动按比例分配、劳动时间的节约和核算将在生产中发挥更加重要的作用。马克思说：“如果共同生产已成为前提，时间的规定当然仍有重要意义。社会为生产小麦、牲畜等等所需要的时间越少，它所赢得的从事其他生产，物质的或精神的生产的时间就越多。正像单个人的情况一样，社会发展、社会享用和社会活动的全面性，都取决于时间的节省。一切节约归根结底都是时间的节约。正像单个人必须正确地分配自己的时间，才能以适当的比例获得知识或满足对他的活动所提出的各种要求，社会必须合理分配自己的时间，才能实现符合社会全部需要的生产。因此，时间的节约，以及劳动时间在不同的生产部门之间有计划的分配，在共同生产的基础上仍然是首要的经济规律。这甚至在更加高得多的程度上成为规律。”② 早在1844年，恩格斯在《政治

---

① 马克思恩格斯选集（第3卷）[M]. 北京：人民出版社，2012：696.

② 马克思恩格斯全集（第46卷）（上）[M]. 北京：人民出版社，1979：120.

经济学批判大纲》中已经提出了类似的看法，他指出，在私有制废除之后，“价值这个概念实际上就会愈来愈只用于解决生产问题，而这也是它真正的活动范围。”在《反杜林论》中，恩格斯把这个思想表述为：“在决定生产问题上，上述的对效用和劳动支出的衡量，正是政治经济学的价值概念在共产主义社会中所能余留的全部东西。”①

第二，在《哥达纲领批判》中区分了共产主义的高级和低级阶段之后，马克思对于未来社会的认识有了一个重要的发展。他已经认识到，共产主义的低级阶段还不可能建立在自身的物质前提之上的，还要保留旧的分工，个人还不可能得到自由全面的发展，劳动还是一种谋生的手段。因而，社会的产品在做了各项扣除之后，在个人消费品的分配上还要实行等量劳动相交换的原则，这一原则就是“这里通行的就是调节商品交换（就它是等价交换而言）的同一原则”，“即一种形式的一定量的劳动可以和另一种形式的同量劳动相交换”。这种平等交换的权利虽然已经消灭了阶级的差别，“但这个平等的权利还仍然被限制在一个资产阶级的框框里。生产者的权利是与他们提供的劳动成果成比例的”，“它默认不同等的个人天赋，因而也就默认不同等的工作能力是天然特权”。应该说，马克思得出这些结论不是偶然的。当他把公有制与旧分工联系起来，从而创立了共产主义两阶段理论后，他实际上承认了社会主义经济中劳动者对于个人劳动力的所有权以及由此产生的他们在经济上的相对独立性和差别性，从而也就必然会发现公有制中劳动的交换和商品交换所具有的某些共同性。这是他对未来社会经济制度认识上的一次革命性，具有十分重要的理论意义。

第三，马克思和恩格斯曾多次强调，在从资本主义向共产主义的过渡时期，个体所有和私有制的消灭要经历一个长期的历史过程，还要广泛利用银行、信贷、地租、合作制等形式，还要在一定范围内保留私有制，因而商品交换、市场调节和消除无疑要经历一个长期的过程。因此，马克思

① 马克思恩格斯选集（第3卷）[M]. 北京：人民出版社，2012：661.

和恩格斯很少把商品货币关系的消失当作社会主义革命的直接任务，当作革命后马上就应当实行的事情，而是把商品生产的消灭当作对私有制进行逐步改造的一个自然的后果。

因此，马克思和恩格斯对商品货币关系的否定并不是无理由、无条件和无保留的，这是我们全面理解这一理论不应当忽视的。

（五）按需分配和按劳分配

建立在生产资料公有制基础上的共产主义社会的分配方式是怎么样的呢？在《德意志意识形态》中，马克思和恩格斯明确提出，要“按需分配”，他们认为：“共产主义的最重要的不同于一切反动的社会主义的原则之一就是下面这个以研究人的本性为基础的实际信念，即人们的头脑和智力的差别，根本不应引起胃和肉体需要的差别；由此可见，‘按能力计报酬’这个以我们目前的制度为基础的不正确的原理应当——因为这个原理是仅就狭义的消费而言——变为‘按需分配’这样一个原理，换句话说：活动上，劳动上的差别不会引起占有和消费方面的任何不平等，任何特权。”①

在《资本论》第1卷，马克思为了说明商品拜物教的历史性质，对未来社会的生产和分配的性质做了说明，并对未来社会的分配原则提出了新的认识：“设想有一个自由人联合体，他们用公共的生产资料进行劳动，并且自觉地把他们许多个人劳动当作一个社会劳动力来使用。在那里，鲁滨逊的劳动的一切规定又重演了，不过不是在个人身上，而是在社会范围内重演。鲁滨逊的一切产品只是他个人的产品，因而直接是他的使用物品。这个联合体的总产品是一个社会产品。这个产品的一部分重新用做生产资料。这一部分依旧是社会的。而另一部分则作为生活资料由联合体成员消费。因此，这一部分要在他们之间进行分配。这种分配的方式会随着社会

① 马克思恩格斯全集（第3卷）[M]. 北京：人民出版社，1960：638.

生产有机体本身的特殊方式和随着生产者的相应的历史发展程度而改变。仅仅为了同商品生产进行对比，我们假定，每个生产者在生活资料中得到的份额是由他的劳动时间决定的。这样，劳动时间就会起双重作用。劳动时间的社会的有计划的分配，调节着各种劳动职能同各种需要的适当的比例。另一方面，劳动时间又是计量生产者在共同劳动中个人所占份额的尺度，因而也是计量生产者在共同产品的个人可消费部分中所占份额的尺度。在那里，人们同他们的劳动和劳动产品的社会关系，无论在生产上还是在分配上，都是简单明了的。"① 在这一段的说明中，马克思明确地表达了未来社会可能实行按劳分配的思想。

马克思按劳分配的思想在1875年发表的《哥达纲领批判》得到了明确的阐述。在这篇重要文献中，他明确地把共产主义社会区分为高级和低级两个发展阶段，指出，共产主义低级阶段不是在它自身基础上发展了的，而是刚从资本主义社会中产生出来的，在各方面还带着它脱胎出来的那个旧社会的痕迹，在个人消费品分配中要实行按劳分配的原则，只有在共产主义的高级阶段上才能实行按需分配的原则。马克思指出："在共产主义社会高级阶段，在迫使个人奴隶般地服从分工的情形已经消失，从而脑力劳动和体力劳动的对立也随之消失之后；在劳动已经不仅仅是谋生的手段，而且本身成了生活的第一需要之后；在随着个人的全面发展，而集体财富的一切源泉都充分涌流之后，——只有在那个时候，——只有在那个时候，才能完全超出资产阶级权力的狭隘眼界，社会才能在自己的旗帜上写上：各尽所能，按需分配！"②

马克思在《哥达纲领批判》中提出的关于按劳分配的思想，在马克思和恩格斯关于未来社会的思想中是绝无仅有。这一理论第一次明确划分了

---

① 马克思恩格斯全集（第44卷）［M］. 北京：人民出版社，2001：96. 一般认为，马克思在这里提出的劳动时间作为计量个人劳动在社会总劳动所占的份额的尺度，从而也是计量个人在共同产品的个人消费部分中所占份额的尺度的假设，已经具有了按劳分配思想的萌芽。

② 马克思恩格斯选集（第3卷）［M］. 北京：人民出版社，2012：364.

共产主义社会阶段，提出了共产主义第一阶段即社会主义社会的基本特征，其意义是无比重大的。但是，值得注意和思考的是，对于如此重要的思想，马克思和恩格斯后来都没有再次提及，这一点，是很费思量的；相反，越往后，他们对未来社会的分配的认识越发谨慎。在《反杜林论》中，恩格斯对社会主义社会的分配方式谈了这样的看法："只要分配为纯粹经济的考虑所支配，它就将由生产的利益来调节，而最能促进生产的是能使一切社会成员尽可能全面地发展、保持和施展自己能力的那种分配方式。"①

但是，这样一种分配方式具体是以什么为标准的呢？恩格斯没有回答。到1890年给康·施密特的信中，恩格斯就未来社会的分配方式的一场辩论发表了自己的看法，指出，未来社会并没有固定的一成不变的分配方式，因此，"分配方式本质上毕竟要取决于有多少产品可供分配，而这当然随着生产和社会组织和进步而改变，从而分配方式也应当改变。但是，在所有参加辩论的人看来，'社会主义社会'并不是不断改变、不断进步的东西，而是稳定的、一成不变的东西，所以它应当也有一个一成不变的分配方式。但是，合理的想法只能是：（1）设法发现将来由以开始的分配方式，（2）尽力找出进一步的发展将循以进行的总方向"②。这种观点，就给未来社会的分配方式的讨论留下了很大空间。

（六）消除城乡和工农差别，实现城乡融合

马克思指出："一切发达的、以商品交换为媒介的分工的基础，都是城乡的分离。可以说，社会的全部经济史，都概括为这种对立的运动。"③ 进入资本主义社会，城乡之间的这种对立运动日益尖锐化，它使农业和工业的分离，使乡村屈从于城市的统治。而产生这种深刻对立的根源在于资本

---

① 马克思恩格斯选集（第3卷）[M]. 北京，人民出版社，2012：581.

② 马克思恩格斯选集（第3卷）[M]. 北京，人民出版社，2012：599.

③ 马克思恩格斯全集（第44卷）[M]. 北京：人民出版社，2001：408.

主义的私有制。“城乡对立只有在私有制的范围内才能存在。这种对立鲜明地反映出了个人屈从于分工、屈从于他被迫从事的某种活动，这种屈从现象把一部分人变为受局限的城市动物，把另一部分人变为受局限的乡村动物，并且每天都不断地产生他们利益之间的对立。”① 因此，“消灭城乡之间的对立是社会统一的首要条件”②，也是共产主义社会的一个重要目标。“由此可见，城市和乡村之间的对立也将消失。从事农业和工业劳动的将是同样的一些人，而不再是两个不同的阶级。但从物质方面的原因来看，这已经是共产主义联合体的必要条件了。乡村农业人口的分散和大城市工业人口的集中只是工农业发展水平还不够高的表现，它是进一步发展的阻碍，这种阻碍目前是深深感到了。”③

马克思和恩格斯清楚地认识到，城乡融合是一个漫长的社会历史过程，不可能是一蹴而就的。“消灭城乡之间的对立，是社会统一的首要条件之一，这个条件又取决于许多物质条件，而且一看就知道，这个条件单靠意志是无法实现的（这些条件还须详加探讨）。”④

马克思和恩格斯也同样清楚地认识到，城乡融合绝不是把城市变成农村，导致“大城市的毁灭”，人为地将城市和乡村拉平，而是要实现城乡“更高级的综合”，使工业生产和农业生产有机地结合起来，这就要求对工农业生产进行有计划的调节。“大工业告诉我们，为了技术上的目的，把或多或少的到处都可以制造出来的分子运动转变为质量运动，这样大工业在很大程度上使工业生产摆脱地方的局限性。水力是受地方局限的，蒸汽力却是自由的。如果说水力必然地带有乡村的性质，那么蒸汽力绝不是必然地带有城市的性质。……只有按照统一的总计划协调地安排自己的生产力的那种社会，才能允许工业按照最适合自己的发展和其他生产要素的保持

① 马克思恩格斯全集（第3卷）[M]. 北京：人民出版社，1960：57.

② 马克思恩格斯全集（第3卷）[M]. 北京：人民出版社，1960：57.

③ 马克思恩格斯全集（第4卷）[M]. 北京：人民出版社，1958：371.

④ 马克思恩格斯全集（第3卷）[M]. 北京：人民出版社，1960：57.

或发展的原则分布于全国。……因此，城市和乡村的对立的消灭不仅是可能的。它已经成为工业生产本身的直接需要，正如它已经成为农业生产和公共卫生事业的需要一样。……资本主义的工业已经使自己相对地摆脱了本身所需原料的产地的地方局限性。……摆脱了资本主义生产的框框的社会可以在这方面更大大地向前迈进。这个社会造就全面发展的一代生产者，他们懂得整个工业生产的科学基础，而且其中每一个人都从头到尾地实际阅历过整整一系列生产部门，所以这样的社会将创造新的生产力，这种生产力绰绰有余地超出那种从比较远的地方运输原料或燃料所花费的劳动。……大工业在全国尽可能平衡地分布，是消灭城市和乡村分离的条件，所以从这方面来说，消灭城市和乡村的分离，这也不是什么空想。”①

总之，消灭城乡对立和实现二者整合的历史条件，已经由资本主义奠定了基础。“资本主义完全割断工业和农业的联系，但同时又以其高度的发展为这种联系准备新因素，使工业和农业结合起来，其基础是自觉地运用科学，集体劳动的联合，人口的重新分布（一方面消灭农村的偏僻状况及与外界隔绝的未开化状态，另一方面消灭人口大量集中在大城市的反常现象）。”②

（七）阶级和国家的消亡，对人的统治将由对物的管理和对生产过程的领导所代替

国家是私有制和阶级分化的产物。随着社会生产力的发展，阶级不可避免地要消失，正如它们从前不可避免地产生一样。恩格斯指出：“随着阶级的消失，国家也不可避免地要消失。在生产者自由平等的联合体的基础上按新方式来组织生产的社会，将把全部国家机器放到它应该去的地方，

---

① 马克思恩格斯全集（第20卷）［M］．北京：人民出版社，1971：320—321．

② 列宁全集（第21卷）［M］．北京：人民出版社，1959：52．

即放到古物陈列馆去，同纺车和青铜斧陈列在一起。”① “国家真正作为整个社会的代表所采取的第一个行动，即以社会的名义占有生产资料，同时也是它作为国家所采取的最后一个独立行动。那时，国家政权对社会关系的干预在各个领域中将先后成为多余的事情而自行停止下来。那时，对人的统治将由对物的管理和对生产过程的领导所代替。”②

显然，国家的消亡并不是指要消灭国家所承担的社会经济职能，而是指它由政权机关逐渐向社会经济中心的过渡，指它的阶级性和政治性的逐渐丧失。至于在未来的共产主义社会，这个社会中心或生产过程领导组织的具体职能和运作方式是什么，这显然不是马克思所要考虑的问题。在《哥达纲领批判》中，马克思提出了这个问题并做了简要回答，他说：“在共产主义社会里国家制度会发生怎样的变化呢？换句话说，那时有哪些同现代国家职能相类似的社会职能保留下来呢？这个问题只能科学的回答。”③

以上七个方面，构成马克思和恩格斯关于未来共产主义或社会主义经济理论的基本内容。除此之外，他们关于过渡时期的经济理论也是十分重要的，具有重要的理论和现实意义。

三、 过渡时期与社会主义市场经济的最初设想

马克思和恩格斯认为，无产阶级在推翻资产阶级统治以后，还必须经过一个过渡时期才能进入共产主义社会，这个过渡时期必须经过一个漫长的发展过程。在过渡时期，无产阶级的最初任务不是消灭阶级、国家和商品生产，而是逐步改造旧的生产关系，大力发展生产力和国有经济，为共产主义制度的建立创造物质条件。在《共产党宣言》中，马克思和恩格斯

① 马克思恩格斯选集（第4卷）[M]. 北京：人民出版社，2012：190.
② 马克思恩格斯选集（第3卷）[M]. 北京：人民出版社，2012：812.
③ 马克思恩格斯选集（第3卷）[M]. 北京：人民出版社，2012：373.

指出，工人革命的第一步就是无产阶级变成统治阶级，争得民主，并运用自己的统治，一步一步地夺取全部资本，把一切生产工具集中在国家手里，尽可能更快地增加生产力的总量。为此，首先必须对所有权和资产阶级生产关系实行强制性干涉，即采取这样一些措施，作为变革全部生产方式所必不可少的手段，这些措施是：

“1. 剥夺地产，把地租供国家支出之用。

2. 征收高额累进税。

3. 废除继承权。

4. 没收一切流亡分子和叛乱分子的财产。

5. 通过拥有国家资本和独享垄断权的国家银行，把信贷集中在国家手里。

6. 把全部运输业集中在国家手里。

7. 增加国营工厂和生产工具的数量，按照总的计划来开垦荒地和改良土壤。

8. 实行普遍义务制，成立产业军，特别是在农业方面。

9. 把农业同工业结合起来，促使城乡之间的差别逐步消灭。

10. 对一切儿童实行公共的免费教育，取消现在这种工厂童工劳动，把教育同物质生产结合起来，等等。”①

在总结了1848年革命和1871年巴黎公社实践的基础上，马克思和恩格斯更加明确地阐述了过渡时期的必要性和长期性。他们认为，工人阶级为了谋求自己的解放，必须经过长期斗争，必须经过一系列把环境和人都完全改变的过程，并且强调，无产阶级专政是实现消灭阶级的必经的过渡阶段。在这个过渡阶段中，无产阶级的任务是消灭一切阶级对立，消灭一切旧的生产关系以及与之相适应的一切社会关系。在《哥达纲领批判》中，马克思总结了过渡时期和无产阶级专政的理论，对于过渡时期下了一个完

① 马克思恩格斯选集（第1卷）[M]．北京：人民出版社，2012：421—422.

整的定义，他指出："在资本主义社会和共产主义社会之间，有一个从前者转变为后者的革命转变时期。与这个时期相适应的也有一个政治上的过渡时期，这个时期的国家只能是无产阶级的革命专政。"[①] 在后来的一系列论述中，他们对于过渡时期的政策和纲领等问题发表了一系列重要意见，丰富和发展了过渡时期的理论。

马克思和恩格斯关于向未来共产主义社会过渡的理论是他们关于未来共产主义理论中的一个重要组成部分，这一理论指明了无产阶级革命的直接纲领和最初的行动方针，使共产主义理论具有了现实的可行性。值得注意的是，虽然马克思和恩格斯把社会全部占有生产资料和消灭商品生产作为未来社会的基本特征，但是，他们一般并不把这些特征作为革命的直接纲领和现实目标，相反，在过渡时期的政策上，他们特别强调各种中介环节的意义和作用，强调从资本主义社会进入社会主义社会的长期性和复杂性。这些理论对于社会主义的实践具有重要的指导意义。例如，马克思在1874 年批判巴枯宁巩固小土地所有制的论调时，提出了集体所有制和农业合作化的方针；恩格斯在后来进一步发展了这个思想，提出无产阶级一旦掌握了政权，就一定要把大地产交给（先是租给）在国家领导下独立经营的合作社，并指出，在向完全共产主义过渡时，必须大规模采用合作生产作为中介环节[②]。在《论住宅问题》中，恩格斯指出，劳动人民"将成为房屋、工厂和劳动工具的总所有者。这些房屋、工厂和劳动工具的用益权，至少是在过渡时期难以无偿地转让给个人或团体。同样，消灭地产并不是消灭地租，而是要求把地租——虽然形式发生变化——转交给社会。所以，由劳动人民实际占有全部劳动工具，绝不排除保存租赁关系"[③]。

这些关于过渡时期的理论，实际上是以承认公有制下国家所有权与劳

① 马克思恩格斯选集（第 3 卷）[M]. 北京：人民出版社，2012：373.
② 马克思恩格斯选集（第 4 卷）[M]. 北京：人民出版社，2012：580.
③ 马克思恩格斯选集（第 3 卷）[M]. 北京：人民出版社，2012：267.

动者集体经营权的相对分离和存在商品关系为基础的，虽然这里只是涉及过渡时期的问题，但是它至少已经证明，公有制与市场机制在一定程度和一定阶段上是可以兼容的。这一点对于社会主义的建设的实践无疑是具有重要参考意义的。实践证明，马克思和恩格斯关于过渡时期的这些理论，与我国社会主义初级阶段的现实是相当吻合的。早就有学者指出，马克思过渡时期的理论实际上提出了关于社会主义市场经济的最初模式①。这一模式中，国家已经掌握在无产阶级手中，国有经济控制了经济的关键部门，但在公有制之外还存在着多种所有制形式，公有企业是相对独立的商品生产者，存在商品货币关系，市场机制还发挥着重要的作用。从这些方面看，马克思关于过渡时期经济特征的描述与我们当前实行的社会主义市场经济是颇为相似的。从这个意义上，我们可以把马克思关于过渡时期的经济思想称作社会主义市场经济的最初设想。

四、以科学的态度对待马克思恩格斯关于共产主义经济特征的经典理论

马克思和恩格斯基于对资本主义经济关系内在矛盾运动规律和发展趋势的深刻分析而得出的关于未来社会经济关系基本特征的理论，具有巨大的科学价值和理论意义。由于这些理论揭示了社会主义经济制度最基本的

---

① 斯坦利·穆尔（Stanley Moore）认为，马克思的理论中存在两种对立的社会主义模式，一种模式是《共产党宣言》提出的社会主义模式，按照《共产党宣言》提出的十项过渡措施，这种模式的最初是一种混合经济，社会主义的成分与资本主义的成分结合在一起，它们都通过市场发挥作用。随着社会主义因素的逐步扩大，这种模式最后将演变成为一种市场社会主义，它保留了地租、利润和利息，但归社会所有，市场与计划结合在一起。另一种模式是《哥达纲领批判》提出的，在这种模式中消除了地租、利润和利息，不存在商品交换，市场被计划所代替（Stanley Moore，Marx versus Markets，The Pennsylvania State University Press，1992）。他认为，前一种社会主义模式比后一种社会主义模式更符合现实资本主义积累的历史的趋势。这种观点把马克思和恩格斯关于过渡时期一些主张当作了社会主义的一种模式，可能不符合他们的原意。但从现实的社会主义实践看，这种观点是有意义的，值得参考。

特征或原则，因而它直接规定了社会主义运动的一般目的和实质，指明了社会历史发展的基本趋势，成为社会主义革命和社会主义建设的重要指南。他们关于社会主义生产资料公有制、按劳分配、有计划发展等科学理论，已经通过亿万人民的革命实践而变为现实。依据这些经典理论并结合中国的具体实践，中国共产党领导中国人民取得了社会主义革命和建设的伟大胜利。同样是依据经典作家的这些理论，并结合我国的国情、时代的特点和实践的要求，中国共产党领导中国人民取得了改革开放的中国特色社会主义建设的伟大成就，建立了中国特色社会主义经济理论，其主要内容包括：社会主义的本质是解放生产力、发展生产力、消灭剥削、消除两极分化，最终达到共同富裕；以公有制为主体、多种所有制经济共同发展的社会主义初级阶段的基本经济制度；社会主义基本制度与市场经济相结合的社会主义市场经济体制；以按劳分配为主体、多种分配方式并存和公平与效率统一的收入分配制度；积极参与经济的全球化与坚持独立自主相结合的对外开放战略；坚持走中国特色新型工业化、信息化、城镇化、农业现代化道路相互协调、良性互动、深度融合的经济发展道路；使市场在资源配置中起决定作用和更好发挥政府作用等。这是科学社会主义在当代中国的发展。

但是，几十年来社会主义经济建设曲折、艰难的历史也告诉我们，在运用马克思主义的理论指导具体的经济建设时，必须保持科学的和实事求是的态度，否则就会犯极大的错误。马克思和恩格斯关于未来共产主义社会经济特征的理论只是社会主义经济理论的起点，而不是它的完成形态，更不是它的终结。这些理论需要不断在实践中加以检验、丰富和发展。对于个别被历史证明是不正确或不完全正确的观点，我们要按照马克思主义的立场和方法，根据具体的实践经验，提出新的、更完善的理论来取代它。即使关于社会主义经济关系基本特征的规定，我们也要根据社会主义的实践不断进行再认识、再探索，加以补充和发展。正如毛泽东曾经指出的那样："马克思主义一定要向前发展，要随着实践的发展而发展，不能停滞不前。停止了，老是那一套，它就没有生命力了。但是，马克思主义基本原则又是不能违背的，违背了就要犯错误。"[①] "马克思这些老祖宗的书，必须读，他们的基本原理必须遵守，这是第一。但是，任何国家的共产党，任何国家的思想界，都要创造新的理论，写出新的著作，产生自己的理论家，来为当前的政治服务，单靠老祖宗是不行的。"[②] 在新的历史时期，面对着生机勃勃、日新月异的中国特色社会主义经济的丰富实践，发展和创新中国社会主义政治经济学，建设具有中国特色、中国风格、中国气派的经济学体系和学术话语体系的任务，比任何时候都更加迫切更加重要。我们要以科学社会主义的经典理论为本源和基础，学习吸收国外优秀成果，立足中国，面向世界，扎根历史，服务现实，开放融通、兼容并包，不断发展、完善和创新中国的经济学理论，为建设社会主义现代化强国和中华民族的伟大复兴提供理论支持。

（原载于《政治经济学评论》2015 年第 1 期，张宇、马慎萧，
副标题：学习马克思恩格斯关于共产主义经济特征的经典理论）

---

① 毛泽东文集（第 7 卷）[M]. 北京：人民出版社，1999：281.

② 毛泽东选集（第 3 卷）[M]. 北京：人民出版社，1991：853.

下卷

社会主义市场经济

为人类对更好社会制度的探索提供中国方案

在社会主义条件下发展市场经济，是中国特色社会主义经济最鲜明的特色，是中国共产党和中国人民为人类探索更好的社会制度提供的中国方案。当今世界，资本主义的矛盾日益深化，资本主义市场经济的弊端丛生，不断坚持和发展社会主义市场经济，不仅有利于推动中国经济的持续健康发展，而且具有重要的世界意义。

1. 资本主义市场经济的弊端

众所周知，市场经济是有缺陷或弊端的，但人们对市场经济弊端的认识却存在很大局限，即仅从微观的市场失灵角度来考察，而看不到市场经济是一个历史的社会的范畴。事实上，当代世界的市场经济从总体上看仍属于资本主义市场经济，因而只有从资本主义经济的运动规律和内在矛盾出发，才能深刻认识现代市场经济的弊端，并找到有效的解决办法。

商品经济已有几千年的历史，但在资本主义产生之前，市场的规模范围比较小，属于小商品生产或简单商品经济。资本主义与市场经济的结合，赋予了市场经济前所未有的巨大活力和创造力，也带来了前所未有的弊端和破坏力，马克思形容说“这个曾经仿佛用法术创造了如此庞大的生产资料和交换手段的现代资产阶级社会，现在像一个魔法师一样不能再支配自己用法术呼唤出来的魔鬼了”。

资本主义市场经济的深刻弊端和破坏力表现在哪些方面呢？

其一，劳动和资本对立。资本主义生产以雇佣劳动为基础，以追求最大限度的剩余价值为目的，因此造成了劳动和资本、工资和利润的对立和冲突。

其二，相对人口过剩或失业。随着生产力的发展和资本有机构成的提高，资本对劳动力的需要相对在减少，劳动者相对资本的地位不断恶化，失业问题日趋严重。

其三，贫富两极分化。随着资本的不断积累，财富日益集中于少数大的垄断资本手中，劳动者阶级与资产阶级之间在财富占有和收入分配上产生贫富两极分化的趋势。

其四，生产过剩危机。资本主义生产无限扩大的趋势和劳动人民有支付能力的需求相对狭小之间的矛盾发展到一定程度，必然导致生产过剩的经济危机的发生。

其五，发展的盲目性。资本主义经济发展总体上是无计划无组织的，社会生产和需要的平衡只能通过经济的不断波动甚至生产力的巨大浪费和破坏自发、强制地实现。

其六，经济的虚拟化。资本主义发展的必然趋势是金融资本相对于其他一切形式的资本获得统治地位，虚拟资本和金融部门相对于实体经济急剧膨胀，金融危机频繁爆发，金融投机严重泛滥。

其七，生态危机突出。资本无止境地追求利润的冲动和社会生产的无组织性，必然引发全球性的人口、资源、环境和生态难题，日益威胁着环境和生态的平衡，破坏着社会再生产的正常条件。

其八，世界经济扭曲。资本主义主导的世界经济体系具有天生缺陷，如：世界范围内的贫富两极分化，对于全球生态系统的过度开发与破坏，全球性的经济混乱和金融危机的频繁爆发，国际剥削、霸权主义和强权政治盛行。

20 世纪 30 年代资本主义大危机之后特别是第二次世界大战以后，面对资本主义市场经济的深刻弊端，作为资产阶级总代表的资本主义国家不得不出面对经济进行直接和间接干预，以保证资本主义经济的稳定和持续发展，维护资本的整体利益，在一定程度上适应了生产力发展的要求，缓和了资本义市场经济弊病，创造了 20 世纪五六十年代经济增长的黄金时期。但进入 21 世纪以来，随着新自由主义理论和政策的实施，资本主义市场经济的弊病不仅没有被消除，反而不断加剧，日益暴露：经济持续低迷，失业日趋严重，贫富分化加剧，霸权主义和军事干涉盛行，金融资本的寄生性和掠夺性日益加深，金融经济危机的频繁爆发，环境和生态危机不断恶化，财政赤字无节制膨胀，垄断资本对民主政治和社会舆论的操控加强。这些深刻的弊端的相互交织和集中爆发清楚地表明，资本主义市场经济重病在身、危机四伏，而资本主义国家用来解决危机的种种手段，只能使这些危机以更大的规模重新出现在它的面前。市场经济不可逾越，资本主义市场经济必须超越，这是人类探索更好社会制度必然的历史选择。

2. 社会主义市场经济的制度优势

社会主义市场经济是与社会主义基本制度相结合的市场经济，它既体现了市场经济的普遍原则，又体现了社会主义制度的基本特征，使社会主义制度的优越性和市场经济的长处都得到了更好发挥，具有超越资本主义市场经济的新特点和新优势。

一是体现在发展目的上，社会主义市场经济是以实现人的全面发展和社会成员的共同富裕为目的的。在社会主义市场经济条件下，从微观经济角度看，无论私有企业还是公有企业，都要追求利润最大化，接受价值规律的调节。但从全社会层面看，由于公有制的主体和按劳分配主体地位，由于社会主义国家的宏观调控、生产发展或资源配置的目的已不是利润最大化，而是最大限度满足人民群众的物质文化需要，实现以人民为中心的发展。

二是体现在所有制结构上，社会主义市场经济实行的是公有制为主体、多种所有制经济共同发展的基本制度。坚持公有制为主体，国有经济在国民经济中发挥主导作用，有利于实现国民经济有计划按比例发展，有利于防止两极分化，维护社会公平，促进社会和谐、推动自主创新，并为社会主义国家政权的巩固提供强大经济基础。多种所有制经济的共同发展，则有利于形成各种所有制之间独立自主的市场竞争关系，发挥市场机制的基础性调节作用，调动各个经济主体的积极性和创造性，保证市场经济的活力和效率。

三是体现在分配制度上，社会主义市场经济实行以按劳分配为主体、多种分配方式并存的基本分配制度。实行按劳分配为主体，有利于调动广大劳动者的积极性和创造性，消除两极分化，使全体人民实现共同富裕。坚持多种分配方式并存，允许生产要素参与分配，有利于调动各经济主体的积极性，让一切劳动、知识、技术、管理和资本的活力竞相迸发，让一切创造社会财富的源泉充分涌流，使各种资源都得到充分有效的利用。

四是体现在调节经济的方式上，社会主义市场经济充分运用计划调控与市场两种手段，国家调控的主要依据不是弥补市场失灵，而是作为生产资料公有制和全体人民利益的总代表，在社会的范围内合理地配置社会资源，促进经济全面协调可持续发展。它既要反映现代市场经济的一般特点，又要体现社会主义制度的独特优势，将当前与长远、总量与结构、供给与需求、有效市场与有为政府有机地结合起来。

五是体现在对外开放的模式上，社会主义市场经济把积极参与经济全球化与独立自主相结合。致力于建立全方位、多层次、宽领域的开放格局，充分利用国内国际两个市场、两种资源，把“走出去”与“引进来”结合起来，发展更高层次的开放型经济。同时，反对现有国际经济秩序中不公正不合理的现象，致力于建立公正合理的国际经济新秩序，弘扬共商共建共享的全球治理理念，构建人类命运共同体，促进国际经济秩序朝着平等公正、合作共赢的方向发展。

六是体现在民主制度上，社会主义市场经济是与社会主义民主相结合的市场经济。资本主义社会的民主是建立在私有制和阶级对立基础上的"金钱"民主。而在社会主义制度下，生产资料公有制使劳动者在生产资料占有上形成了平等的关系，成为社会的主人，人民群众具有了当家做主的权利，国家不再是阶级对立和阶级统治的工具，而成为管理和实现共同利益的公共机构。

总之，社会主义市场经济的发展，从理论和实践上超越了以私有制为基础的资本主义市场经济的流俗教条，为中国特色社会主义事业发展和人类文明的进步开辟了前所未有的广阔道路。

3. 把社会主义与市场经济更好结合起来

社会主义市场经济是当代中国最重要最具原创性、时代性的理论实践和成果，具有鲜明的中国特色和实践特色。同时，我们也要看到，特殊性中包含着普遍性。正如习近平总书记指出的那样：越是民族的越是世界的。解决好民族性问题，就有更强能力去解决世界性问题；把中国实践总结好，就有更强能力为解决世界性问题提供思路和办法。这是由特殊性到普遍性的发展规律。中国发展社会主义市场经济的理论和实践，实现了效率和公平、计划和市场、自主和开放、公有制主体地位和多种所有制共同发展的结合，这不仅是中国特色社会主义政治经济学的重要成果，也是对马克思主义和科学社会主义理论的重大贡献，同时为当今试图摆脱贫困、实现国家发展的广大发展中国家选择发展道路提供了重要借鉴，为人类对更好社会制度的探索提供了中国方案。

毋庸讳言，我国的社会主义市场经济虽已形成并取得巨大成就，但还不够成熟不够完善，存在诸多矛盾和问题，需要通过全面深化经济体制改革加以解决。对于改革面临的问题和努力的方向，人们的认识不尽一致。一种流行的观点认为。当前中国经济面临的主要问题是旧的计划经济的残余或者市场化改革不彻底，只有全面推进私有化、自由化和国际化的步伐，并逐步引入西方式的所谓"民主化"的宪政体制，为自由市场的作用奠定政治和法律的基础，才能建立真正发达的现代市场经济。无疑，为了发挥市场在微观经济领域中的决定作用，有必要减少政府对资源的直接配置，加快完善现代市场体系，进一步增强市场活力。但这只是问题的一个方面，还有不少问题如产能过剩、劳动者失业、贫富差距、环境污染和食品药品安全、民生建设和社会保障不足等，显然不能简单归因于旧的计划经济残余或市场化改革不彻底，这些问题在很大程度上属于市场经济固有的弊端，即使在发达资本主义市场经济中也不可避免，而且会更加严重，寄希望于照搬新自由主义的药方，用所谓彻底市场化的办法解决市场化固有的缺陷，无异于缘木求鱼、南辕北辙。斯蒂格利兹教授曾指出："新自由市场原教旨主义一直是为某些利益服务的政治教条，它从来没有得到经济学理论的支持。它也没有得到历史经验的支持，现在也变得清楚了。吸取这个教训或许是现在乌云密布的世界经济的一线希望。"这个观点值得重视。

习近平总书记强调，要坚持社会主义市场绎济改革方向，坚持辩证法、两点论，继续在社会主义基本制度与市场经济的结合上下功大，把两方而优势都发挥好。这为进一步深化经济体制改革指明了方向。在新的历史条件下，必须将坚持辩证法、两点论的思维贯彻到全面深化经济体制改革的各个方面。一方面，必须围绕着发挥市场决定性作用推进相关领域改革，充分发挥市场机制信息灵敏、效率较高、激励有效、调节灵活等优点，增强经济发展活力；另一方面，必须围绕坚持完善中国特色社会主义制度、践行以人民为中心的发展思想推进相关领域改革，充分发挥社会主义经济具有的党政有为、政府有效、统筹兼顾、共同富裕、独立自主、团结互助等制度优势，使社会主义市场经济更加成熟更加定型，更好地为全体人民服务，为人类发展做出贡献。

（原载于《光明日报》2016年11月30日，

副标题：社会主义市场经济的世界意义）

深刻把握社会主义条件下经济与政治的辩证法

在发展社会主义市场经济过程中，如何正确认识和处理经济与政治的关系，发挥社会主义制度的优势，是一个重大的理论和现实问题，需要运用马克思主义理论观点做出科学的说明。

经济是政治的基础，政治是经济的集中表现，没有离开政治的经济，也没有离开经济的政治。

历史唯物主义关于经济基础决定上层建筑、上层建筑对经济基础具有反作用的原理，揭示了经济与政治的辩证关系，但在不同社会形态下，二者的关系具有不同特点。

在资本主义之前的奴隶社会和封建社会，生产资料占有权与政治统治权通常是结合在一起的，剥削阶级对劳动者的经济统治主要是通过超经济强制实现的。因此，就形成了一种流行观点，认为是政治权力支配着经济生活。到了资本主义社会，随着私有制和市场经济成为支配经济生活的普遍原则，市场与国家、经济与政治出现了明显的分离。于是，又形成了另外一种流行观点，认为经济和政治是两个彼此独立、互不相干的领域。

这两种观点都割裂了经济与政治的辩证关系，是不正确的。马克思主义认为，所谓政治，是指参与国家事务，给国家定方向，确定国家活动的内容、形式和任务，处理各阶级和各社会集团之间的关系；经济则主要指社会的生产、分配、交换、消费等活动。经济与政治的基本关系是：经济是政治的基础，政治是经济的集中表现，二者既有区别又存在密切联系，没有离开政治的经济，也没有离开经济的政治。

首先，社会的阶级划分或政治关系形成，是以生产关系特别是生产资料所有制关系为基础的。人们在生产资料占有上的分化，导致了阶级的出现，国家就是阶级统治的工具，“它照例是最强大的、在经济上占统治地位的阶级的国家，这个阶级借助于国家而在政治上也成为占统治地位的阶级”。从表面上看，资本主义社会的经济和政治是分离的；但实际上，现代资本主义国家，“不管它的形式如何，本质上都是资本主义的机器，资本家的国家，理想的总资本家”。资本主义社会所谓的民主政治，在很大程度上是资本主导下的政治游戏，是金钱政治，归根结底是为资本主义经济服务的。

其次，经济制度的建立、发展和有效运转，必须依靠国家政权。毛泽东同志曾对社会革命的规律作过精辟概括：首先制造舆论，夺取政权，然后解决所有制问题，再大大发展生产力。他还指出，这个一般规律，对无产阶级革命和资产阶级革命都是适用的，基本上是一致的。因此，无论在哪个社会，国家和政治的作用都是至关重要的，它们的作用如果发挥得好、如果与经济基础的要求相一致，就会推动生产力发展；相反，则会给生产力发展带来巨大损害。

第三，在现代社会，总有一部分国家职能属于经济职能，一部分国家行为属于经济行为，如财政税收、货币政策、收入调节、社会保障、市场监管、科技创新、环境保护、教育卫生，乃至直接投资基础设施和建立国有企业等。国家的这些职能和活动既是政治性的，又是经济性的。这部分职能和活动越多，经济和政治重合的部分就越多。从现代市场经济发展的趋势看，国家承担的这部分职能和活动不是越来越少，而是越来越多了。

正是因为经济与政治之间存在密切关系，所以马克思主义一贯反对脱离政治的所谓“纯经济分析”。马克思明确将自己的经济学称作无产阶级的政治经济学，而把那些代表资产阶级利益的经济理论称作资产阶级政治经济学。列宁深刻指出，一个阶级如果不从政治上正确地处理问题，就不能维持它的统治，因而也就不能解决它的生产任务。

经济与政治之间的这种密切联系，不仅为马克思主义所认识，也为一些西方学者所承认。美国著名学者查尔斯·林德布洛姆说："不管是政治学或者是经济学，从一定程度上讲，由于它们各自孤立地研究问题，都已陷入了贫乏枯竭的状态，结果是两头空。"另一位著名学者乔姆斯基更是一针见血地说，新自由主义的理论和政策代表了极端富裕的投资者和不到1000家庞大公司的直接利益，只不过是少数富人为限制民众的权利而斗争的现代称谓而已。

在社会主义制度下，经济与政治实现了生产资料公有制基础上的有机统一，为生产力发展开辟了广阔道路。

社会主义制度的建立与发展，同以往一切社会的情况都不同，不是自发的，而是自觉的；不是为了少数人的利益，而是为了大多数人的利益，是在科学社会主义理论的指导下，在马克思主义政党的领导下，有计划、有目的、有步骤地进行的。革命是如此，建设是如此，改革也是如此。由于这个原因，在社会主义条件下，政治对经济的影响就比以往一切社会都要大得多、深刻得多。

社会主义发展的自觉性是由社会主义生产关系的特点决定的。在以私有制为基础的社会，存在着尖锐的阶级对立和阶级斗争，因此难以形成共同的社会利益和统一的社会意志，社会发展总体上是自发的、盲目的。与资本主义制度不同，社会主义制度是以生产资料公有制为基础的，国家是生产资料公有制的人格化代表。这样，在人类历史上就出现了一种新的国家形式，即经济和政治有机统一的社会主义国家。在这里，国家不仅是社会主义上层建筑的核心，作为政权组织处理各阶级和阶层的关系，通过立法、司法和行政部门维护社会主义经济制度和正常经济秩序，从上层建筑角度保证和促进生产力发展；而且是经济基础的核心，作为生产资料公有制的主体，代表全体人民的共同利益，深入到社会经济生活的内部，行使对生产资料的管理权，以创造更多的物质财富，满足人民日益增长的物质文化需要。

社会主义国家经济与政治的有机统一，为克服资本主义社会存在的生产社会化与生产资料私有制之间的矛盾，以及由此导致的阶级对立、贫富分化、经济危机、金钱政治和社会的盲目无政府状态等深刻弊端，创造了制度保障，为社会生产力发展开辟了前所未有的广阔空间。这是社会主义制度优越性的一个重要表现，也是社会主义社会发展的一条重要规律。毛泽东同志指出，政治工作是一切经济工作的生命线。政治和经济的统一，政治和技术的统一，这是毫无疑义的。邓小平同志强调，“社会主义市场经济的优越性在哪里？就在四个坚持”，即坚持四项基本原则。习近平同志指出，坚持党的领导，发挥党总揽全局、协调各方的领导核心作用，是我国社会主义市场经济体制的一个重要特征。这些重要论述，深刻揭示了社会主义条件下经济与政治有机统一的辩证关系。

在社会主义市场经济条件下，随着多种所有制经济共同发展和市场在资源配置中的决定性作用的发挥，经济与政治相互联系和相互作用的具体方式无疑与传统计划经济条件下有了很大不同，但经济与政治有机统一的规律不会有根本变化。

正确认识和运用经济与政治有机统一规律，能够有力推动社会主义经济发展，否则就会产生严重危害。

新中国成立后，在中国共产党领导下，通过新民主主义革命和社会主义革命，我国建立了人民民主专政的国家，并依靠强大的国家力量建立了社会主义经济制度，建立起独立的比较完整的工业体系和国民经济体系，积累了在中国这样一个社会生产力水平十分落后的东方大国进行社会主义建设的重要经验。但是，也有值得深刻记取的教训。在高度集中的计划经济体制下，政企不分、行政命令盛行、市场作用受到压抑，严重束缚了经济活力。特别是在“以阶级斗争为纲”的年代，出现了脱离经济发展规律和经济建设中心而片面突出政治的错误，生产力发展受到了严重冲击。

改革开放以来，我们党纠正了“以阶级斗争为纲”的错误，把工作重心转移到经济建设上来，成功实现了从高度集中的计划经济体制到充满活力的社会主义市场经济体制的转变，推动了经济持续快速发展、人民生活水平不断提高和综合国力大幅提升，开辟了党和国家发展新局面。社会主义市场经济既尊重客观经济规律，发挥市场经济的长处；又体现社会主义制度的要求，发挥党的领导、政府的作用和人民群众的首创精神，实现了经济与政治的良性互动。因而，它能够调动各方面的积极性、主动性和创造性，使各种资源都得到充分有效利用，使社会主义制度的优势得到充分发挥。

在坚持以经济建设为中心、坚持发挥市场在资源配置中的决定性作用的同时，必须注意克服另外一种片面倾向，即重经济而轻政治，甚至认为讲政治会影响经济建设、妨碍市场经济发展。其具体表现是：重个人、轻集体，重眼前、轻长远，重局部、轻全局，重物质、轻精神，重市场、轻国家，重自发性、轻自觉性，等等。这种片面倾向，割裂了经济与政治的辩证关系，违反了社会主义条件下经济与政治有机统一规律。如果任其蔓延而不加以防范，就会动摇中国特色社会主义事业的根基，破坏社会稳定，迷失发展方向，丧失前进动力，甚至使党和人民事业陷入失败。

历史和实践一再证明，发展中国特色社会主义必须正确认识和处理经济与政治的辩证关系，努力实现经济与政治相互促进、经济基础与上层建筑相互适应、经济建设与政治建设良性互动。

在新的历史条件下，必须始终坚持辩证法、两点论，把经济和政治两方面优势都发挥好。

当前，中国特色社会主义事业进入到一个新的历史阶段，面对着新趋势新机遇和新矛盾新挑战。在新的历史条件下，能不能驾驭好世界第二大经济体，能不能保持经济持续健康发展，实现全面建成小康社会、建设社会主义现代化强国的宏伟目标，关键在于党在经济社会发展中的领导核心作用发挥得好不好，取决于经济和政治有机统一这个社会主义制度的优势发挥得好不好。因此，我们必须牢牢把握经济是政治的基础、政治是经济的集中表现这个马克思主义基本原理；必须牢牢记住没有经济的政治是空头政治，没有政治的经济必然迷失方向和灵魂。要把经济与政治辩证统一发展贯穿于社会主义现代化建设全过程。为此，必须着重把握好以下重要原则。

坚持中国共产党的领导。这是中国特色社会主义最本质的特征，是实现经济持续健康发展的根本保障。必须加强和改善党的领导，完善党领导经济社会发展工作的体制机制，不断提高党把握方向、谋划全局、提出战略、制定政策、推进改革的能力，提高驾驭社会主义市场经济的能力。

坚持以马克思主义为指导。这是我们立党立国的根本。坚持以马克思主义为指导，体现在经济领域，就是坚持发展当代中国的马克思主义政治经济学、中国特色社会主义政治经济学，不断完善中国特色社会主义政治经济学理论体系，坚持用马克思主义政治经济学指导经济发展实践，不为各种错误观点所左右，不生搬硬套西方思想理论。

全面贯彻执行党的基本路线。这是党和国家的生命线、人民的幸福线。把坚持以经济建设为中心同坚持四项基本原则、坚持改革开放这两个基本点统一于中国特色社会主义伟大实践，任何时候都不能有丝毫偏离和动摇。既要坚持以经济建设为中心，大力发展社会生产力；又要坚持社会主义方向，不断巩固和完善社会主义制度。

坚持以人民为中心的发展思想。这是马克思主义的根本政治立场。在社会主义社会，发展生产力的目的不是实现资本利润最大化，而是满足人民群众日益增长的物质文化需要、实现人的全面发展和社会共同富裕。要把以人民为中心的发展思想落实到经济发展的各个环节，绝不能出现“富者累巨万，贫者食糟糠”的现象。

坚持社会主义市场经济的改革方向。这是中国特色社会主义最鲜明的特色，是把握好经济与政治关系辩证法的枢纽。要继续在社会主义基本制度与市场经济的结合上下功夫，在充分发挥市场在资源配置中的决定性作用的同时，更好发挥社会主义制度的优势，保持强有力的宏观调控，不断提高国家经济治理能力。

坚持共产主义远大理想和中国特色社会主义共同理想。这是中国特色社会主义经济建设的方向和灵魂。社会主义是共产主义的低级阶段，发展中国特色社会主义的各项措施，如践行以人民为中心的发展思想、促进人的全面发展、完善以公有制为主体的基本经济制度、走共同富裕道路、实现社会公平正义、保障和改善民生、落实人民当家做主权利等，都是实现共产主义的现实步骤和具体行动，都是在向共产主义远大理想扎实迈进。

（原载于《人民日报》2016 年 12 月 15 日）

中国不能出现颠覆性错误

党的十八届三中全会通过的《中共中央关于全面深化改革若干重大问题的决定》强调，以公有制为主体、多种所有制经济共同发展的基本经济制度是中国特色社会主义制度的重要支柱，也是社会主义市场经济体制的根基，并对坚持和完善我国的基本经济制度做出了新的部署。正确认识社会主义初级阶段基本经济制度，对于坚持和发展中国特色社会主义制度，加快完善社会主义市场经济体制具有重大意义。

一、基本经济制度是决定中国特色社会主义前途命运的根本问题

道路决定命运，方向决定成败。习近平总书记多次强调，改革开放是一场深刻革命，必须坚持正确方向，沿着正确道路推进，强调“中国是一个大国，不能出现颠覆性错误”。那么，正确的方向是什么，颠覆性错误又是什么？就深化经济体制改革来说，关键就在于能否坚持和完善我国的基本经济制度。

基本经济制度是中国特色社会主义的重要支柱。马克思主义理论告诉我们，生产资料所有制的性质和结构是一个社会经济制度的核心与基础，是决定社会基本性质和发展方向的根本性因素。社会主义制度与资本主义制度以及其他一切社会形态相区别的根本特征就是社会化大生产基础上的

生产资料公有制。《中华人民共和国宪法》明确指出："中华人民共和国的社会主义经济制度的基础是生产资料的社会主义公有制，即全民所有制和劳动群众集体所有制。""国家在社会主义初级阶段，坚持公有制为主体、多种所有制经济共同发展的基本经济制度。"新中国成立后，通过社会主义改造，我国建立了以公有制为基础的社会主义制度，人民真正成为国家的主人，为当代中国一切发展进步奠定了根本政治前提和制度基础。

改革开放以来，我们党立足我国基本国情，总结社会主义建设正反两方面的经验，确立了公有制为主体、多种所有制经济共同发展的社会主义初级阶段的基本经济制度，为中国特色社会主义发展提供了坚实的经济基础。没有这个基础，建设社会主义市场经济、社会主义民主政治、社会主义先进文化和社会主义和谐社会，就成了空中楼阁。削弱了这个基础，中国的发展就会偏离正确的方向，犯颠覆性错误，中国特色社会主义伟大事业就会因此而毁于一旦。

基本经济制度是社会主义市场经济的根基。市场经济作为资源配置的一种方式，在不同的社会制度下具有不同的性质和特点。社会主义市场经济是同社会主义基本制度特别是基本经济制度结合在一起的。这种结合，一方面发挥了市场机制信息灵敏、效率较高、激励有效、调节灵活等优点，增强了经济发展的活力；另一方面发挥了社会主义经济中生产资料公有制、按劳分配、计划调节、统筹兼顾、独立自主、团结互助等制度的优势。这就从理论和实践上超越了以私有制为基础的资本主义市场经济的流俗教条，极大地促进了社会生产力的发展。我国的经济体制改革之所以与众不同、成就斐然，深化经济体制改革之所以要毫不动摇地坚持社会主义市场经济改革方向，最根本的原因就在于此。

因此，坚持和完善基本经济制度事关中国特色社会主义前途命运。在这一问题上，我们必须始终保持清醒头脑，不为各种错误观点所左右，不为各种干扰所迷惑，毫不动摇地坚持和完善我国的基本经济制度，毫不动摇地坚持社会主义市场经济的改革方向，保持坚定的战略定力，才能牢牢把握改革的领导权和主动权，夺取改革开放的新胜利。

二、 必须毫不动摇地巩固和发展公有制经济，不走私有化的路

社会主义基本经济制度是以公有制为主体的，坚持和完善我国的基本经济制度，首先必须毫不动摇巩固和发展公有制经济，坚持公有制主体地位，发挥国有经济主导作用，不断增强国有经济活力、控制力、影响力。

当前，社会上对于公有制的主体地位和国有经济的主导作用存在不少模糊、片面甚至混乱的认识，需要加以澄清。比如，有人混淆概念，把本来属于全体人民所有的全民所有制经济或国有经济说成是“官僚垄断资本”，而本来属于私有制范畴的民营经济却被当作是“人民”的企业，将国有企业与私有企业正常的市场竞争说成是“与民争利”。有的人曲解国有经济的改革目标，认为国有企业只能存在于非竞争领域，不能参与市场竞争和追求更多利润，国有经济只能“退”不能“进”，否则就是改革的倒退。还有人忽视国情，把社会主义经济中的国有经济与资本主义经济中的国有经济混为一谈，认为国有企业只能提供公共物品，从事私有企业不愿意经营的部门，认为国有经济与社会主义无关，也与共产党的执政地位无关。上述认识尽管说法不一，但其基本思想就是认为公有制是低效率的，不能与市场经济兼容，只有实行私有化，才能建立真正的市场经济。这种观点不仅在理论上缺乏依据，在实践中更是贻害无穷。

在社会主义初级阶段，为什么必须坚持公有制主体地位、发挥国有经济主导作用呢？归根结底，这是由现阶段生产力发展的要求决定的，体现了最广大人民群众的根本利益。

以公有制为主体是解放和发展生产力的根本要求。虽然资本主义制度在历史上曾极大地推动了生产力的发展和社会的进步，但它存在着内在的

不可克服的矛盾即生产社会化与资本主义占有之间的矛盾，导致了阶级对立、贫富分化、金钱至上、经济危机频繁爆发等一系列深刻的弊端。社会主义制度的历史进步性就在于，通过对生产资料特别是对国民经济命脉和国计民生等关键领域的生产资料的社会占有，按照全体人民的共同利益对整个社会生产和经济发展进行宏观调控，以满足人民群众日益增长的物质文化需要，更加合理地配置社会资源。

以公有制为主体是实现共同富裕的重要条件。共同富裕是社会主义的本质要求和中国特色社会主义的根本原则，而这一原则的实现不可能建立在生产资料私有制的基础之上，以私有制为基础的市场经济必然会导致财产占有和收入分配的两极分化，破坏社会的公平公正，阻碍社会的进步。只有在生产资料社会占有的基础上才能形成以按劳分配为主体的比较公平的分配关系，既鼓励劳动、鼓励创造，又注重防止两极分化，在初次分配和再分配中都处理好效率和公平的关系，实现共同富裕，使全体人民共享改革与发展的成果。

以公有制为主体是构建社会主义和谐社会的重要条件。生产资料公有制的建立，在企业内部消除了资本与劳动的阶级对立，使劳动者成为了企业和土地的主人，为实现社会整体利益与局部利益、长远利益与当前利益、公共利益与个人利益的有机结合，为构建社会主义和谐社会创造了有利的条件。国有经济在公共医疗、公共教育、保障性住宅以及供水、供电、能源供应、通信服务等事关国计民生的重要领域，发挥着主力军的作用，为满足人民群众的需要和保障公平正义提供了重要保障。

以公有制为主体是社会主义政治制度的基础。人民民主是社会主义的生命，人民当家做主是社会主义民主政治的本质和核心。而这样一种民主制度只有在社会的财富特别是生产资料占有相对公平的基础上才能产生。如果生产资料特别是关系国民经济命脉的战略性资源和生产资料被私有化了，被少数私人资本和寡头垄断占有了，就必然形成垄断资本占主导的资产阶级民主政治，这在当代资本主义社会表现得是十分明显的。因此，没有生产资料公有制的主体地位，就没有我们共产党执政以及整个社会主义上层建筑的经济基础和强大物质手段。

以公有制为主体是全球化条件下实现自主发展的重要保障。随着经济全球化的不断加深，全球范围内资本的集中和垄断趋势进一步加剧，我国企业面临的竞争环境十分严峻，发展空间受到严重挤压。在这种条件下，只有充分发挥社会主义制度的优势，依托国有企业这一有效载体，加速国内资本的集中和积累，加强对战略性资源的开发和利用，推进产业结构的升级和自主创新战略的实施，保持国家对关键行业和领域的控制力，才能在全球化条件下实现国家的自主发展，提高我国的国际竞争力。一个明显的事例是，2013 年《财富》世界 500 强企业中，中国内地企业已经达到了 89 家，其中 82 家为国有企业。

事实胜于雄辩。我国能够拥有今天这样比较雄厚的综合国力和重要的国际地位，能够在激烈的国际竞争中持续稳步发展，能够在高速发展和急剧变革的转型过程中保持社会的基本稳定，能够经受住苏东剧变、东南亚金融危机和汶川地震、世界金融海啸等重大突发事件的考验，都是与坚持公有制的主体地位和发挥国有经济的主导作用分不开的。与此形成鲜明对照的是，20 世纪 80 年代以后许多发达资本主义国家和发展中国家都掀起了大规模的私有化浪潮，私有化备受吹捧和神化，被看作是解决所有经济社会问题的灵丹妙药。然而，私有化在全球实践的结果却是成功的经验不多，失败的教训不少。拉丁美洲“新自由主义神话”的破灭和当前资本主义经济的深重危机，使私有化神话的光芒黯然失色。危机证明，不顾一切地盲目的私有化是有害的，必然导致劳动与资本的对立、财富和收入分配的两极分化和严重的经济危机，特别是私人垄断资本和金融资本贪婪本性的恶性膨胀与现代信息技术和金融全球化的结合，具有极大的掠夺性、投机性和破坏性，给世界人民带来的不是福音，而是灾难。

应当承认，我国公有制经济的改革发展虽然取得了巨大成就，国有企业从总体上已经与市场经济融合在了一起，以土地集体所有、家庭承包为核心的农村基本经营制度显示了巨大的优越性。但公有制经济还存在不少问题，有待通过进一步改革加以解决。例如，国有企业的布局还比较分散，国有企业管理中存在管理者以权谋私的问题，国有资产管理体制还不完善，加快土地流转、促进规模经营的体制机制还不健全，等等。但是，需要强调的是，深化公有制经济的改革绝不是要实行私有化，而是要形成更加完善的体制机制，进一步发展壮大公有制经济，使其更好地为全体人民的利益服务。私有化不符合生产发展的要求，不符合广大人民群众利益，也不符合历史进步的潮流，这是地地道道的邪路，绝不能走。

三、毫不动摇地鼓励、支持、引导非公有制经济发展，积极发展混合所有制经济

在现阶段，坚持以公有制为主体与促进非公有制经济共同发展是相辅相成的。十八届三中全会《决定》指出，公有制经济和非公有制经济都是社会主义市场经济的重要组成部分，都是我国经济社会发展的重要基础，这进一步明确和强调了非公有制经济的重要作用。坚持和完善基本经济制度，必须毫不动摇鼓励、支持、引导非公有制经济发展，激发非公有制经济活力和创造力。

促进多种所有制经济的共同发展，是由我国社会主义初级阶段的国情决定的。科学社会主义与形形色色的非科学社会主义的根本区别就在于，它是以辩证唯物主义和历史唯物主义为世界观的，正如恩格斯指出的："我们对未来非资本主义社会区别于现代社会的特征的看法，是从历史事实和发展过程中得出的确切结论；脱离这些事实和过程，就没有任何理论价值和实际价值。"我国仍处于并长期处于社会主义初级阶段。社会主义初级阶

段最显著的特征是生产力不发达、不平衡，这决定了坚持以公有制为主体、多种所有制经济共同发展的基本经济制度不是权宜之计，而是一个长期的方针，非公有制经济在支撑增长、促进创新、扩大就业、增加税收等方面具有重要作用，必须积极鼓励和支持，同时要正确加以引导。要把坚持公有制为主体，促进非公有制经济发展，统一于社会主义现代化建设的进程中，绝不能把这两者对立起来。

近年来，社会上关于“国退民进”“国进民退”的争论不绝于耳，在这一争论中存在的一个片面倾向是，过分夸大公有制经济与非公有制经济、国有经济与非国有经济相互冲突的一面，而没有看到它们之间相互促进、相互融合、共同发展一面，如：国有企业多数是大企业，在国民经济中具有骨干和支柱作用，可以带动民营经济的发展；国有经济在稳定宏观经济、推进自主创新、维护国家安全、支撑国民经济发展等方面的积极作用为民营经济发展创造了有利的宏观条件等。另一方面，民营经济的发展为国有经济提供了有效的竞争环境、广阔的市场需求和全面的分工协作，对国有经济的改革发展具有积极推动作用。特别需要指出的是，当前我国的国有企业除少数由国家独资经营外，绝大多数实现了投资主体多元化，进行了股份制改造，建立了现代企业制度，成为了以公有制为主的混合所有制经济，公有制与非公有制、国有经济与非国有经济已经是你中有我、我中有你，融为了一体。正因为如此，十八届三中全会《决定》强调，国有资本、集体资本、非公有资本等交叉持股、相互融合的混合所有制经济，是基本经济制度的重要实现形式。

但是，需要指出的是，促进多种所有制经济的共同发展是以坚持公有制的主体地位和国有经济的主导作用为前提的，不应当把国有经济实行混合所有制的改革理解为对国有经济进行私有化改造。那样的理解显然是错误的，不符合三中全会的精神。《决定》明确指出，积极发展混合所有制经济有利于国有资本放大功能、保值增值、提高竞争力，有利于各种所有制资本取长补短、相互促进、共同发展。因此，这是新形势下坚持公有制主体地位，增强国有经济活力、控制力、影响力的一个有效途径和必然选择，而与所谓的私有化无关。

发展混合所有制不仅是公有制经济改革的一个方向，也是非公有制经济发展转型升级的有效途径。我国非公有制经济的发展除了受外部条件的制约，还受到内部因素的限制，如经营模式粗放，技术创新能力不足，社会责任意识薄弱，“家族式”“家长制”治理方式弊端严重，等等。这些内部因素也影响着非公有制企业的发展壮大。《决定》指出，鼓励非公有制企业参与国有企业改革，鼓励发展非公有资本控股的混合所有制企业，鼓励有条件的私营企业建立现代企业制度。这些重要举措，有利于促进非公有制经济产权制度的现代化和社会化，完善非公有制经济的体制机制，推动非公有制经济健康发展和做强做大。

（原载于《红旗文稿》2014 年第 2 期，
副标题：正确认识社会主义初级阶段的基本经济制度）

论公有制与市场经济的有机结合

改革开放以来，中国经济改革与发展取得了举世瞩目的巨大成就，“中国经验”和“中国道路”受到了全世界的广泛关注。总结中国的经验，认识中国的道路，构建中国特色社会主义政治经济学，最根本的一点就是在社会主义条件下发展市场经济，实现社会主义基本制度特别是公有制与市场经济的有机结合。能否实现公有制与市场经济的有机结合，事关中国特色社会主义的前途，事关经济体制改革的成败，需要我们认真思考、深入研究。

一、 社会主义市场经济发展的两条主线

我们经济体制改革的目标是建立社会主义市场经济体制，发展社会主义市场经济，其主要内容概括起来有两个方面：一是计划与市场或政府与市场的关系，二是公有制与市场经济的兼容或结合。前者属于资源配置方式或经济运行机制的问题，是表层问题；后者属于所有制或基本经济制度的问题，是深层问题。二者既相互联系又相互区别，共同构成了社会主义市场经济的有机整体。

逻辑与历史是一致的。社会主义市场经济在理论和实践上的发展，就是围绕着上述两个方面、两条主线展开的，并经历了由表及里、由浅入深的过程。按照罗默等人的概括，市场社会主义理论的发展已经经历了五个

大的发展阶段：第一个阶段认识到了社会主义经济不能使用实物单位进行经济计算，而必须求助于价值符号，第二阶段意识到应当通过求解复杂的方程的方式来获得正确的均衡价格，第三阶段主张引入市场，用竞争的办法解决经济的平衡问题，第四阶段是社会主义国家出现的各种市场化的理论与实践，第五阶段则是在苏联东欧社会主义改革失败后产生的，核心思想是寻求把公平与效率统一起来的企业制度①。市场社会主义理论发展的前四个阶段都主要围绕计划与市场的关系展开，20 世纪 60 年代至 80 年代东欧经济学派提出的许多改革理论（兰格的试错模式、布鲁斯的分权模式、奥塔・锡克宏观收入计划协调下的自由市场模式、科尔内宏观间接控制下的自由市场模式）都是围绕社会主义经济中计划和市场的关系展开的。但是，随着理论和实践的发展，人们逐步认识到，对于构建完整的市场经济来说，仅仅关注计划和市场的关系是远远不够的，关键的问题在于公有制企业能不能以及如何适应市场机制，即公有制与市场经济的结合问题。科尔内等人发现，关于社会主义市场经济的一些设想，如奥斯卡・兰格著名的计划模拟市场的理论模型，假定社会主义企业家们在竞争市场上的实际行为与私人企业完全相同，但对这一假定的根据并未作充分说明，因而缺乏微观基础，以完全竞争市场为基础的改革方案，如果不能认真考虑传统国有制形式能否容纳这些改革措施的问题，那就只能是一种天真的幻想②。针对这一问题，奥塔・锡克等人提出了资本中立化理论，设想在公有制企业中，劳动者是集体资本的所有者，以民主自治的方式管理企业，共同参与对利润的分享，以此克服劳动与资本的对立，实现经济的民主化与人道化③。布鲁斯另辟蹊径，提出了生产资料社会化的理论。他认为，社会主义的所有制不应当是国家所有制，而应当是社会所有制，它有两条基本标准，

---

① John E. Roemer. A Future for Socialism, Harvard University Press, 1994.

② 亚诺什．科尔内．理想与现实——匈牙利的改革过程［M］．北京：中国经济出版社，1987：61 - 71.

③ 奥塔锡克．一种未来的经济体制［M］．北京：中国社会科学出版社，1989；奥塔锡克．争取人道的经济民主［M］．北京：华夏出版社，1989.

一是生产资料必须用于满足社会利益，二是社会必须对其占有的生产资料具有有效的支配权。其中，第二条标准具有决定性意义，其实质是政治的民主化问题①。总之，苏联东欧的学者们深入研究了社会主义经济中市场机制的作用问题，也认真思考了公有制与市场经济的结合问题，并取得了一些有益的成果。

在中国，对于社会主义经济中市场机制作用的探索从社会主义制度建立之初就开始了，并在1956－1957年和1958－1959年有过两次大的讨论。改革开放以后，对于这一问题的研究取得了突破性进展，理论不断发展，认识不断深化：党的十一届三中全会提出重视价值规律的作用，中共十二大提出“计划经济为主，市场调节为辅”，十二届三中全会提出“有计划商品经济”，十三大提出“新的经济运行机制，总体上说应当是‘国家调节市场，市场引导企业’的机制”，十三届四中全会后提出“建立适应有计划商品经济发展的计划经济与市场调节相结合的经济体制和运行机制”。与此同时，社会主义市场经济的另一条主线，即公有制与商品经济和市场经济的结合问题也逐步被提出来了，特别是随着国有企业改革被确立为经济体制改革的中心环节，公有制的体制、机制和实现形式的改革日益受到重视。十二届三中全会已经提出，“增强企业的活力，特别是增强全民所有制的大、中型企业的活力，是以城市为重点的整个经济体制改革的中心环节”。“要使企业真正成为相对独立的经济实体，成为自主经营、自负盈亏的社会主义商品生产者和经营者。”十三大报告提出，“按照所有权经营权分离的原则，搞活全民所有制企业”，“围绕转变企业经营机制这个中心环节”，建立有计划商品经济新体制的基本框架。

中共十四大报告明确提出了社会主义市场经济的改革目标，使人们对社会主义市场经济的认识有了历史性的飞跃。十四大报告指出，我国经济改革的目标是社会主义市场经济体制，并从基本制度和资源配置两个方面，

---

① 布鲁斯．社会主义所有制与政治体制［M］．北京：华夏出版社，1989：58．

对社会主义市场经济的本质特征进行了概括。从基本制度上看，“社会主义市场经济是同社会主义基本制度结合在一起的”。从资源配置方式上看，“我们要建立的社会主义市场经济体制，就是要使市场在社会主义国家宏观调控下对资源配置起基础性作用”。这样，社会主义市场经济的两个方面和两条主线，即计划与市场的关系和公有制与市场经济的结合都被作为社会主义市场经济的本质特征而明确下来。中共十五届四中全会明确指出，“国有企业改革是整个经济体制改革的中心环节。建立和完善社会主义市场经济体制，实现公有制与市场经济的有效结合，最重要的是使国有企业形成适应市场经济要求的管理体制和经营机制”。

十八大以来，以加快完善社会主义市场经济体制为目标的新一轮改革全面展开，改革的两个方面和两条主线依然十分清晰。一方面，党中央提出，经济体制改革的核心问题是处理好政府和市场的关系，使市场在资源配置中起决定性作用和更好发挥政府作用。另一方面，党中央强调，公有制为主体、多种所有制经济共同发展的基本经济制度，是中国特色社会主义制度的重要支柱，也是社会主义市场经济体制的根基。习近平总书记深刻地指出，要坚持社会主义市场经济改革方向，坚持辩证法、两点论，继续在社会主义基本制度与市场经济的结合上下功夫，把两方面优势都发挥好①。习近平总书记的上述论述，充分体现了社会主义市场经济两个方面、两条主线的辩证关系本质。

但是，需要强调的是，社会主义市场经济的两个方面的地位和作用是不一样的。如前所述，计划与市场或政府与市场的关系属于资源配置方式或经济运行机制的问题，公有制与市场经济的兼容或结合则属于所有制或基本经济制度的问题。科学揭示社会主义市场经济的本质和发展规律，必须深入研究公有制与市场经济的关系。

---

① 习近平. 在中共中央政治局第23次集体学习会上的讲话［N］. 人民日报，2015－11－25.

二、 进一步深化对公有制与市场经济关系的认识

在当前，深入研究公有制与市场经济的关系有什么特殊重要的意义呢?

首先，这是坚持和完善社会主义市场经济体制的需要。理论逻辑和实践经验都证明，公有制与市场经济的结合对于坚持和完善社会主义市场经济具有关键性的作用。其一，生产资料公有制是社会主义经济制度的基础，我国宪法明确指出："中华人民共和国的社会主义经济制度的基础是生产资料的社会主义公有制，即全民所有制和劳动群众集体所有制。"因此，离开了公有制与市场经济的结合，就不可能发展社会主义市场经济。其二，社会主义初级阶段实行的是以公有制为主体、多种所有制经济共同发展的基本经济制度，存在着多种性质的商品交换，如私有制与私有制、私有制与公有制以及公有制与公有制之间的商品交换等。作为基本经济制度主体的公有制与市场经济能否结合以及如何结合，在很大程度上决定着社会主义市场经济的性质、特点及其发展方向。其三，中国的经济体制改革虽然取得了巨大的成就，但是改革的任务还没有完成，还存在诸多的矛盾和问题。一方面，市场机制的调节作用还不够充分，还存在市场体系不健全、生产要素流动不畅等问题。另一方面，公有制经济的按劳分配和有计划发展等优越性没有充分体现，存在着财富和收入差距过大、劳动者主人翁地位缺失、产能过剩和腐败现象严重等问题，这些问题归根结底还在于公有制与市场经济的结合不成熟、不完善。

其次，这是总结中国实践经验的需要。2015 年 11 月 23 日，中共中央政治局就马克思主义政治经济学基本原理和方法论进行第二十八次集体学习，习近平总书记在主持学习时强调，要立足我国国情和我国发展实践，揭示新特点新规律，提炼和总结我国经济发展实践的规律性成果，把实践

经验上升为系统化的经济学说，不断开拓当代中国马克思主义政治经济学新境界。那么，中国实践经验最根本的特点是什么？就是社会主义基本制度与市场经济的有机结合，特别是公有制与市场经济的有机结合。这种结合一方面要发挥市场机制信息灵敏、激励有效、调节灵活等优点，增强经济发展的活力；另一方面要发挥社会主义公有制经济中的人民为本、统筹兼顾、独立自主、共享共建等制度优势，克服资本主义市场经济固有的盲目性、自发性和滞后性以及经济危机、贫富分化等深刻的缺陷和弊病。一方面要坚持社会主义经济制度的公有制、按劳分配、计划调节、共同富裕、全面发展等基本原则，另一方面要适应市场经济基础的要求，发展多种所有制经济、多种分配方式，允许剥削现象的存在，扩大自发势力的作用，强化个人利益，鼓励自由竞争。如何把两种相互对立的因素有机结合起来，在相互冲突、相互改造、相互制约中实现有机结合，是中国经济体制改革的核心问题。“两个相互矛盾方面的共存、斗争以及融合成一个新范畴，就是辩证运动。”社会主义市场经济就是这种辩证运动的生动写照。在理论上总结社会主义市场经济的成功经验，超越了以私有制为基础的资本主义市场经济的流俗教条，对于科学社会主义的发展和人类进步都具有重大意义。

第三，这是中国特色社会主义政治经济学发展的需要。当前在理论界对于公有制与市场经济关系还存在不少模糊乃至混乱的认识。一个奇怪的现象是，经过30多年的深入改革后，社会上关于深化经济体制改革的许多观点却又退回到了把公有制与市场经济相对立的旧思想上去了。比如，有观点认为国有企业应当从竞争的或盈利性的部门退出，专门从事私有企业不愿意或无法经营的公共产品，也有观点认为国有企业规模过大、发展过快会造成“国进民退”“与民争利”，挤占私有企业的发展空间，还有观点认为国有企业的领导人不是真正的企业家，因而他们只能按照政府官员的标准领取报酬，而不能按照市场的标准获得收入，等等。另一些人虽然反对把公有制与市场经济相对立，主张在市场经济的条件下改革和发展公有制经济，但却盲目地认为，公有制与市场经济不存在任何矛盾，把公有制与市场经济的结合当作了一个自然而然、天经地义、无须论证的事情。

这两种对立的观点有一个共同的前提，即探讨公有制与市场经济的结合不再重要了。不同的是，前一种观点主张发展所谓真正的市场经济只能走全面私有化的道路，从根本上否定了社会主义经济制度。后一种观点则认为市场经济是中性的，没有“姓社姓资”的问题，公有制经济应当完全适应市场经济。这种观点看似合理，但却面临一系列无法解决的难题。比如，既然市场经济是中性的，为什么会有社会主义市场经济和资本主义市场经济的区别？在公有制条件下国有企业不是独立的所有者，它们如何能够实现完全自主经营和自负盈亏？公有制经济中劳动者是生产资料的主人，怎么会形成劳动市场或劳动力市场？市场竞争必然会导致两极分化的趋势，这一趋势与社会主义共同富裕的本质如何能够相容？如果利润最大化是企业追求的唯一目标，最大限度满足人民群众物质文化需要的社会主义生产目的如何实现？而这一系列难题都可以归结为一个根本问题，这个问题在兰格 1938 年发表的《社会主义经济理论》一文中已经明确地提出来了：“如果执行竞争的分配资源规则与一个有理性指导的社会主义经济必须接受的规则相同，考虑社会主义有何用？如果现有制度内能达到同样的结果，如果只要迫使它保持竞争标准，为什么要改变整个经济制度？”① 这里存在着一个悖论，即：如果公有制与市场经济完全相融，公有制就失去了存在的意义；如果公有制与市场经济完全对立，社会主义市场经济就失去了存在的根据。如何解开这个悖论呢？问题与解决问题的方法同时产生，中国的社会主义市场经济就是在解决这一难题中产生和发展起来的，公有制与市场经济因此实现了从对立到统一的历史转变。

---

① 兰格．社会主义经济理论［M］．北京：中国社会科学出版社，1981：24.

三、 公有制与市场经济的对立统一

要想认识公有制与市场经济的关系，需要回到社会主义公有制经济中商品关系存在的原因和特点上来。一旦社会占有生产资料，商品生产就将消除。这是马克思和恩格斯的一个经典思想。但是，在《哥达纲领批判》中马克思对这一问题的认识有了发展，他把共产主义社会区分为高级和低级两个阶段，并对二者的差别作了明确的阐述：“在共产主义社会高级阶段，在迫使个人奴隶般地服从分工的情形已经消失，从而脑力劳动和体力劳动的对立也随之消失之后；在劳动已经不仅仅是谋生的手段，而且本身成了生活的第一需要之后；在随着个人的全面发展，他们的生产力也增长起来，而集体财富的一切源泉都充分涌流之后，——只有在那个时候，才能完全超出资产阶级权利的狭隘眼界，社会才能在自己的旗帜上写上：各尽所能，按需分配！”①

概括地说，社会主义社会的公有制与共产主义高级阶段的公有制是有区别的，最主要的区别在于，前者是建立在分工这种特殊的劳动技术组织形式上的，后者则是以消灭分工、个人实现自由全面发展为基础的。由于存在分工，社会主义社会的劳动者就不能像在消灭了分工的共产主义社会那样，单纯以生产资料共有者的身份与生产资料发生实际联系，还必须把劳动作为自己的谋生手段，以劳动者的身份实现与公共的生产资料的结合，以获得与自己付出的劳动相应的报酬。社会主义公有制关系的这种特殊结构，赋予其商品性与非商品性并存的二重属性，进而使公有制与市场经济之间呈现出了一种特殊的对立统一关系，这是理解公有制与市场经济关系的一把钥匙。

下面从社会主义公有制的产权结构、分配制度、调节方式等具体环节

① 马克思恩格斯选集（第3卷）［M］．北京：人民出版社，2012：364．

入手，对社会主义公有制的本质特征以及它与市场经济相互关系进行具体分析。

（一）社会主义公有制的二重属性

商品交换实质上是不同所有权的交换，“使用物作为商品，只是因为它们是彼此独立进行的私人劳动的产品”[①]，“他们必须彼此承认对方是私有者”[②]。正因为商品交换是以彼此独立的私人所有权为基础的，因而马克思恩格斯认为社会一旦占有生产资料，商品生产就将消除。就公有制的一般属性来说，上述推论是完全合乎逻辑的，因为在公有制的条件下，生产资料归全体劳动者共同所有，人们在生产资料的占有上处于完全平等的地位，任何个人或者集团都不能凭借对生产资料所有权而获得特殊的利益，满足人民群众的需要成为了社会生产的唯一目的，这样的生产关系自然不可能产生出等价交换的商品关系。但是，如果从社会主义公有制的特殊结构出发考察问题，就会得出不同的结论。在社会主义公有制中，虽然生产资料是社会成员共同所有的，但是劳动者和企业之间实行等量劳动相交换，它们之间存在着明显的利益界限。因此，社会主义公有制并不像有的学者所认为的那样，是一种任何人都可以免费使用的公共物品，相反，它也具有明显的排它性。其一，社会公有财产作为一个整体，对于每一个个别的社会成员是排它的，单个的社会成员并不因为他是公有财产所有者中的一员而自动享有所有权以及由此产生的派生权利，他对生产资料的占有和使用是有条件的，这个条件就是符合社会需要的劳动。其二，“生产者的权利是和他们提供的劳动成比例的”，“这里通行的是商品等价物的交换中通行的同一原则，即一种形式的一定量劳动同另一种形式的同量劳动相交换”。[③]

---

① 资本论（第 1 卷）[M]. 北京：人民出版社，2004：90.

② 资本论（第 1 卷）[M]. 北京：人民出版社，2004：107.

③ 马克思恩格斯选集（第 3 卷）[M]. 北京：人民出版社，2012：363.

这种等量劳动相交换的原则和生产者所具有的按劳取酬的权利也是一种排它性的权利。与生产资料私有制不同的是，这种排它性就其本质来说不是所有权的排它性，而是等量劳动获得等量产品的排它性。社会主义公有制中的这种排它性要求公有制内部的不同企业之间的产品交换必须实行等价交换，要求公有制企业在生产和产品分配上必须具有相对的独立性，使国家所有权与企业经营权相分离，建立起明晰产权、保护严格、流转顺畅、保值增值的公有资产管理制度。公有产权的这种复杂结构不仅是社会主义公有的特殊要求，也符合产权制度发展的一般规律。实际上，一种所有制在建立以后，它内部的产权结构绝非一成不变的。它们的各项主体权能可集中、可分离、可拆细、可重组，并根据主体对利益的考虑实行各种不同的组合，出现各式各样的产权配置格局[①]。这一点对社会主义公有制也是适用的。

然而，公有制企业的这种商品性只是一种局部的商品性，它与私有制生产者之间的完整意义上的商品交换存在着本质区别。用现代经济学的术语来说，生产资料公有制是一个宏观概念而不是微观概念，公有制企业的生产具有直接社会性，这种直接社会性虽然不像马克思设想的那样，可以通过直接的计划调节加以实现，但是也并没有因为实行了社会主义市场经济体制而完全丢失，而仍然用事实顽强证明着自己的存在。第一，公有企业生产的目的不能只追求私人利益，还必须满足社会的共同利益，不能只追求企业微观效率（利润最大化），还必须承担重要的社会责任，如保障民生需求、维护经济安全、实施宏观调控和推动自主创新等。第二，公有企业的管理不完全是企业内部的事情，还具有明显的公共性。作为公共所有权的代表，公有资产管理部门必然要享有对企业投资、分配和人事等方面重大决策的决定权，各相关利益主体也对企业经营活动享有监督权，以保证社会利益不被企业集团利益所压倒。第三，公有企业的分配中经济剩余

---

① 吴宣恭．论公有制实现形式及其多样化［J］．中国经济问题，1998（02）．

不归任何个人和集团所有，它在本质上属于社会所有的公共积累，一部分以利税的形式上缴社会，一部分留给企业扩大再生产，经济剩余的这种公共性是生产资料公有制在分配关系上的集中体现。

在公有制与市场经济的结合过程中，股份制无疑是一种有效的实现形式，其作用如此重要，以至于有人认为，股份公司这种企业组织形式使所有权成了完全无用的东西，因而通过公有企业的股份化和建立法人治理结构便可以建立一种没有资本家的资本市场，使公有资本的运行完全建立在市场经济的基础上而与国家的调控完全脱离开。这样的认识有一定道理，也在一定程度上为国有企业股份改革的成功实践所证实。但是，这种观点有其片面性，只看到了公有资本的局部商品性，而忽视了公有资本的直接社会性。公有资本具有的直接社会性决定了公有资本的运行不可能完全建立在自发市场交易的基础之上。因为在公有制的产权关系中，不仅存在着企业与企业之间横向的商品交换关系，还存在着全体人民与国家、国家与国有资本的所有权代表以及这些所有权代表与企业经营权之间的多层次纵向委托代理关系，这些纵向委托代理关系并不是等价的商品交换关系。比如，就全体社会成员与国有资本管理机构的关系来说，是一个政治体制的设计问题；就国有资本管理机构与企业经营者的关系来说，是一个所有权与经营权的分离问题。处理好这些纵向的委托代理关系，需要建立合理的宏观调控体系和公有资产管理体制，需要政府行为的科学化和民主化，而市场机制对此却无能为力。一个简单的事实是，虽然以公有制为主体的社会主义基本经济制度在我国已经确立，并成为指导我国经济改革与发展的宪法准则，但在市场经济条件下，所有制结构的变动在很大程度上取决于市场机制的作用，受到市场竞争、全球化、资本流动等多种因素的影响。在此背景下，如果没有国家宏观上的有效调控作保障，以公有制为主体的社会主义基本制度就完全可能被自发的资本主义势力所瓦解，成为一种法学上的幻想，社会主义市场经济也就无从谈起。

（二）社会主义公有制经济中的计划与市场

在马克思恩格斯的经典理论中，社会主义生产是有计划的，计划性或计划调节是社会主义经济的本质特征。在《资本论》中，马克思指出："设想有一个自由人的联合体，他们用公共的生产资料进行劳动，并且自觉地把他们许多个人劳动力当作一个社会劳动力来使用。"[①] 在《反杜林论》中恩格斯指出："一旦社会占有了生产资料，商品生产就将被消除，而产品对生产者的统治也将随之消除。社会生产内部的无政府状态将为有计划的自觉的组织所代替。""这是人类从必然王国进入自由王国的飞跃。"[②] 以经典作家的上述理论为依据，并结合当时的实际情况，社会主义制度形成了最初的经济体制模式即高度集中的计划经济模式。高度集中的计划经济体制对于巩固新生的社会主义制度和进行快速的大规模的工业化发挥了至关重要的作用，其历史贡献不容抹杀。但事实证明，高度集中的计划经济体制存在政企不分、忽视商品生产和市场作用等弊端，严重束缚了生产力的发展。从高度集中的计划经济体制向充满活力的社会主义市场经济的转变，是历史的必然。

但是，能否把这种转变简单地理解为自发性对自觉性、市场对计划的胜利呢？回答是否定的。计划与市场虽然不是区别社会主义与资本主义的根本标志，但也不是与社会制度完全无关的一种工具。在不同的社会制度下，计划与市场的性质、地位和作用是不一样的，计划经济不等于社会主义，但计划性对于社会主义来说却不是可有可无的东西，而是公有制经济的本质属性之一[③]。这是因为，在公有制中全体社会成员是生产资料的共同主人，社会生产的目的是为了满足他们共同的利益，但是如果没有社会的

---

① 资本论（第1卷）[M]. 北京：人民出版社，1975：95.

② 马克思恩格斯选集（第3卷）[M]. 北京：人民出版社，2012：671.

③ 刘国光. 中国社会主义政治经济学若干问题 [J]. 政治经济学评论，2010（04）.

统一计划而任凭追求各自利益的经济主体之间盲目进行市场竞争，则不仅不能实现社会的共同利益，还有可能使社会主义公有制蜕化为集团所有制，最后被私有制的汪洋大海所淹没。因此，公有制经济的发展不可能完全建立在自发市场的基础上，而必须依靠集体理性或社会的计划作为自己的实现形式。或许有人会说，资本主义国家也有国家干预，有的资本主义国家甚至还实施过经济计划，因此计划性并不是社会主义的本质。但是，资本主义国家对经济的干预是以私有制为基础的，始终面临着一个无法解决的矛盾：如果国家干预程度过轻，则难以解决资本主义市场经济所固有的失业、经济危机和贫富分化等严重问题；如果国家干预程度过重，则会损害私有制神圣不可侵犯的原则，损害资本主义经济的活力。市场失灵与政府失效交织，是资本主义基本矛盾发展不可避免的后果。事实一再证明，以私有制为基础的资本主义市场经济，不可能实行真正有效的计划调节，诚如马克思早就指出的那样，“资产阶级社会的症结正是在于，对生产自始就不存在有意识的调节”，对社会生产过程的任何有意识的社会监督和调节，都被说成是侵犯资本家的财产权、自由和自决的“独创性”。而在公有制条件下，全部生产的联系是“作为由他们的集体的理性所把握、从而受这种理性支配的规律来使生产过程服从于他们的共同的控制”①。这种对社会生产共同的控制就是社会主义经济中计划性的本质所在，社会主义市场经济中国家的宏观调控，就是以这种计划性为基础的，它与资本主义经济中的国家干预存在着本质区别。

第一，社会主义国家实行宏观调控的主要依据不是所谓的市场失灵，而是生产资料的公有制以及在此基础上产生的有计划按比例发展规律。无论存不存在所谓的市场失灵，只要公有制占据主体地位，国家作为生产资料公共所有权和社会公共利益的总代表，都需要并且能够在全社会的范围内按照社会需要有计划地调节社会再生产过程，合理地配置社会资源。第

① 马克思恩格斯选集（第2卷）［M］．北京：人民出版社，2012：510.

二，社会主义国家宏观调控的主要目标不是保持总量的短期均衡，为市场机制的运行创造宏观条件，而是从经济社会发展的全局和长远利益出发制定和实施正确的经济发展战略，统筹兼顾各方面的重大比例关系，促进经济社会的持续稳定发展，满足人民日益增长的物质文化需要。第三，社会主义国家计划调节的手段不局限于间接的需求管理，即财政政策和货币政策，还包括许多由国家直接掌握和实施的调节手段，如制订发展计划、协调区域关系、创建战略性产业、监管国有资本、投资基础设施、推动科技创新、调整产业结构、调节收入分配等。

（三）等量劳动互换与等价交换

在社会主义公有制经济中，个人消费品实行的是按劳分配，社会产品在作了各项扣除之后，根据劳动者所提供的劳动量分配个人消费品，实行等量劳动相交换的原则。马克思认为，“这里通行的是商品等价物的交换中通行的同一原则，即一种形式的一定量劳动同另一种形式的同量劳动相交换”①。这一论断意味深长，对这一论断稍作推演，我们就会发现其中蕴含的革命性思想。首先，等量劳动相交换实际上默认了“劳动者的不同等的个人天赋，从而不同等的工作能力，是天然特权”②，这就是说劳动力是个人所有的。其次，这种等量劳动交换也需要某种社会尺度和标准，以便使不同具体形态的劳动转化为社会的一般劳动，使不同复杂程度和强度的劳动转化为社会的平均劳动，这种社会尺度只能是抽象的一般的社会平均劳动，这一点已经类似于商品价值了。第三，抽象的社会一般劳动在一个企业内部还可以直接加以计算，但现阶段在全社会的范围内，要把纷繁复杂和变化莫测的个别劳动转化为一般的社会平均劳动，除了市场机制可能没有其他更好的办法。这样，按劳分配的实现与市场经济之间就发生了一种

① 马克思恩格斯选集（第3卷）[M]. 北京：人民出版社，2012：363.

② 马克思恩格斯选集（第3卷）[M]. 北京：人民出版社，2012：364.

深刻的内在联系。

问题是，既然马克思当年已经看到了等量劳动互换与等价交换之间的共同性，为什么他仍然坚持认为“在一个集体的、以生产资料公有为基础的社会中，生产者不交换自己的产品；用在产品上的劳动，在这里也不表现为这些产品的价值”①？对此，马克思的说明是，因为内容和形式都改变了。从形式上看，在商品交换中，等价物的交换只是平均来说是存在的，不是存在于每个个别场合；而在公有制的等量劳动互换中，个人的劳动不再经过迂回曲折的道路，而是直接作为总劳动的组成部分存在着。从内容上看，商品交换是以私有制为基础的，交换的是全部的劳动产品；而在公有制经济中，除了自己的劳动，谁都不能提供其他任何东西，除了个人的消费资料，没有任何东西可以转为个人的财产。此外，作为等量劳动交换尺度的抽象一般劳动，它一般只受劳动者主观条件的影响，而不像形成价值的社会必要劳动那样，还受生产资料优劣等客观条件的影响。也就是说，按劳动分配只承认劳动者劳动质量差别对收入分配的影响，而不承认生产资料优劣对收入分配的影响，这样才能做到劳动的平等和报酬的平等②。因此，按劳分配分配中体现等量劳动相交换与商品交换中体现的等价交换的原则并不相同。

等量劳动互换与等价交换关系之间的这种矛盾如何解决呢？即如何才能既大力发展商品货币关系和市场经济，又能实现社会主义的按劳分配原则呢？在现实生活中，按劳分配的实现首先必须借助于市场机制。一方面，让企业之间的联系建立在商品交换的基础之上，交换趋向于按照由社会必要劳动时间决定的价值量进行，发挥市场机制的作用，使企业经济效益在竞争中不断提高。企业所创造和实现的经济效益，就是社会对企业的劳动进行评价的依据。另一方面，使不同形态的具体劳动和不同劳动者的个别

① 马克思恩格斯选集（第3卷）[M]. 北京：人民出版社，2012：363.

② 胡钧. 社会主义商品货币的理论与现实 [J]. 教学与研究，1982 (05).

劳动可以相互比较。然而，通过市场机制进行的分配只是按劳分配的前提，而不是按劳分配的结束。在市场经济中，按劳分配的实现至少还需要经过三个环节。第一，国家除了以公共权力的身份向企业征税之外，还要以所有者的身份向国有企业收取资本收益，这种收益不仅是公有资本所有权在经济上的实现，还在一定程度上消除了企业在生产资料占有上的差别对企业收入分配的影响，为劳动平等和报酬平等创造条件。第二，在公有企业中，积累和消费比例关系事关国家、集体和个人三者的利益，是国家宏观决策和企业微观决策的结合点。如果没有国家对企业收入分配过程的调节，就可能出现工资侵蚀利润、消费挤占积累、集体利益损害社会利益等问题。第三，企业个人收入的分配包括工资、奖金、福利等，这是按劳分配的最后环节，这一环节同样也离不开国家调节。国家调节的主要目标是规范企业内部经营者与劳动者之间的收入比例关系，防止经营者与劳动者收入过分悬殊和企业管理者阶层以权谋私、损公肥私等问题。

因此，等量劳动相交换的实现既在市场中又不在市场中，既依赖于市场调节，又依赖于国家调节，如同资本增值既在流通中又不在流通中一样，只有进入生产过程之后，事情的真相才能看清。

（四）劳动者的主人翁地位与劳动力市场

生产资料与劳动者相分离，劳动力成为商品，资本雇佣劳动并占有工人创造的剩余价值，是资本主义生产方式的本质特征。在公有制中，劳动与资本的对立消灭了，劳动者是生产资料的共同主人，而不是为资本生产剩余价值的生产要素。这意味着，劳动力已经失去了商品属性。但是，我们不能就此断定，公有制经济中劳动力只能采取计划调节的方式进行配置。事实上，在社会主义公有制经济中，劳动力采取市场化的方式进行配置既有技术根据，又有制度基础。第一，从生产力的要求看，在社会化大生产的条件下，技术结构和经济结构的不断变化，要求劳动者在不同部门和不同企业之间进行经常性的流动。第二，从公有制的一般属性来看，它是以消灭分工和实现人的全面发展为目的的，劳动者自由地从一个部门流动到另外一个部门，从一个地区流动到另外一个地区，是实现这一目的的一个重要条件。第三，从社会主义公有制的特殊属性来看，企业和劳动者都是相对独立的经济主体，具有不同的经济利益，因而需要按照各自的利益进行双向选择，自由结合。从形式上看，劳动者与企业之间的这种自由结合也是一种平等的契约关系，也具有工资这种劳动力的价格形式，也要在一定程度上受劳动力供求关系的调节。

但是，透过现象看本质，在公有制经济中，劳动力不是商品，也不能完全按照市场化的原则进行配置。首先，在公有制经济中，管理者和劳动者在生产资料占有上是平等的，企业的劳动者有权对的生产经营活动进行民主管理，选择并监督企业的管理者，形成了平等互利、互助合作的新型关系，因此，这里并不存在真正意义上的雇佣关系。其次，在公有制经济中，劳动者根据按劳分配原则共同分享企业的经营成果，其收入高低主要取决于他们的劳动贡献和企业的经济效益，而不完全取决于劳动力的供求关系。第三，在公有制经济中，劳动者一旦进入企业与生产资料相结合，就享有了作为生产资料的共有者中的一员应当具有的权益，承担着保障人民共同利益的社会责任。此外，从宏观上看，实现充分就业在公有制经济中具有了更加重要的意义。在资本主义经济中，相对过剩人口作为资本主义生产的产业后备军，是调节劳动力市场蓄水池和保证资本对劳动控制的重要机制。而在公有制经济中，劳动者的主人翁地位以及劳动平等和报酬平等的生产关系，是以劳动者与生产资料的直接结合并“各尽所能”为前提的，否则对生产资料的共同占有就成为空话。从这个意义上说，充分就业是公有制经济的一个本质要求。总之，资本主义经济中劳动力的商品化是以资本和劳动的对立以及劳动对资本的隶属为基础的，而社会主义公有制经济中劳动力的商品形式则是劳动者作为劳动力所有者与社会所有的生产资料相结合的实现形式，是劳动者在共同占有生产资料基础上平等劳动的生产关系，这种生产关系的本质就是要摆脱劳动对资本的隶属，实现人的自由全面发展。

（五）市场经济与共同富裕

公有制与市场经济能否结合以及如何结合的问题，实际上是社会主义的本质能否通过市场经济得到实现的问题。而社会主义的本质可以从两个方面加以认识，一是所有制或基本经济制度，二是生产目的或价值标准。从所有制或基本经济制度的角度看，社会主义制度是以生产资料公有制为基础的。从生产目的或价值标准的角度看，社会主义的本质就是满足人民日益增长的物质文化需要、实现共同富裕。那么，社会主义的本质与市场经济又是什么样的关系呢？一方面，社会主义本质的实现离不开市场经济，因为只有通过市场经济的发展，才能形成马克思所说的普遍的物质变换、全面的关系、多方面的需求以及全面的能力体系，才能使财富的源泉充分涌流出来，从而为个人自由全面和社会的共同富裕奠定物质基础。另一方面，社会主义本质的实现又不能依赖于市场经济，因为市场竞争所遵循的是弱肉强食的“丛林法则”，特别是在资本主义市场经济中，资本积累的一般规律导致财富占有的两极分化，一极是财富在少数人手中的不断积累和增大，另一极则是大多数人生活的相对贫困，与之相伴随之的则必然是劳动与资本的对抗、阶级矛盾的加剧、生产过剩的经济危机和资本的集中与垄断。面对市场经济的严重弊病，以自由至上为教义的资本主义国家也不得不转向国家干预主义，承担起调节收入分配和建立社会保障与福利制度的职能。以私有制为基础、以资本雇佣劳动为目的的资本主义社会尚且如此，以公有制为基础、以满足人民需要和实现共同富裕为目的的社会主义怎么可能完全依赖于市场经济呢？实现社会的共同富裕，必须加大收入再分配调节的力度，包括完善社会保障制度、增加公共支出、加大转移支付力度等措施，加快健全以税收、社会保障、转移支付为主要手段的再分配调节机制等。但是，与资本主义国家不同的是，社会主义经济中共同富裕的实现不仅依赖于国家对国民收入再分配，更要有社会主义的基本制度和分配制度为基础的初次分配的保障。正如邓小平指出的：“只要我国经济中公有制占主体地位，就可以避免两极分化。”① “坚持社会主义，实行按劳分配的原则，就不会产生贫富过大的差距。”②

以上几个方面的分析从不同侧面说明，社会主义公有制经济具有商品性与非商品性的二重属性，从这一点出发必然会得出这样的结论：公有制与市场经济之间的关系是一种“对立统一”的关系，它们之间的有机结合既要遵循市场经济的规律，又要体现公有制的要求；既要发挥市场经济的长处，又要彰显社会主义制度的优越性，公有制与市场经济之间的这种对立统一，正是社会主义市场经济的精髓所在。以分工和等量劳动相交换为特征的社会主义公有制，天然具有了商品关系的属性，从这个方面看，社会主义公有制与市场经济之间存在着内在的一致性。另一方面，建立公有制的目的就是要克服生产社会化与生产资料资本主义私人占有制之间的基本矛盾，按照社会的需要计划组织生产，满足社会成员的共同利益，实现人的全面发展和社会的共同富裕。从这一方面看，社会主义公有制又具有超越市场经济的直接社会性。商品性与非商品性这两个方面都是公有制的内在属性，都是社会主义公有制的本质要求。传统的社会主义理论只看到了公有制与市场经济对立的一面，而没有看到公有制与市场经济相容的一面，从而严重排斥商品货币关系的发展和市场的作用，束缚了社会主义经济的活力。在改革开放和发展社会主义市场经济的过程中，一些人则往往只看到公有制与市场经济相容的一面，而忽视了公有制与市场经济之间存在的矛盾和冲突，有意无意地削弱和淡化社会主义制度特殊的目标和要求。

---

① 邓小平文选（第3卷）[M]. 北京：人民出版社 1993：149.

② 邓小平文选（第3卷）[M]. 北京：人民出版社，1993：64.

只有深刻把握公有制与市场经济在对立统一中实现有机结合的内在逻辑，才能真正把握社会主义市场经济的精髓。

四、对全面深化经济体制改革的若干启示

党的十八届三中全会开启了深化改革的新阶段，新一轮的改革热潮正在兴起。正确认识公有制与市场经济的对立统一关系，对于全面深化经济体制改革和加快完善社会主义市场经济体制具有重要启示。

（一）正确认识社会主义市场经济的改革方向

如前所述，社会主义市场经济的改革主要包括两个方面的内容：一是资源配置中计划与市场或政府与市场的关系；二是基本制度中公有制与市场经济的兼容或结合。这两个方面放在一起才能充分体现社会主义市场经济的本质，进而实现完善和发展中国特色社会主义制度这一改革总目标。

从前一个方面的内容看，全面深化经济体制改革的目标是使市场在资源配置中发挥决定性作用和更好发挥政府的作用。从后一个方面的内容看，全面深化经济体制改革的目标是坚持完善中国特色社会主义制度，更好发挥社会主义制度的优越性。

全面深化经济体制改革面临的主要问题是什么？通常的回答是，旧的计划经济的残余或者市场化改革不彻底，政府对微观经济活动管得过多、市场作用不够充分。比如，行政审批范围过大，一些重要资源和生产要素的价格还未理顺，城乡体制分割等。因此，必须围绕着发挥市场的决定性作用推进相关领域的改革，大幅度减少政府对资源的直接配置，加快完善现代市场体系，进一步增强市场活力。但上述回答只是问题的一个方面。还有些问题，如产能过剩、贫富差距、金融风险、环境污染和食品药品安全、民生建设和社会保障不足等，显然不能简单地归因于旧的计划经济残

余或市场化改革不彻底。这些问题在很大程度上属于市场经济固有的弊端，即使在发达资本主义市场经济中也不可避免。寄希望于用所谓彻底市场化的办法解决市场化固有的缺陷是不现实的。克服这些弊端的根本途径在于坚持完善中国特色社会主义制度，更好发挥社会主义制度的优越性。最重要的是，坚持和完善公有制为主体多种所有制共同发展的基本经济制度，坚持完善以按劳分配分配为主体多种分配方式并存的基本分配制度，有效发挥社会主义国家的宏观调控的作用，保障社会的公平正义，实现社会成员的共同富裕。

（二）正确认识社会主义经济发展的目的

社会经济发展是生产力与生产关系有机统一的过程，社会主义的经济发展包括两个方面的内容：一是解放和发展生产力，不断提高劳动生产率，创造更多的社会财富；二是满足人民日益增长的物质文化需要，促进人的全面发展。前者是手段，后者是目的，才能充分体现社会主义经济的基本规律，即：用在高度技术基础上使社会主义生产不断增长和不断完善的办法来保证最大限度地满足整个社会经常增长的物质文化需要。邓小平指出，社会主义的本质是解放生产力，发展生产力，消灭剥削，消除两极分化，最终达到共同富裕，也体现了这两个方面的要求。

改革开放以来，我国的社会生产力获得了巨大的发展，人民生活水平不断提高，但同时也面临着一些属于制度层面的深层问题。比如，一些地方和部门只注重追求物质财富的数量和 GDP，而忽视教育、医疗、社会保障事业的发展。在收入总量大幅增加的同时，财富和收入分配上的差距也明显扩大。一些企业为了追求利润最大化，损害工人合法权益，生产劣质假冒产品，破坏资源和环境，损害消费者利益。一些干部官僚主义和腐败盛行，大肆谋取私利，脱离人民群众。这些问题的存在和发展都违背了社会主义制度的本质。为什么人的问题是根本的问题，正如习近平强调的，要坚持以人民为中心的发展思想，这是马克思主义政治经济学的根本立场，要坚持把增进人民福祉、促进人的全面发展、朝着共同富裕方向稳步前进作为经济发展的出发点和落脚点，要做出更有效的制度安排，使全体人民在共建共享发展中有更多获得感，朝着共同富裕方向稳步前进①。

（三）正确认识国有企业的改革方向

国企改革事关我国的基本经济制度，事关国家安全和党的执政基础，必须搞好，而正确认识和充分体现国企的性质，则是改革能否获得成功的关键。国企的根本性质归结为一句话就是“全民所有、为民服务”。十八届三中全会强调“国有企业属于全民所有，是推进国家现代化、保障人民共同利益的重要力量”。明确这一根本性质，才能深刻理解为什么必须毫不动摇地巩固和发展公有制经济，理直气壮地发展壮大国企，而绝不能走私有化的道路，才能准确把握国企改革的正确方向。

从根本上说，深化国企改革的目的就是要形成更加完善的体制机制，充分体现国有企业的根本属性和内在要求，发挥社会主义制度的优越性，使其更好地为全体人民的利益服务。

作为一种企业，国有企业也具有和其他类型企业相同的一般属性，如产权独立、自主经营、保值增值等。因此，必须使国有企业成为独立的商品生产者，在市场竞争中发展壮大，必须坚持市场化的方向，健全协调运转、有效制衡的公司法人治理结构，建立有效的激励约束机制，规范经营决策、资产保值增值、公平参与竞争、提高企业效率、增强企业活力。

但这只是问题的一个方面。对国企来说，仅仅体现企业的一般属性和市场化的一般要求，是远远不够的，必须更好地体现全民所有、为民服务的性质和要求。其一，国有资本的收益属于全体人民，现阶段要提高国有资本收益上缴公共财政的比例，更多用于保障和改善民生。其二，国有资

① 习近平．在中共中央政治局第23次集体学习会上的讲话［N］．人民日报，2015-11-25.

本投资运营要服务于国家战略目标，重点提供公共服务、发展重要前瞻性战略性产业、保护生态环境、支持科技进步、保障国家安全。其三，发扬经济民主，完善各级人民代表大会、国有资产监督管理机构和社会各界对国有资本管理过程的监督机制，完善劳动者参与企业民主管理的机制。其四，国企的收入分配要体现按劳分配和共同富裕的原则，保障公平正义，不搞两极分化。其五，有效履行社会责任，自觉贯彻党的路线方针政策，兼顾国家、集体、个人和各方面的利益关系。做好以上几个方面的工作，国企就能够充分发挥其制度优势，更好地为人民服务，得到全体人民的衷心拥护。

（四）正确认识政府与市场关系

市场经济是通过市场机制，即供求、价格和竞争的作用来调节资源配置的经济体系。但是，在不同的社会制度下，市场机制发生作用的范围和条件是不完全相同的。在简单商品经济中，市场机制的作用主要局限在狭小的范围，血缘、等级、权力等非市场的原则支配着经济生活。而在资本主义市场经济中，市场的机制作用不仅体现在的商品生产和商品交换中，而且体现在资本、劳动力和自然资源等生产要素的配置中；不仅体现在微观层面，即市场对生产者和消费者经济活动的调节，而且体现在宏观层面，即对整个社会各部门和各种经济关系的调节；不仅体现在经济领域，而且体现在社会生活的各个领域。而市场的决定作用归根结底又是资本的决定作用，资本由此成为了支配社会经济、政治、文化等各个领域的“普照之光”，资本主义经济的特殊规律如剩余价值规律、资本积累规律、利润平均化规律等成为了市场经济的一般规律，资本主义的基本矛盾及其表现形式，如阶级对立、经济危机、贫富化分等随着资本主义的发展而日益加剧。

在社会主义市场经济中，从微观经济的角度看，无论是私有企业还是公有企业，都要追求利润最大化，都要接受市场机制的调节，也就是说，市场在资源配置中起着决定性作用。但是，从社会发展和宏观经济的层面看，生产发展或资源配置的目的已经不是利润的最大化，而是最大限度地满足人民群众的物质文化需要，实现人的全面发展和社会的共同富裕；起主导作用的力量已经不是自发的市场调节，而是党的领导和国家的宏观调控。从这一点出发，深化经济体制改革、正确处理政府与市场的关系，必须从两个方面入手。一方面，要围绕着更加尊重市场规律和增强市场的活力推进相关领域的改革，进一步简政放权，健全市场体系。另一方面，要围绕更好地发挥政府作用和提高政府效率推进相关领域改革，有效履行政府的职责和作用，加强计划、规划和战略指导，保持宏观经济稳定，加强和优化公共服务，保障公平竞争，加强市场监管，维护市场秩序，推动可持续发展，促进共同富裕，弥补市场失灵，提高国家的经济治理能力，发挥社会主义市场经济的制度优势，推动经济更有效率、更加公平、更可持续发展。

五、 结束语

在以上分析中我们抛开了多种所有制并存的现实因素，对现阶段社会主义公有制的内部结构以及与市场经济的关系作了具体考察，这对于把握社会主义市场经济的本质和规律来说是至关重要的，但也是不完整的。我们仍然处在并将长期处于社会主义初级阶段，实行的是以公有制为主体多种所有制经济共同发展的基本经济制度，在公有制经济中还存在集体经济和合作经济等多种形式。而在公有制经济之间的商品关系外，还存在公有制与非公有制之间以及非公有制与非公有制之间的商品关系，这些不同性质的商品关系交织在一起，形成了现实的社会主义市场经济体制。这样一种体制在科学社会主义发展的历史谱系和经典文献中其实也是可以找到其理论渊源的。

在马克思恩格斯经典理论中，实际上存在着先后继起的处于不同发展阶段的两种社会主义经济模式。一种模式是成熟的完善的社会主义模式，以生产资料公有制、按劳分配和计划经济为主要特征，消灭了阶级和国家，不存在公有制之外的其他所有制形式和商品货币关系，这是共产主义的第一阶段。这一模式的代表性文献是《哥达纲领批判》。另一种模式是关于过渡时期的社会主义模式，在这种模式中国家已经掌握在无产阶级手中，国有经济控制了国民经济的关键部门，但农业生产中实行的是合作制，此外还存在大量私有制经济，商品货币关系市场机制还发挥着重要的作用，保留了利润、利息、地租等商品经济形式，《共产党宣言》提出的向共产主义过渡的十项措施体现了这一模式的轮廓。不难发现，马克思对于过渡时期经济模式的描述与我们当前实行的社会主义市场经济是相当吻合、颇为相似的。最重要的一点是，其中既有社会主义公有制的因素，也有资本主义私有制的因素，而且在相当长的一个历史时期，它们之间需要相互包容共同发展，当然也不可避免地存在着矛盾和冲突。这样就产生了一个对社会主义来说生死攸关的问题，即在多种所有制度经济并存在的社会主义市场经济中，谁是市场经济的主体，市场经济的社会主义性质如何得到保证？社会主义制度的优势如何才能发挥？这个问题就是本文所讨论的主题。

显然，所有制结构的多元化并没有使公有制与市场经济的结合问题失去其在社会主义市场经济中核心或枢纽的关键意义，恰恰相反，皮之不存，毛将焉附。在深化经济体制改革的过程中，如果不能坚持完善公有制的主体地位，充分体现公有制的要求和特点，发挥社会主义制度的优越性，坚持社会主义市场经济的改革方向就只能成为空洞的口号，中国特色社会主义的共同理想和远大的共产主义目标自然也就成为了空话。正是在这个意义上我们可以说，能否实现公有制与市场经济的对立统一，把社会主义制度的优势与市场经济的长处更好地结合起来，在很大程度上决定着社会主义市场经济的前途和命运。

（原载于《经济研究》2016 年第 6 期）

国有经济与社会主义无关吗?

国有经济在中国特色社会主义经济制度中具有特殊重要的地位，这一点在《宪法》中有明确的表述。《宪法》第六条指出，中华人民共和国的社会主义经济制度的基础是生产资料的社会主义公有制，即全民所有制和劳动群众集体所有制。第七条指出，国有经济，即社会主义全民所有制经济，是国民经济中的主导力量。《宪法》的这一表述，不仅说明了国有经济在我国现阶段经济制度中的重要地位，同时也肯定了国有经济的社会主义性质。但是，对于国有经济的社会主义性质，近年来有人提出了质疑，认为国有制不等于公有制，更不等于社会主义，因为在奴隶社会、封建社会和资本主义社会中都存在国有经济，把国有制作为社会主义制度的基础是一种传统的观点，应当加以摈弃。一些人进而以国有经济与社会主义无关为理由，为国有经济的私有化鸣锣开道，制造舆论。国有经济与社会主义真的无关吗？国有经济与社会主义到底是什么关系？这是事关社会主义前途命运的重大问题，需要我们深入地思考和研究。

一、 国有经济的二重性

从历史上看，国有经济确实并不是社会主义国家所独有的，在奴隶社会、封建社会、资本主义社会等多种社会形态中，都存在过国有经济。比如，中国古代社会从西周到明清都存在过大量的国有土地、官营商业和手工业。在资本主义国家，国有经济的存在更为普遍。因此，不能简单把国有经济与社会主义画上等号。

那么，国有经济的本质属性是什么呢？它的性质是由什么决定的呢？国有经济总是有其一般特点和共同属性的，这就是它们都代表了国家的利益，具有公共性，承担着某些社会职能。正如恩格斯说过的："国家的本质特征，是和人民大众分离的公共权力。"① "政治统治到处都是以执行某种社会职能为基础，而且政治统治只有在它执行了它的这种社会职能时才能持续下去。"② 国家的公共职能特别是经济职能中的一些内容，如举办公共工程、增加财政收入、控制关键性资源、调节生产关系等，都是私有制经济所不能承担的，因而需要建立国有经济。从这个方面看，国有经济是国家实现公共权力和社会职能的一种形式和手段，在不同社会形态中都是一样的。比如，在中国中央集权制的封建社会，土地是最重要的生产资料和经济资源。因此，历代统治者都高度重视对土地的调控，直接占有了大量土地资源，出现了如唐代的均田制、宋代的官田等多种土地国有制形式。进入资本主义社会后，随着社会化大生产的日益发展，国有经济也得到了广泛的发展。特别是第二次世界大战后，发达资本主义国家曾经经历了多次国有化浪潮，国有经济曾广泛存在于银行、宇航、石油、煤炭、电力、铁路、公路、港口、民航、飞机制造、造船业等各个部门，在经济生活中发挥着重要的作用。资本主义制度下国有经济的大发展是有必然性的。恩格斯指出："猛烈增长着的生产力对它的资本属性的这种反作用力，要求承认生产力的社会本性的这种日益增长的压力，迫使资本家阶级本身在资本关系内部可能的限度内，越来越把生产力当作社会生产力看待。"③ 在一定发展阶段，资本主义社会的正式代表——国家不得不承担起对生产的领导，

① 马克思恩格斯选集（第4卷）[M]．北京：人民出版社，1995：116.

② 马克思恩格斯选集（第3卷）[M]．北京：人民出版社，1995：523.

③ 马克思恩格斯选集（第3卷）[M]．北京：人民出版社，1995：628.

对部分社会化的生产力实行国有化。资本主义国有经济的这种发展虽然还没有从根本上改变资本主义经济制度，但是，却引起了资本主义生产关系的部分质变，是对资本主义私有制的一种扬弃，在一定程度上适应了社会化大生产的要求，体现了社会的利益，具有直接的社会性，从而为社会生产力的发展提供了更大的余地，为缓和资本主义的经济矛盾和社会矛盾创造了条件，也为资本主义向社会主义的迈进创造了条件。

但是，马克思主义同时认为，国家的公共性和社会职能只是一种表面化的东西，国家归根结底是统治阶级的工具，代表了统治阶级的利益，在公共性背后隐藏的是阶级性。从这个方面看，国有经济不过是实现统治阶级利益的一种工具和手段，具有鲜明的阶级性。恩格斯对于资本主义国家性质的说明清楚地表明了这一点，他说："现代国家也只是资产阶级社会为了维护资本主义生产方式的一般外部条件使之不受工人和个别资本家的侵犯而建立的组织。现代国家，不管它的形式如何，本质上都是资本主义的机器，资本家的国家，理想的总资本家。它越是把更多的生产力据为己有，就越是成为真正的总资本家，越是剥削更多的公民。工人仍然是雇佣劳动者，无产者。资本关系并没有被消灭，反而被推到了顶点。"① 随着生产资料公有制代替私有制，国家将失去资本的属性，"无产阶级将取得公共权力，并且利用这个权力把脱离资产阶级掌握的社会生产资料变为公共财产。通过这个行动，无产阶级使生产资料摆脱了它们迄今具有的资本属性，使它们的社会性有充分的自由得以实现"②。正是因为以上的原因，马克思和恩格斯明确批评了那种将任何一种国有制都当作社会主义的错误观点。恩格斯指出："自从俾斯麦致力于国有化以来，出现了一种冒牌的社会主义，它有时甚至堕落为某些奴才气，无条件地把任何一种国有化，甚至俾斯麦的国有化，都说成社会主义的。显然，如果烟草国营是社会主义的，那么

① 马克思恩格斯选集（第3卷）［M］. 北京：人民出版社，1995：629.

② 马克思恩格斯选集（第3卷）［M］. 北京：人民出版社，1995：759.

拿破仑和梅特涅也应该算人社会主义创始人之列了。”[①]

总之，国家具有二重性，它既是公共权力，具有一定的公共性或社会性，又是阶级统治的工具，具有明显的阶级性和历史性。正如马克思明确指出的那样，国家的职能“既包括执行由一切社会的性质产生的各种公共事务，又包括由政府同人民大众相对立而产生的各种特殊职能”[②]，理解了国家的二重性，才能准确把握国有经济的性质。国有经济的性质不是抽象的，也不是固定不变的，而必须依据一个社会占统治地位的生产关系的性质以及由此决定的国家的性质才能加以确定。这是我们正确认识国有经济的出发点。

二、 社会主义条件下国有经济的性质和作用

社会主义经济和资本主义经济都是建立在社会化大生产基础上的，资本主义国有经济的发展给社会主义提供了有益的启示。“生产力归国家所有不是冲突的解决，但是它包含着解决冲突的形式上的手段，解决冲突的线索。[③] 这一线索就是承认现代生产力的社会本性，实行生产资料的社会占有，并在此基础上有计划地调节社会生产。但是，我们不能仅仅看到二者的共同性，更要看到它们的根本区别。在资本主义社会，占统治地位的生产关系是资本主义的雇佣劳动关系，建立国有经济是为了缓解资本主义基本矛盾，创造资本主义资本积累的条件，服务于资本增值的需要。而在社会主义社会，占统治地位的生产关系是社会主义生产资料公有制的关系，而国有经济则是社会主义公有制的主要形式。马克思和恩格斯曾明确指出：“共产党人可以把自己的理论概括为一句话，消灭私有制。”[④] 社会主义制度

① 马克思恩格斯选集（第 3 卷）［M］. 北京：人民出版社，1995：752.

② 马克思恩格斯全集（第 25 卷）［M］. 北京：人民出版社，1974：432.

③ 马克思恩格斯全集（第 3 卷）［M］. 北京：人民出版社，1995：629.

④ 马克思恩格斯全集（第 1 卷）［M］. 北京：人民出版社，1995：286.

与资本主义制度“具有决定意义的差别当然在于，在实行全部生产资料公有制（先是单个国家实行）的基础上组织生产”[①]。我国目前虽然处在社会主义初级阶段，从高度集中的计划经济转向了社会主义市场经济，但是公有制仍然是我国社会主义经济制度的基础，公有制为主体、多种所有制经济共同发展是社会主义初级阶段的基本经济制度。正是因为有了这样的经济基础和基本制度，我国的国有经济才是社会主义性质的。

在现阶段，为什么公有制主要是以国有制而不是集体所有制或其他的形式表现出来呢？这是因为：社会主义公有制是以社会化大生产为基础的，生产的高度社会化要求全体劳动者在全社会范围内联合起来按照共同的利益对所属的生产资料进行统一的有计划的调节。为了使这种全社会的联合和占有不致流于形式，不致被局部利益的冲突所瓦解，不致成为一种理论上的虚构，就需要有客观的人格化的有形的组织来代表社会共同的利益。在国家存在的条件下，国家就是整个社会的正式代表，公共的所有权只能由国家来加以代表。因此，在现实的社会主义社会，公有制表现为国家所有具有必然性。只要存在公有制，同时又存在着国家这种社会组织，国有制就不可避免。实际上，对于国家存在的条件下公有制必然采取国家所有的形式马克思和恩格斯有过明确的肯定。在《共产党宣言》中，他们写道：“无产阶级将利用自己的政治统治，一步一步地夺取资产阶级的全部资本，把一切生产工具集中在国家即组织成为统治阶级的无产阶级手里，并且尽可能快地增加生产力的总量。”[②] 在《反杜林论》中，恩格斯也明确指出：“无产阶级将取得国家政权，并且首先把生产资料变为国家财产。”[③]

在社会主义基本经济制度中，公有经济不仅包括了全民所有制经济或国有经济，还包括了集体所有制经济。但是，我们不能忘记，集体经济之

---

① 马克思恩格斯全集（4卷）［M］．北京：人民出版社，1995：693.

② 马克思恩格斯全集（第1卷）［M］．北京：人民出版社，1995：293.

③ 马克思恩格斯全集（第3卷）［M］．北京：人民出版社，1995：630.

所以是社会主义性质的，首先是以国有经济发挥主导作用为前提的，否则集体经济不过是私有制的汪洋大海中的小舟，随时可能覆灭。其原因在于，集体经济是一种中间性的所有制形式，具有内公外私的二重性：对内它是公有制，集体成员之间在生产资料占有上是平等的；对外它是私有制，它的所有权只属于企业内成员。因此，集体所有制具有天然的不稳定性，它不仅不能成为一个社会占主导地位的所有制形式，相反，它的性质和地位取决于起主导作用的所有制形式的性质。马克思在说明资本主义社会中合作工厂的性质时曾经指出："工人自己的合作工厂，是在旧形式内对旧形式打开的第一个缺口，虽然它在自己的实际组织中，当然到处都再生产出并且必然会再生产出现存制度的一切缺点。"① 在社会主义市场经济中，集体经济与个体、私营和外资经济在内的非公有制经济一样，都是从私人利益和集团利益出发从事经营活动的，与社会的整体利益和长远利益存在着矛盾，这就需要有国有经济进行协调、引导，以保证和发展社会主义社会统一的整体利益。对这一点，马克思当年已经有了认识。在谈到未来社会保留合作制的条件时，马克思曾经这样说："事情必须这样来处理，使社会（即首先是国家）保持对生产资料的所有权，这样合作社的特殊利益就不可能压过全社会的整个利益。"② 从这个意义上我们可以说，没有国有经济就没有社会主义，现阶段的社会主义制度与国有经济密不可分。

作为公有制的主要形式和社会主义基本经济制度的重要组成部分，社会主义国有经济与资本主义国有经济的作用存在重要区别。资本主义国有经济只是私人资本的一种补充形式，主要生产私人资本不愿意或无法生产的产品，为私人资本拾遗补阙，提供资本增值的一般条件，可有可无，可多可少。正如有的学者指出的那样，资本主义以私有制为基础，即使不搞国有企业，也不会损害资本主义一根毫毛。资本主义国家建立一些国有企

① 马克思恩格斯文集（7卷）[M]．北京：人民出版社，2009：499.

② 马克思恩格斯选集（第4卷）[M]．北京：人民出版社，1995：675.

业，这并不是属于构成资本主义制度的内在要素[①]。而在社会主义经济中，国有经济是国民经济的主导力量，而不像在资本主义经济中那样，国有经济主要存在于私有企业不愿意或不能有效经营的领域。关于这一点，不仅在改革开放前的传统社会主义经济体制中得到了充分体现，改革开放以来我们党的有关重要文献也曾作过多次表述。比如，中共十二大报告指出："社会主义国营经济在整个国民经济中居于主导地位。巩固和发展国营经济，是保障劳动群众集体所有制经济沿着社会主义方向前进，并且保障个体经济为社会主义服务的决定性条件。"[②] 中共十五届四中全会通过的《中共中央关于国有企业改革和发展若干重大问题的决定》指出："包括国有经济在内的公有制经济，是我国社会主义制度的经济基础，是国家引导、推动、调控经济和社会发展的基本力量，是实现广大人民群众根本利益和共同富裕的重要保证。""国有企业是我国国民经济的支柱。发展社会主义社会的生产力，实现国家的工业化和现代化，始终要依靠和发挥国有企业的重要作用。[③] 十六大报告强调，"发展壮大国有经济，国有经济控制国民经济命脉，对于发挥社会主义制度的优越性，增强我国的经济实力、国防实力和民族凝聚力，具有关键性作用"[④]。十八届三中全会通过的全面深化改革的决定指出，"国有企业属于全民所有，是推进国家现代化、保障人民共同利益的重要力量"[⑤]。上述这些论述，清楚地说明了在社会主义市场经济中国有经济的地位和作用。

当前，社会上对于公有制的主体地位和国有经济的主导作用存在不少模糊、片面甚至混乱的认识，需要加以澄清。比如，有人把本来属于全体人民所有的全民所有制经济或国有经济说成是"官僚垄断资本"，而本来属

---

① 卫兴华. 坚持和完善中国特色社会主义经济制度［J］. 政治经济学评论，2012（01）.

② 十二大以来重要文献选编（上）［M］. 北京：人民出版社，1986：20.

③ 十五大以来重要文献选编（中）［M］. 北京：人民出版社，2001：1004.

④ 十六大以来党和国家重要文献选编（上一）［M］. 北京：人民出版社，2005：21.

⑤ 中共中央关于全面深化改革若干重大问题的决定［M］. 北京：人民出版社，2013：8.

于私有制范畴的民营经济却被当作“人民”的企业，将国有企业与私有企业正常的市场竞争说成是“与民争利”。有的人认为，国有企业只能存在于非竞争领域，不能参与市场竞争和追求更多利润，国有经济只能“退”不能“进”，否则就是改革的倒退。有人认为，国有企业只能提供公共物品或公益性服务，从事私有企业不愿意经营的部门。还有人将十八届三中全会决定指出的公有制经济和非公有制经济都是社会主义市场经济的重要组成部分，都是我国经济社会发展的重要基础的观点，曲解为对公有制为主体和国有经济为主导的基本经济制度的否定。上述这些看法的根本错误，就在于脱离了我国的基本经济制度，将社会主义的国有经济与资本主义的国有经济混为一谈，把以公有制为基础的社会主义市场经济与以私有制为基础的资本主义市场经济混为一谈。这些观点不仅在理论上缺乏依据，在实践中更是贻害无穷。

三、 社会主义国有经济生产关系的本特征

以上的论述，从地位和作用的角度说明了国有经济的社会主义性质。但是，需要强调的是，国有制的社会主义性质是有具体内容和要求的。按照马克思主义政治经济学的观点，所有制实际上是一种生产关系，一种经济过程，而不是一种抽象的法律规定。马克思强调：“在每个历史时代中所有权是以各种不同的方式、在完全不同的社会关系下面发展起来的。因此，给资产阶级的所有权下定义不外是把资产阶级生产的全部社会关系描述一番。”[①] 同理，每个时代的国有经济也是以不同的方式、在完全不同的社会关系下面发展起来的，只有在国有制成为社会主义公有制的表现形式，体现社会主义公有制的生产关系的具体内容和要求的条件下，国有制才能与公有制画上等号。否则，公有制和国有制就会成为没有内容的空洞的法律

① 马克思恩格斯选集（第1卷）[M]. 北京：人民出版社，1995：177.

规定，成为一纸空文。那么，国有经济的生产关系和社会主义性质体现在什么方面呢?

第一，社会调节。由全社会成员按照集体意志统一支配和调节社会所属的生产资料既是公有制的历史特点，又是公有制的必然结果。正像自发的秩序是资本主义经济运行的典型状态一样，社会主义公有制必然要以有计划地满足社会的共同利益作为自己存在的历史根据。在社会主义市场经济条件下，尽管国有企业是相对独立的商品生产者，也要追求自身的利益，按照市场的需求进行生产。但是，国有企业的独立性是相对的，企业在追求自身利益的同时必须满足社会的共同利益，承担一定的社会责任，接受全体人民的代表即国有资产监管部门的监督管理。否则，国有经济就会成为单纯追求个人利益和小集团利益的工具，蜕化为事实上的私有制，公有制就会被瓦解。

第二，经济民主。生产资料公有制使劳动者在生产资料占有上形成了平等的关系，在全社会范围内结成了利益共同体，国家就是这种共同利益的代表。这就首先需要一种民主化的管理制度，以保障共同利益的实现。没有这样一种民主的管理结构，就会滋生各种官僚主义和腐败现象，作为公共利益代表的各级公有制经济的管理者（人民公仆）就会蜕化变质，公有制关系的要求就无法得到实现，公共利益就无法得到保证，社会主义制度就无法得到保障。正如毛泽东强调的那样，“劳动者管理国家、管理军队、管理各种企业、管理文化教育的权利。实际上，这是社会主义制度下劳动者最大的权利”①。

第三，按劳分配。按劳分配是社会主义公有制的本质要求，是生产资料公有制在分配环节的实现。在市场经济条件下，由于劳动不能直接计算，因而现实中的按劳分配只能是按经营收入的分配，而经营收入的大小则又受供求、竞争和价格波动多种因素的影响。因此，按劳分配的实现与理想

① 毛泽东文集（第8卷）[M]. 北京：人民出版社，1999：129.

中的状态有很大的不同，但是，就国有经济来说，按劳分配原则的基本精神是必须坚持的，这就是：既反对剥削，又反对平均主义，只承认能力和贡献上的差别及其对收入分配的影响，而不承认生产资料占有上的差别及其对收入分配的影响。

第四，剩余共享。对经济剩余的占有是生产资料所有权的基本职能，私有制与公有制的一个根本区别就在于，在私有制中，经济剩余归私人所有者占有，而在公有制经济中，经济剩余则归社会成员共同占有。具体来说，在国有经济中，企业上缴国家的收入包括了两个部分，一部分是一般的税收，这是国有企业和其他企业都必须交纳的，所有企业一视同仁。另一部分则是国有资本收益，这是国家以所有者身份从企业获得的收益，是国家所有权在经济上的实现。这部分收入要用于满足社会的共同利益，如改善公共福利、保障和改善民生等。

因此，国有经济作为社会主义公有制的一种形式是有条件和有内容的，绝不仅仅是一个口号、一个概念。深化国有经济改革就是在实践中寻找公有制的有效实现形式，使国有经济更好地体现社会主义的性质，更好地发挥出它的制度优势。

四、 深化国有经济改革要更好发挥社会主义制度的优越性

经过多年的探索和实践，我国国有经济改革取得了巨大成就，经济效益大幅提高，布局结构明显改善，管理体制日趋合理，总体上实现了与市场经济的融合。同时，国有经济也积累了一些问题、存在一些弊端，如权力缺乏约束、管理者以权谋私、垄断企业收入过高、重大决策不够规范等，引起了群众的不满。党的十八届三中全会通过的《中共中央关于全面深化改革若干重大问题的决定》（以下简称《决定》）勾勒了新时期全面深化经济体制改革的宏伟蓝图，并对进一步深化国有经济改革作出了全面部署，

国有经济正在迎来新一轮改革热潮。在新的历史阶段深化国有经济改革从根本上来说，就是要更好地实现社会主义与市场经济的有机结合，发挥市场的决定作用，同时更好体现社会主义制度的优越性，充分体现国有经济的社会主义性质。

一是必须毫不动摇地巩固和发展公有制经济，坚持公有制主体地位，发挥国有经济主导作用，不断增强国有经济的活力、控制力、影响力。需要强调的是，深化公有制经济的改革绝不是要实行私有化，而是要形成更加完善的体制机制，进一步发展壮大公有制经济，使其更好地为全体人民的利益服务。私有化不符合生产发展的要求，不符合广大人民群众的利益，也不符合历史进步的潮流。如果公有制的主体地位被破坏了，国有经济的社会主义性质也就无法保证了。

二是积极发展混合所有制。《决定》指出，国有资本、集体资本、非公有资本等交叉持股、相互融合的混合所有制经济，是基本经济制度的重要实现形式，有利于国有资本放大功能、保值增值、提高竞争力，有利于各种所有制资本取长补短、相互促进、共同发展。这是新形势下坚持公有制主体地位，增强国有经济活力、控制力、影响力的一个有效途径和必然选择。需要指出的是，促进多种所有制经济的共同发展是以坚持公有制的主体地位和国有经济的主导作用为前提的，不应当把国有经济实行混合所有制的改革理解为对国有经济进行私有化改造。

三是完善国有资产统一监管体系。目前，国有经济存在于不同的地区、产业和不同类型的企业中，分属于不同的机构管理，国资委管理的只是国有资产中的一部分；关于国有资产管理的许多政策不统一、不规范，协调配合不够，对金融产业、文化产业等重要部门的国有资产目前还缺乏像工业部门中国资委那样明确的管理主体和完整的管理体系。因此，需要创新国有资产管理体系，建立国有资产管理的统一的组织体系，负责对包括农业、工业、金融和文化等不同部门，竞争和垄断等不同类型，中央和地方等不同层次在内的全部国有资产从总体上进行统一规划和监管。

四是要加强经济民主。从经济民主的内容来看，它既包括宏观方面的，也包括微观方面的。在宏观上，经济民主的实质是要人民当家做主的原则贯彻到国家经济管理的各个领域和各个方面，特别是要将人民当家做主的原则贯彻到国有资产管理过程之中，加强各级人民代表大会以及社会各界对国有资产改革和管理过程的监督，使各项经济决策体现大多数人民的利益。在微观上，则要建立完善民主管理企业的体制机制，充分发挥劳动者的积极性和创造性。同时要进一步提高国有企业的社会责任感，增强其经营管理中重大事项的公开性和透明度。

五是要切实贯彻按劳分配。目前，国有经济内部分配中按劳分配的原则还没有得到充分贯彻。一方面，国有企业内部平均主义或“大锅饭”问题依然存在，多劳多得的原则没有充分体现；另一方面，对国有资源占有的不平等所造成的收入差距缺乏有效的调节，一些垄断性或特殊性行业的收入略高问题有待解决。同时，国有企业利润上缴和资本分红制度不完善，如何使国有企业的利润更好地为全体人民共同分享的问题也没有得到很好的解决。

六是要保障人民共同利益。在这方面，《决定》提出了明确的要求，国有企业属于全民所有，是推进国家现代化、保障人民共同利益的重要力量，国有资本投资运营要服务于国家战略目标，更多投向关系国家安全、国民经济命脉的重要行业和关键领域，重点提供公共服务，完善国有资本经营预算制度，提高国有资本收益上缴公共财政比例，到2020年提高到30%，更多用于保障和改善民生。这些要求都充分体现了国有经济的社会主义性质。

总之，深化国有企业改革既要充分尊重市场经济的规律，又要充分体现社会主义的要求，把社会主义优越性与市场经济的长处有机结合起来。只有这样，才能超越和扬弃私有制的逻辑，发挥出国有经济的优势。

（原载于《马克思主义研究》2014年第6期，张宇、王婷）

中国经济模式的政治经济学分析

十一届三中全会开启了中国改革开放的历史新时期，经过三十多年的不懈努力，中国成功实现了从高度集中的计划经济体制到充满活力的社会主义市场经济体制的历史转折，推动了经济持续快速的发展、人民生活水平的不断提高和综合国力的大幅提升，“中国经验”“中国道路”“中国模式”受到全世界日益广泛的关注。中国发展模式最引人瞩目的是它的增长奇迹。究竟是什么原因导致了中国经济持续三十多年10%左右的高增长率？最具历史意义的是这一奇迹背后所蕴含的制度和理念：到底存在不存在一条与西方资本主义不同的成功的发展道路以及制度和理念？这是近现代中国历次重大社会变革所关注的持久主题，也是广大发展中国家现代化过程中共同面临的抉择，如何回答这一问题在很大程度上决定着历史发展的方向和未来世界的面貌。中国发展模式的内涵是十分丰富的，体现在经济、政治、文化、社会等各个方面。本文主要从政治经济学的角度分析中国经济模式的特征与意义。第一节综述对中国经济模式认识的演进与发展，第二节阐明中国经济模式的主要特征，第三节分析中国经济模式面临的矛盾与选择，第四节概述中国经济模式的意义，包括普遍性与特殊性。

一、 对中国经济模式认识的演进与发展

对中国经济模式的认识和研究是随着中国社会主义建设的实践而不断

发展的。早在20世纪50年代后期即社会主义制度建立之初，以毛泽东为代表的党的第一代领导人就提出要实现马克思主义与中国实际的第二次结合、走自己道路的指导思想，对中国社会主义建设的道路进行了初步的探索。在学术界，以孙冶方等为代表的一批学者对中国社会主义经济建设中的一些重大问题也进行了深入的思考，取得了一些重要的理论成果。从指导思想和实践进程看，中国经济模式的发展方向无疑是在中国化的马克思主义理论指导下形成的。就学术层面来说，对中国经济模式的认识存在着不同的流派和观点，其演进在改革开放以来大致经历了以下三个主要的发展阶段。

（一）比较经济学的范式：20世纪80年代对经济体制改革目标模式的探讨

经济改革的初期，一方面，经济体制改革的实践对改革理论的需求日益强烈；另一方面，正统的西方经济学和传统的社会主义经济理论又缺乏关于市场经济体制演化的系统理论。在这种情况下，比较经济学的理论大显身手，成为探索经济模式的重要理论支柱。在理论上，苏联东欧等国外学者关于社会主义经济体制的理论，如兰格的“计划模拟市场”模式、布鲁斯的“含市场机制的计划经济”模式、奥塔·锡克的“宏观收入分配计划调节下的自由市场”模式、科尔内的“宏观调控下的市场协调”模式、诺夫的“可行的社会主义”模式等，都曾在中国学界受到重视。在实践中，南斯拉夫的自治社会主义、匈牙利的新经济机制、戈尔巴乔夫的新思维以及东亚模式、北欧模式、英美模式等，都曾引起人们的关注。在比较研究的基础上，国内学者对中国经济体制改革的目标模式进行深入的探讨，取得了许多重要的成果。例如，刘国光、戴园晨、张卓元等提出体制模式与发展模式的“双模式转换”论和企业改革与价格改革两条主线协同并行的

“双向协同”改革战略[①]；厉以宁等提出企业改革主线论和股份制作为企业改革主要形式的观点[②]；吴敬琏、周小川等提出以价格改革为中心进行综合配套改革的“协调改革”观点[③]；董辅礽提出社会主义经济是“八宝饭”的混合经济观点[④]；卫兴华、洪银兴和魏杰提出“计划调节市场，市场调节企业”的有计划商品经济的运行模式[⑤]；等等。从1987年10月起，国家体改委委托有关经济主管部门、科研机构、大专院校以及少数省市的专家学者，研究1988—1995年我国经济体制改革的中期规划，形成了几份具有不同特点的综合规划和总体报告，集中体现了那一时期人们对经济体制改革的目标模式的系统认识[⑥]。

比较经济学的理论和方法对于我们正确借鉴国外的经济模式具有重要参考价值，它在摆脱传统计划经济理论的束缚和探索中国经济体制改革的目标模式方面功不可没。但是，比较经济学的方法存在重要的局限。一方面，它是经验的而不是规范的，它对历史和现实中存在的经济体制从实证的角度进行比较和概括，但是并没有形成关于制度变迁的一般理论。另一方面，这一理论又是抽象的，而不是现实的，因为它把不同社会制度和不同历史环境下形成的经济体制简单化、图式化。西方比较经济学最主要的弊病是缺少唯物史观和辩证法的科学思想，回避性质不同的生产关系之间的比较以及不同历史阶段和社会制度下经济规律的根本差别，撇开生产资料所有制与具体的经济管理体制及其运行机制之间深刻的内在联系，并把不同社会制度下的经济体制抽象地归纳为集权、分权和集权与分权的结合等模式，或者是动力机制、决策机制、调节机制等因素，这些过分抽象和

① 刘国光．中国经济体制改革的模式研究［M］．北京：中国社会科学出版社，1988.

② 厉以宁．中国经济改革的思路［M］．北京：中国展望出版社，1989.

③ 吴敬琏、周小川、楼继伟．中国经济体制改革的整体设计［M］．北京：中国展望出版社，1988.

④ 董辅礽．经济体制改革研究［M］．北京：经济科学出版社，1994.

⑤ 卫兴华、洪银兴、魏杰．计划调节导向和约束的市场调节［J］．经济研究，1987（01）.

⑥ 国家体改委综合规划司．中国改革的大思路［M］．沈阳：沈阳出版社，1988.

简化的模式和因素与实际的经济生活相距甚远，当然不可能把握中国经济改革与经济发展的复杂过程和内在逻辑。

（二）转轨经济学的范式：20世纪90年代对渐进式改革与激进式改革的比较

随着高度集中的计划经济体制向市场经济的全面过渡，过渡经济学或转轨经济学应运而生。当20世纪80年代末90年代初苏东剧变发生时，西方正统经济学家达成一种共识，向市场经济的过渡必须实行以宏观经济稳定化、价格自由化和国有企业私有化为核心的激进式改革，人们不可能两步跨越一道鸿沟，渐进式改革是难以成功的。但是，实践的结果却大为出人意料：经济学家没有预料到价格自由化和宏观稳定化之后产量的大幅度下降；私有化的结果导致了“内部人”获益；有组织的犯罪活动急速增长，黑手党现象严重；如此多的国家分崩离析；最大的意外则是中国经济渐进式改革的成功。这表明，主流经济学家有关转型的知识和对转型的理解相当有限，并且大部分是“事后诸葛亮”[①]。中国经济的持续增长与苏联东欧各国经济的持续衰退形成了巨大反差。正如斯蒂格利茨所说，成功与失败的对比是如此鲜明，以至于如果人们不试图从中汲取一些教训，也未免太不负责任了。[②] 随着转型过程的深入，赞同渐进式改革和批评激进式改革的意见逐步增多，对中国渐进式改革与苏联东欧激进式改革道路的比较成了那一时期过渡经济学或转轨经济学关注的焦点。

在转轨经济学的范式中，国外有代表性的观点主要有三个方面。

一是新古典经济学的范式。以萨克斯等为代表的新古典经济学家所推崇的是以私有化和自由化为核心的“华盛顿共识”和激进的“休克疗法”。

---

① 热若尔·罗兰．转型与经济学［M］．张帆、潘佐红译，北京：北京大学出版社，2002.

② 胡鞍钢、王绍．政府与市场［M］．北京：中国计划出版社，2000年。

他们认为，中国渐进式改革的成功只是一种例外，主要是得益于有利的初始条件，如以农业为主的经济结构、传统计划体制内部的松散性等，因而中国的改革经验不具有普遍意义。他们还强调，由于没有实行彻底的私有化和自由化，中国渐进式改革正在陷入困境，面临着一系列所谓“深层矛盾”的挑战和危机①。

二是凯恩斯主义的范式。以斯蒂格利茨为代表的新凯恩斯主义者认为，不完全且代价很高的信息、不完全的资本市场、不完全的竞争，这些都是市场经济的现实，以亚当·斯密“看不见的手”为基础的新古典经济学在转型经济和制度选择中用处很小，渐进式改革比激进式改革更为可取②。阿姆斯旦和泰勒等人认为，向资本主义过渡更需要的是“看得见的手”，而不是新自由主义的“看不见的手”，资本主义的成功有赖于能够支持长期投资和承担风险的制度，而这种制度的建设，只有通过国家才能建构③。

三是演进主义的范式。蒙勒、诺顿等持演进主义观点的学者认为，社会是复杂的，人的理性是有限的，改革只能用试验的方法逐步推进，最成功的改革将属于那些在一个较长的时间内不断进行变革的国家，而不是选择某些经济战略使过去和未来之间造成断裂的国家④。青木昌彦等人认为⑤，经济体制是一个复杂的进化系统，不同制度之间存在着互补性，互补性越强，改革的成本越高；进行大规模经济改革时，即使总的方向已经确定，改革的结果和过程也会有很大的不确定性，因此，渐进式改革方式更为可取。

---

① Jeffrey Sachs and Wing Woo. Structural Factor in the Economic Reforms of China , Eastern Europe and Former Soviet Union [J]. Economy Policy, 1994, 18 (04).

② Joseph E . Stiglitz , Whither Socialism , Cambridge , MA : The MIT Press, 1994.

③ Allce H . Amsden , Jacek Kochanowicz and Lance Taylor , The Market Meets Its Match : Restructuring the Economies of Eastern Europe , Cambridge , MA: Harvard University Press, 1994 .

④ 李兴耕、李宗禹、荣敬本. 当代国外经济学家论市场经济 [M]. 北京: 中共中央党校出版社, 1994; J . Mcmillan and B. Naughto , “How to Reform a Planned Economy : Lesson from China ," Oxford Review of Economic Policy, 1992, 8 (01).

⑤ 青木昌彦、奥野正宽. 经济体制的比较制度分析 [M]. 魏加宁等译, 北京: 中国发展出版社, 1999.

上述三个方面的理论在对经济转型的性质和目标的理解上并无根本分歧，都把经济转型理解为从社会主义计划经济向西方资本主义市场经济的过渡。所不同的是，新古典理论主张的是全面的一步到位的激进式改革；凯恩斯主义承认市场经济的局限并肯定了政府干预的意义；演进主义则揭示了资本主义市场秩序自发演进的特征。它们的共同缺陷是：主要从主观主义和个人主义的世界观出发考虑问题，缺乏对经济转型过程整体的、历史的考察，视资本主义市场经济为天然合理、亘古不变的理想制度，同时又有意无意地忽视中国渐进式改革与苏联东欧激进式改革在性质和目标上的根本区别。应当指出，中国的渐进式改革是完善社会主义基本制度，而苏联东欧的激进式改革是否定社会主义制度，离开了这一根本区别，不仅不可能把握中国经济模式的本质，反而会在方向上出现南辕北辙的错误。

国内学者对中国的转型模式也进行了深入探讨，以下是较有代表性的观点。

林毅夫等认为，改革以前中国发展缓慢的根本原因在于推行了重工业优先发展的“赶超战略”，而改革以来中国经济迅速发展的关键则在于改革三位一体的传统经济体制，使中国的资源比较优势得以发挥。同时，中国改革成功的一个重要保证是选择了一条代价小、风险小又能及时带来收益的渐进式改革道路[①]。

樊纲等把渐进式改革的实质概括为“双轨过渡”和“增量改革”，特别是非国有经济的迅猛发展[②]。张军认为，以价格双轨制为特征的“边界改革”的经验在于，国有部门在计划外边界上通过对价格信号做出反应去捕捉获利机会，要比突然被私有化的国有部门对经济扭曲和短缺做出的反应更迅速[③]。

---

① 林毅夫、蔡昉、李周．中国的奇迹：发展战略与经济改革［M］．上海：上海三联书店、上海人民出版社，1994.

② 樊纲．渐进改革的政治经济学分析［M］．上海：上海远东出版社，1996.

③ 张军．“双轨制”经济学：中国的经济改革（1978—1992）［M］．上海：上海三联书店、上海人民出版社，1997.

周振华认为，中国经济体制改革的内涵是由制度博弈的结构或“改革的程序”决定的。这种“改革程序”的设定可以归纳为：市场化取向的改革目标动态化；诱致性激励的改革选择集弹性化；制度交易的合同非完全化。贯穿其中的核心是改革与发展的一体化。①

钱颖一等认为，中国改革的成功主要得益于传统体制的M型结构，即一种以区域原则为基础、多层次、多地区的“块块”结构，这种结构削弱了行政控制，强化了市场活动，刺激了非国有企业的发展。② 杨瑞龙认为，在向市场经济过渡中，中国的制度变迁方式将依次经过供给主导型、中间扩散型和需要主导型三个阶段，在中间扩散型制度变迁过程中，地方政府发挥着关键作用。③

还有的学者从改革目标的不确定性、改革过程的非均衡性、改革方式的非激进性以及自发性改革的重要性和传统文化的影响等方面，阐述了中国经济转型模式的特点。

中国学者的这些探讨和见解，揭示了中国经济转型方式的某些经验和特点，丰富了对经济转型过程的认识。④ 这些探讨和见解虽然各有侧重，但大都是在改革的目标相同且确定的假定前提下，围绕着改革方式的差别展开讨论的，有其主要的局限性。第一，没有深入考察改革的过程与改革的目标之间的辩证关系，只是在市场化的方式层面上认识转型问题。第二，没有深入考察社会主义基本制度与经济体制的紧密联系，忽视了改革是社会主义制度的自我完善这一根本性质。第三，只有抽象空洞的市场经济概念

① 周振华．体制变革与经济增长——中国经验与范式分析［M］．上海：上海三联书店、上海人民出版社，1999.

② 钱颖一、许成钢．中国的经济改革为什么与众不同［J］．经济与社会体制比较，1993（10）.

③ 杨瑞龙．中国制度变迁方式三个阶段论［J］．经济研究，2001（06）.

④ 这一时期，也有学者认识到改革的目标和宪法制度对改革道路的决定性作用。例如，在《过渡之路：中国渐进式改革的政治经济学分析》一书中，笔者曾经提出一个以马克思主义整体的政治经济学范式为基础的过渡经济学分析框架，并把中国渐进式改革定义为：“工业化与社会主义宪法制度双重约束下的市场化。”但是，这种观点在当时是较为少见的。（张宇．过渡之路：中国渐进式改革的政治经济学分析［M］．北京：中国社会科学出版社，1997.）

而没有具体历史的社会主义市场经济概念[①]。第四，没有形成与中国的制度和国情相适应的中国特色的经济转型理论，较多运用了西方经济学的理论观点。从这些方面来看，上述观点并没有从根本上超越西方转轨经济学的范式。

（三）政治经济学的范式：新世纪以来对中国经济模式基本特征和一般意义的探讨

进入新世纪后，中国的经济体制改革进入了一个新阶段。2003 年中共十六届三中全会通过的《中共中央关于完善社会主义市场经济体制若干问题的决定》确认："我国经济体制改革在理论和实践上取得重大进展。社会主义市场经济体制初步建立，公有制为主体、多种所有制经济共同发展的基本经济制度已经确立，全方位、宽领域、多层次的对外开放格局基本形成。"[②] 这一论断表明，中国的经济转型已经完成了它的主要目标和任务，经济改革已经从 1980 年代的以"破"为主，1990 年代的以"立"为主，进入到以"完善或定型"为主的阶段。特别是科学发展观的提出，使中国经济发展的理论和实践得到进一步的丰富和完善。

2007 年以后，对于中国模式的基本特征和一般意义的探讨全面深入地展开，三个重要的历史事件推动了这一进程。

其一，在中共十七大报告中，胡锦涛对中国改革开放的基本经验作了科学的概括，提出"十个结合"的重要论断，并在纪念党的十一届三中全会召开三十周年大会上的讲话中对这"十个结合"作了进一步深入的阐述。这些概括和阐述使我们对"中国经验""中国道路"和"中国模式"的认

---

① 江泽民强调："'社会主义'这几个字是不能没有的，这并非多余，并非'画蛇添足'，而恰恰相反，这是'画龙点睛'。所谓'点睛'，就是点明我们市场经济的性质。"（江泽民．论社会主义市场经济［M］．北京：中央文献出版社，2006：202.）

② 中共中央文献研究室编．十六大以来重要文献选编（上）［M］．北京：中央文献出版社，2005：464.

识达到一个新的高度。

其二，围绕着纪念改革开放三十周年和建国六十周年，关于“中国模式”的文献大量涌现，对中国模式的探讨从学术层面进入主流媒体[1]，从改革方式进入基本制度和发展模式，从经济领域进入政治、文化和社会领域，从经验总结进入理论的提升，对“中国模式”的关注度空前提升，认识不断深化。

其三，由美国次贷危机所引发的全球金融——经济大危机激起人们的深刻反思，资本主义制度和新自由主义模式受到广泛质疑，而中国特色的社会主义发展道路和社会主义市场经济体制则在应对危机中显示出特殊的优势，这进一步触发了人们对“中国模式”的关注和思考。

面对着新的形势和任务，人们逐步摆脱转轨经济学的思维，试图从中国的实践中提炼对经济发展和制度变迁具有一般意义的理论和经验，转轨经济学的范式开始被政治经济学的范式所替代。马克思主义政治经济学是联系生产力和上层建筑、研究社会生产关系及其经济运动规律的科学，具有不同于西方主流经济学的根本特征。以辩证唯物主义和历史唯物主义为基础的世界观和方法论，为无产阶级和广大人民群众利益服务的政治立场，以生产力与生产关系相互作用为核心的经济分析体系，马克思主义政治经济学的这些基本性质为建设社会主义和未来共产主义的实现提供了科学的思想指导。运用马克思主义政治经济学的范式开展对中国经济模式的认识和研究，具有以下突出特点。

一是更加重视中国模式的制度特征。王振中等运用马克思主义关于经济社会形态二重基本结构的分析方法，从生产关系系统和交换关系系统两个角度研究中国的转型问题，并把经济转型过程分为两个不同方面——从计划经济向市场经济的过渡和基本经济制度的选择[2]。程恩富指出，中国模

① 2008年以来，人民网、《人民论坛》《中国社会科学》《经济学动态》等重要媒体和杂志都刊文对中国模式进行探讨。

② 王振中. 中国转型经济的政治经济学分析［M］. 北京：中国物价出版社，2002.

式区别于其他模式的显著体制特征是经济发展的“四主型”制度，公有制为主体的多种类产权制度、劳动主体型的多要素分配制度、国家主导型的多结构市场制度和自力主导型的多方位开放制度①。

二是更加重视中国模式与中国特色社会主义的本质联系。程恩富明确提出，中国模式是社会主义本质的中国实现形式②。胡钧等指出，中国模式就是有中国特色的社会主义道路，其成功的关键在于中国共产党的领导、公有制的主体地位、政府的主导作用和有效利用市场③。秦宣、徐崇温等强调，中国模式是我们党把马克思主义的普遍真理同我国的具体实际结合起来，走自己的道路，建设中国特色社会主义的产物④。刘国光指出，中国之所以能够从容应对危机，是因为我们还在坚持中国特色社会主义模式⑤。

三是更加重视中国模式的发展维度。进入新世纪以后，对中国模式的认识更多聚焦于发展问题，中国模式在许多场合下被等同于中国的发展模式，如何实现科学发展成为新时期经济发展的主题，如何实现经济发展方式的转变成为新时期经济发展的主线。中国经济发展的速度、质量、结构和动力等问题的研究受到普遍重视，对中国经济增长奇迹的解释以及对中国发展模式经验和意义的评估受到国内外学术界日益广泛的关注。

四是更加重视中国经济模式的整体历史结构。越来越多的人认识到，需要在整体性视野中认识和把握中国模式的内涵，要从经济、政治、文化、社会、历史的有机联系中把握中国经济模式的总体特征，而不能作割裂或分立式的理解⑥。越来越多的人认识到，不能割裂新中国前三十年和后三十

---

① 程恩富. 中国模式的经济体制特征和内涵［J］. 经济学动态，2009（12）.

② 程恩富. 中国模式：社会主义本质的中国实现形式［N］. 中国社会科学报，2011-01-11.

③ 胡钧、韩东. “中国模式”的实质、特点和面临的挑战［J］. 政治经济学评论，2010（04）.

④ 秦宣. “中国模式”之概念辨析［J］. 前线，2010（02）；徐崇温. 关于如何理解中国模式的若干问题［J］. 马克思主义研究，2010（02）.

⑤ 刘国光. 中国模式让我们有望最先复苏［J］. 红旗文稿，2009（11）.

⑥ 赵剑英、吴波. 论中国模式［M］. 北京：中国社会科学出版社，2010.

年之间的内在联系，也不能割裂当代中国发展与历史和传统的深刻联系。有的学者强调，中国模式实际上是关于中华人民共和国六十年成功之路的理论解释，中国模式的基础是中华文明的延续性①。

五是更加重视中国模式的世界影响。随着中国日益参与经济全球化的进程，中国经济与世界经济的联系日益紧密，人们开始从世界体系的历史演进中，探求中国模式的历史意蕴和对世界秩序变动的深刻影响②。中国模式的崛起还引起了人们对依附理论的重新审视，中国经济的发展是开辟了自主发展的成功之路，还是会陷入依附性发展的困境，重蹈依附性发展的暗淡命运?③ 中国模式对人类社会演变的方向、发展中国家的发展道路和世界社会主义未来的影响，也开始受到重视。

上述五个方面对中国模式之认识和研究的新特点，体现了唯物史观和马克思主义政治经济学关于生产力与生产关系、经济基础与上层建筑以及历史与逻辑、理论与实践的辩证关系，反映了中国特色社会主义发展的历史进程。这清楚地表明，学术界对于中国经济模式的认识和研究已经开始超越西方主流经济学的狭隘视野、价值偏见和思维定式，政治经济学的范式正在并且必将成为学术界认识和研究中国经济模式的主导面。

二、 中国经济模式的主要特征

迄今为止，对中国经济模式基本特征的概括是按照以下一些不同的视角展开的：一是基本制度，二是经济体制，三是发展道路，四是转型方式，五是全球化。实际上，这些不同的视角是相互联系、密不可分的，其中，

---

① 潘维. 中国模式：解读人民共和国的60年［M］. 北京：中央编译出版社，2009.

② 乔万尼·阿里基. 亚当·斯密在北京［M］. 路爱国、黄平、许安结译，北京：社会科学文献出版社，2009：10.

③ 安德鲁·马丁·费希尔. 中国正在拉美化吗？在全球失衡浪潮中，中国在实力与依附性之间的平衡行为［J］. 政治经济学评论，2010（04）；卢荻. 世界发展危机与“中国模式”［J］. 政治经济学评论，2010（04）.

基本制度特别是基本经济制度处于核心地位，起着关键作用。马克思主义政治经济学认为，经济基础决定上层建筑，而在经济基础中，基本经济制度又处于核心地位。所谓基本经济制度，就是指生产资料的所有制及其构成，它决定着一个社会生产关系的本质特征，决定着生产、分配、交换以至消费等各个环节，决定着一个社会的经济体制和经济发展道路，并从根本上决定着一个社会的政治制度、意识形态等上层建筑的性质。因此，只有从基本经济制度出发，才能准确把握中国经济模式的本质及其内在逻辑。可以这样认为，中国的经济模式实际上是中国的基本经济制度在现实的改革、发展与开放过程中的展开或实现，其主要特征可以概括为以下方面。

（一）以公有制为主体、多种所有制经济共同发展的基本经济制度

新中国成立后，通过社会主义改造，我国建立了以公有制为基础的社会主义制度。改革开放以来，中国逐步确立了以公有制为主体、多种所有制经济共同发展的社会主义初级阶段的基本经济制度，其主要内容可以做如下的具体概括：毫不动摇地巩固和发展公有制经济，毫不动摇地鼓励、支持、引导非公有制经济发展，坚持平等保护物权，形成各种所有制经济平等竞争、相互促进的新格局；深化国有企业改革，形成适应市场经济要求的现代企业制度和企业经营机制；优化国有经济布局和结构，增强国有经济的活力、控制力、影响力；长期稳定并不断完善以家庭承包经营为基础、统分结合的农村双层经营机制；建立归属清晰、权责明确、保护严格、流转顺畅的现代产权制度；以现代产权制度为基础，发展混合所有制经济。根据上述内容进行的所有制和产权制度的改革，在实践中取得了显著成效，在理论上是巨大的创新，既坚持了科学社会主义的基本原则，又根据我国实际和时代特征赋予其鲜明的中国特色；既搞活了公有制经济，又促进了

多种所有制经济的共同发展。中国经验证明，那种认为公有制经济注定低效率，注定与市场经济相冲突的观点是根本站不住脚的。公有制的主体地位保证了市场经济的社会主义性质，有利于经济的持续稳定协调发展和实现社会的共同富裕。多种所有制经济的共同发展有利于发挥各种生产要素的作用，调动各方面的积极性。社会主义初级阶段基本经济制度的确立，为中国特色社会主义的发展奠定了坚实的基础。中国今天能够拥有这样比较雄厚的综合国力和重要的国际地位，能够在激烈的国际竞争中持续稳步发展，能够在急剧变革的转型过程中保持社会的基本稳定，经受住 20 世纪末苏东剧变、东亚金融危机和 2008 年的抗震救灾、金融海啸等重大突发事件的考验，都是与这个基本经济制度密不可分的。

（二）与社会主义基本制度相结合的新型市场经济体制，即社会主义市场经济体制

中国经济体制改革的目标是建立社会主义市场经济体制。社会主义市场经济是与社会主义基本制度相结合的新型市场经济，中国经济改革获得成功的关键就是在社会主义基本制度特别是公有制经济与市场经济之间创造出了一种可以相互兼容和相互促进的新型关系。在这种新型关系中，社会主义基本制度具有了新的含义，焕发出新的活力；市场经济也具有了新的特点，体现了社会主义基本制度的要求。从中国的实践看，社会主义基本制度与市场经济相结合的途径和方式主要有以下几方面。建立与市场经济相适应的公有制的新形式和新体制，促进多种所有制经济共同发展；坚持公有制的主体地位，发挥国有经济的主导作用，深化国有企业改革；建立以按劳分配为主体、多种分配方式并存以及效率与公平相结合的收入分配制度；形成统一、开放、竞争有序的现代市场体系；建立健全计划引导

下以市场为基础的宏观调控体系；建立健全完善的社会保障体系；建立与市场经济相适应的完善的法制体系；建立与市场经济相适应的新型社会管理体制；形成内外联动、互利共赢、安全高效的开放型经济体系；不断提高党和政府驾驭社会主义市场经济的能力。可以说，把社会主义基本制度与市场经济有机地结合起来，是中国经济改革的目标所在、实质所在、特色所在、经验所在。从经济运行的特点来看，中国改革开放以来形成的市场经济体制是一种以市场调节为基础、国家调节为主导、经济发展为目标、制度转型为背景的社会主义大国的市场经济体制，是一种计划调节与市场调节、中央集权同地方分权、直接调节与间接调节、供给管理与需求管理、短期目标与长期目标、总量平衡与结构优化有机统一的国家主导型的市场经济模式。这种市场经济体制与发达资本主义国家的市场经济体制存在着重要的差别，也不同于其他发展中国家和转轨国家的市场经济体制。中国的经验再次告诉我们，强有力的国家干预是发展中国家实现现代化不可或缺的关键因素，更是社会主义制度的本质特征，所谓“大市场、小政府”和国家管得“越少越好”的自由主义观点是完全不靠谱的。

（三）以新型工业化和体制创新为动力的科学发展道路

发展是硬道理，发展是中国共产党执政兴国的第一要务。中国模式最引人瞩目的特点是它持续三十多年近10%的高速经济增长奇迹。那么，中国经济增长的奇迹是如何取得的呢？国内外的学者们对此作了多方面的解释，如广阔的市场需求、稳定的政治环境、高的储蓄率和投资率、低成本的人力资源、有效的政府干预、经济的市场化、对外贸易和利用外资、技术的进步、二元结构的转换等。从根本上来说，中国经济的持续快速增长是以新型工业化和体制创新的不断深化为动力的。工业化与信息化的相互促进以及经济和社会体制的全面创新，一方面激发了资本、劳动力等资源投入的不断增加和需求的不断扩大，另一方面，推动了资源配置效率的不断提高和经济创新的持续深入。这是一种由结构性变迁、技术进步和体制创新共同推动的结构性或变革性的经济增长。新型工业化和体制创新作为推动这种增长的基本因素，在相当长的时期内是不会改变的，这就使中国经济的增长具有持续稳定的动力。这就是中国经济奇迹的所谓奥秘所在。中国经济模式的最重要成果和最宝贵经验就在于，它从中国的实际出发，探索并形成了符合中国特色的发展理论、发展战略和发展道路，最重要的是科学发展观，还有“三步走”和全面建设小康社会的战略，以及中国特色新型工业化道路、中国特色农业现代化道路、中国特色自主创新道路、中国特色城镇化道路、中国特色的区域发展道路等体现科学发展要求的经济发展道路。这些成果反映了中国特色社会主义对发展的客观要求，为中国的经济发展开辟了更加广阔而光明的前景。

（四）独立自主的对外开放战略

改革开放以来，中国确立了对外开放的基本国策，并通过主动、渐进和可控的方式，从建立经济特区到开放沿海、沿江、沿边、内陆地区再到加入世界贸易组织，从大规模“引进来”到大踏步“走出去”的路径，实现了从封闭、半封闭到全方位开放的历史转折。中国对外开放的模式有以下主要特点。一是统筹国内国际两个大局，坚持互利共赢的开放战略；“引进来”与“走出去”相结合；充分利用国际国内两个市场，优化资源配置，拓宽发展空间；以开放促改革、促发展。二是明确经济全球化具有二重性，有两种发展趋势。一方面，它促进世界资源的合理配置，促进各国生产力的发展，从而造福各国人民；另一方面，它是资本主义经济关系的全球扩张，进一步加剧世界资源配置和经济发展的不平衡，继续扩大南北发展差距，加剧贫富分化和环境恶化。我们选择并推进前一种趋势，警惕并控制后一种趋势。三是把积极参与经济全球化同独立自主结合起来。在坚持对外开放的同时，把立足点放在依靠自身力量的基础上，把引进与开放创新、利用外资与自己积累结合起来，注意维护国家的主权和经济安全，注意防范和化解国际风险的冲击，始终保持国家对关键行业和领域的控制力。我们不断提高自主创新的能力，努力建设创新型国家，形成经济全球化条件下参与国际经济合作和竞争的新优势。

（五）以社会主义市场经济为目标的渐进式转型

20 世纪 80 年代末 90 年代初，从传统计划经济向市场经济的过渡形成了两条不同的道路，即苏联东欧的激进式改革和中国的渐进式改革。中国经济改革的成功不仅在于它向世人昭示，社会主义与市场经济是可以结合的，而且还在于它在实践中探索出了一条有中国特色的渐进式改革道路或改革方式，这种改革方式的主要特点是：

——自上而下与自下而上相结合，在坚持统一领导的前提下，充分发挥基层单位在制度创新中的积极性和创造性。

——双轨过渡，增量先行，在保留计划协调的前提下，通过在新增资源中逐步扩大市场调节的比重，稳步向市场经济过渡。

——整体协调，重点突破，在坚持全国一盘棋的前提下，分部门、分企业、分地区地各个突破，由点到面，实现经济体制的整体转换。

——兼顾改革、发展与稳定，把改革的力度、发展的速度和社会可承受的程度统一起来，在社会稳定中推进改革和发展，通过改革和发展促进社会的稳定。

——分步推进，循序渐进，先试验后推广，根据实践的需要和认识的发展不断调整和完善改革的具体目标和具体思路。

目标决定方法，方法内生于目标，不能脱离改革的性质和目标，抽象讨论改革的方式问题。

中国的经济改革之所以采取渐进的方式，从根本上来说，是由社会主义市场经济这一改革目标的特殊性质决定的。

首先，社会主义市场经济是与社会主义基本制度相结合的市场经济，改革的目标并不是要根本否定社会主义基本制度，而是要通过制度创新克服传统计划经济体制的弊端，赋予社会主义基本制度新的活力。中国经济改革的这种根本性质，决定了其方式和过程必然具有温和渐进的特点。新旧体制之间不是泾渭分明、截然对立的，而是具有明显的连续性和继承性，它们之间的转换要经历许多具体阶段，经过许多中间环节，采取许多中间形式。

其次，中国目前处在社会主义初级阶段，市场发育和市场机制的作用不仅受社会制度的制约，而且受经济发展阶段的制约，在相当长的时期内面临着分工粗疏、结构简单、信息不畅、基础设施薄弱、城乡差距大等因素的制约，中国的市场化与工业化、体制模式的转型与发展模式的转型是结合在一起的。因此，市场经济的形成和发展必然要经历一个比较长的历史过程，中国的改革只能是渐进式改革。

再次，社会主义市场经济是一种新型的市场经济，它的具体含义和实现形式并不是先验的和固定不变的，而是处于不断变化发展的过程中，具有一定的不确定性。实际上，把改革目标确立为社会主义市场经济并不是一开始就明确了的，而是经历了从计划经济、商品经济到社会主义市场经济的长期探索过程。社会主义市场经济体制改革目标的确立，也没有一劳永逸地解决关于改革目标的所有问题，已经形成的社会主义市场经济仍需不断加以完善。

因此，中国渐进式改革与苏联东欧激进式改革的根本区别，不在于市场化的方式和方法，而在于改革的目标和性质。正如科尔内所概括的，渐进与激进的差别不在于转型的方式和速度，也不在于它们是温和的还是激烈的，而在于究竟是改革还是他所谓的“革命”①。中国经济改革的目标是

① 科尔内所谓的“革命”，系指对公有制经济的全盘私有化。Jánоs Kornai , Highway and Byways : Studies on Reform and Postcommunist Transition , Cambridge , M A: The MIT Press , 1995.

完善社会主义制度，而苏联东欧激进式改革的目标则是否定社会主义制度，这才是中国渐进式改革与苏联东欧激进式改革的根本区别。

中国经济模式上述几个方面的特点是相互联系的有机整体。中国的经济模式，从基本制度的角度看，就是以公有制为主体、多种所有制经济共同发展；这一基本制度体现在经济体制方面，就是社会主义市场经济体制；体现在对外开放方面，就是独立自主的对外开放战略；体现在经济发展方面，就是科学发展的道路。这些相互联系的内容集中到一点，就是建设中国特色社会主义经济。正如在党的十七大报告中胡锦涛总书记指出的，“改革开放以来我们取得一切成绩和进步的根本原因，归结起来就是：开辟了中国特色社会主义道路，形成了中国特色社会主义理论体系。”① 中国特色社会主义是中国经济模式的核心和灵魂，中国经济模式形成和发展的过程，就是中国特色社会主义经济理论与实践形成和发展的过程。

认识中国经济模式的基本特征还需要把握以下几点。第一，中国的经济模式是在建国三十年以来社会主义革命和建设的基础上发展起来的，前三十年的革命和建设为中国经济模式的形成奠定了物质的和制度的历史前提，改革开放三十年的实践则形成了中国经济模式的基本内容和主要框架。第二，中国经济模式的核心是社会主义初级阶段的基本经济制度，主要内容是在社会主义制度的基础上推进市场化、工业化和对外开放，主题则是发展中国特色社会主义。第三，中国经济模式既有相对稳定的一般性特点，同时又是一个处在不断改革与发展过程中的动态概念，在不同的阶段、不同的部门和不同的地区有着不同的表现形式。第四，中国经济模式一方面体现了经济社会发展的普遍规律和时代特征，另一方面体现了中国的民族特色和基本制度，是在共性与个性的统一中创造的新的经济模式。

---

① 十七大以来重要文献选编（上），[M]. 北京：中央文献出版社，2009：8—9.

三、 中国经济模式面临的矛盾与选择

中国的经济模式虽然业已形成并取得了举世瞩目的光辉成就，但是这一模式还不完善，还存在不少尖锐的矛盾和严重问题，如生态环境恶化，失业压力增强，贫富差距扩大，自主创新水平低，社会事业发展滞后，社会保障体系不健全，腐败现象严重等。

针对上述问题，近年来社会上流行着两种相互对立的观点。

一种是新自由主义的观点。这种观点认为，中国的改革之所以成功，是因为实行了所谓的私有化、自由化和国际化，而中国改革存在的问题则在于私有化、自由化和国际化的程度不够，公有制经济和国有经济的比重过大，政府干预和社会调节过多，与国际接轨的程度不高，政治体制改革滞后。由此得出的结论是，要进一步深化市场化改革，继续减少与取消政府干预和社会调节，对国有企业实行彻底的私有化，进一步加快与国际经济接轨的步伐，并逐步引入西方式的所谓“民主化”的宪政体制，为自由市场的作用奠定政治和法律的基础。

另一种观点则对中国市场经济改革的方向提出了质疑。这种观点在西方一些新左派学者中比较流行，代表人物有大卫·哈维、马丁·哈特、沃克尔等人。[①] 持这种观点的学者认为，市场化的改革造成中国国有企业比重下降和私营企业比重上升，收入与财富分配越来越不公平，经济的扩张日益依赖外国投资与出口，资源与环境的危机日益加剧，阶级矛盾日益凸显，社会矛盾不断激化。如果不改变市场经济导向的改革方向以及相应的所有

---

① 参见 D. Harvey，A Brief History of Neoliberalism，Oxford，NY：Oxford University Press，2005：120－121；Martin Hart－Landsberg and Paul Burkett，China and Socialism：Market Reform and Class Struggle，New York：Monthly Review Press，2005；R. Walker and D. Buck，The Chinese Road，Cities in the Transition to Capitalism，New Left Review，2007，46（718）：39－66.

制和阶级结构，这些问题是不可能克服的。

西方新左派与新自由主义的观点看似对立，实则相通，它们都否定了社会主义与市场经济结合的可能性与合理性，也就从根本上否定了中国经济模式的价值与意义。不同的是，新自由主义否定的是社会主义，西方新左派否定的是市场经济。这当然不是什么新见解，而是那种把社会主义与市场经济相对立的右的和“左”的教条观点的再现。

那么，到底应当如何看待中国经济模式中出现的问题呢？从现象的层面看，问题是由多种因素造成的：有市场化不足的问题，如企业制度不完善、市场体系不健全、政府干预过多等；也有泛市场化问题，如公共部门乱收费、公共服务产业化、权钱交易现象的蔓延等；还有法律、法规、政策和管理不完善的问题；更多的则是发展中的问题，如科技水平落后、自主创新能力低、城乡二元结构、就业压力大、社会保障体系不健全等。这些问题虽然也与体制上的缺陷有关，但从根本上说，只能通过科学发展来加以解决。现实的问题错综复杂，不能简单归结为市场化不足或市场化过度。从根本上来说，我们所面临的主要矛盾还是如何实现社会主义与市场经济之间更好的有机结合的问题，这是贯穿于中国经济模式发展的主线，也是决定中国社会主义市场经济前途和命运的关键。关于这一点，中共十四大报告明确指出，“社会主义市场经济是同社会主义基本制度结合在一起的”①。中共中央十五届四中全会进一步指出，“建立和完善社会主义市场经济体制，实现公有制与市场经济的有效结合，最重要的是使国有企业形成适应市场经济要求的管理体制和经营机制”②。中共中央十六届三中全会强调，“坚持社会主义市场经济的改革方向”，“继续探索社会主义制度和市场经济有机结合的途径和方式”③。中共中央十六届四中全会提出，“把握社会

① 十四大以来重要文献选编（上）[M]. 北京：人民出版社，1996：19.

② 十五大以来重要文献选编（中）[M]. 北京：人民出版社，2003：1004.

③ 十六大以来重要文献选编（上）[M]. 北京：中央文献出版社，2006：465，480.

主义市场经济的内在要求和运行特点，自觉遵循客观规律，充分发挥社会主义制度的优越性和市场机制的作用”①。中共十七大报告在总结我国改革开放的历史经验时，把“坚持社会主义基本制度同发展市场经济结合起来”作为重要的经验之一②。在当前新的历史条件下，实现社会主义与市场经济更好的有机结合，是从根本上解决制约我国经济发展诸多矛盾的必由之路。

实现社会主义与市场经济更好的有机结合的关键，是如何在实践中自觉坚持和完善我国的基本经济制度。在这一问题上，目前社会上存在不少模糊甚至混乱的认识。比如，把社会主义经济中的国有经济与资本主义经济中的国有经济混为一谈，认为国有企业的主要职能是提供公共物品，从事私有企业不愿意经营的部门，补充私人企业和市场机制的不足，等等。社会主义基本经济制度是我国经济和政治制度的基石，对于基本经济制度认识上的这种模糊、分歧乃至混乱，必然会影响中国特色社会主义事业的顺利发展。同时，我们也要看到，在社会主义初级阶段基本经济制度这一重要理论提出后的十多年时间里，我国的所有制结构发生了深刻而重要的变化，如何在新的历史条件下进一步坚持和完善我国的基本经济制度还面临着许多新的课题。例如，马克思的公有制理论与当代我国现实生活中的公有制有什么样的关系？公有制经济的优越性体现在哪些方面？社会主义国家的国有经济与资本主义国家的国有经济有什么不同？用什么样的指标来界定公有制的主体地位和国有经济的主导作用？如何确立社会主义国有经济的定位和功能？怎样看待国有经济在市场竞争中的“进”与“退”？能否不分青红皂白地把国有经济的主导地位简单地等同于“垄断”？对于国有企业中存在的不合理的行政垄断，如何放松和解决？对于存在自然垄断的国有企业，国家如何推进资源税改革，有效地征收资源税，将租金用于公共服务？如何遵循社会主义生产关系的规定性搞好国有企业，同时又使其

---

① 十六大以来重要文献选编（中）［M］．北京：中央文献出版社，2006：276.

② 十七大以来重要文献选编（上）［M］．北京：中央文献出版社，2013：8.

促进非公有制经济的发展？外资企业能看作是中国企业吗？这些问题是进一步坚持和完善我国的基本经济制度必须深入研究和解决的。

实现社会主义与市场经济更好的有机结合还要努力完善我国的收入分配制度。改革开放以来，我国居民的收入大幅增长，生活持续得到改善。与此同时，不同社会阶层之间的收入差距也越来越大，成为突出的经济和社会问题。中共十七届五中全会通过的《中共中央关于制定国民经济和社会发展第十二个五年规划的建议》强调，“加大收入分配调节力度，坚定不移走共同富裕道路”①。我们知道，实现共同富裕与基本制度的完善是密切相关的。这是因为分配取决于生产，“所谓的分配关系，是同生产过程的历史地规定的特殊社会形式，以及人们在他们的人类生活的再生产过程中相互所处的关系相适应的，并且是由这些形式和关系产生的”②。从当前的实际情况看，弄清这一问题需要区分两类性质不同的收入差距。一类收入差距发生在普通的劳动者之间，主要是由于不同部门、地区、行业之间劳动者的素质或贡献和生活费用的差别造成的，比如，高科技部门劳动者的收入高于一般的劳动者，城镇居民的生活费用高于农村居民的生活费用。同时，这些也与现实中存在的国有企业对行业的行政垄断、劳动力市场被分割或不完善等不合理因素有一定关系。这类收入差距大致能体现按劳分配的要求，有利于调动生产者的积极性，对于其中不合理的因素则需积极采取措施进行调节。另一类收入差距发生在不同的财产占有者之间，尤其是资本的所有者与劳动者之间，主要是由于人们在财产（包括资本、房地产、各种金融资产和经济资源）占有特别是生产资料占有上的差别造成的。这类收入差距是市场经济发展的必然产物，有利于发挥市场机制的作用，但如果没有有效的限制和调节，必然会导致财产占有和收入分配的两极分化，

---

① 中共中央关于制定国民经济和社会发展第十二个五年规划的建议［M］．［N］．人民日报，2010－10－28（05）．

② 资本论（第3卷）［M］．北京：人民出版社，2004：999—1000．

一极是财富在少数人手中的不断积累和增大，另一极则是大多数人生活的相对贫困。这就是马克思揭示的以私有制为基础的资本主义市场经济中资本积累的一般趋势。

对于我国目前是否存在两极分化，社会上有不同的认识。但是，至少两极分化作为一种趋势和日益临近的威胁已是不争的事实，我们不应当回避，必须高度重视。实现共同富裕固然需要加大收入再分配调节的力度，包括完善社会保障制度、增加公共支出、加大转移支付力度等措施，但初次分配体制和财产关系的公正合理才具有根本的意义。这就必须坚持和真正落实以公有制为主体、多种所有制共同发展的基本经济制度和以按劳分配为主体、多种分配方式并存的基本分配制度，建立和谐的劳动关系，保障劳动者的基本权益，完善工资正常增长机制，提高劳动收入在国民收入分配中的比重，普遍较快地增加城乡居民收入。还要构建能有效拉近贫富差距的税制体系，加大对财产性收益和资源利用的税收调节，依法逐步建立以权利公平、机会公平、规则公平、分配公平为主要内容的社会公平保障体系，更好地体现社会主义制度的优越性。

完善中国的经济模式，还必须在充分发挥市场机制的基础性作用的同时，更加关注科学发展，更加关注社会公平，更加关注民生建设，更加关注自主创新。归根到底，中国的经济模式是社会主义基本制度与市场经济相结合的成果，离开了社会主义基本制度与市场经济的结合这一主线，中国的经济模式就失去了灵魂，迷失了方向。应当清楚地认识到，中国模式不是一种一成不变的东西，而是丰富多彩、生机勃勃、与时俱进的历史创造过程。因此，我们必须从实际出发，不断解决和克服现实经济中存在的各种矛盾和问题，不断丰富和完善中国模式的内涵，赋予其新的活力和创造力，实现社会主义与市场经济的有机结合，使中国特色社会主义道路越走越宽广。

四、 中国经济模式的意义：普遍性与特殊性

中国的经济模式是一种特殊的事例，还是具有普遍的意义呢？在普遍性上，人们的认识不尽一致。持否定态度的人认为，中国的成功主要得益于一系列有利的初始条件，因而，中国的改革经验不具有普遍意义，而是一种特殊环境的产物。持肯定态度的人则认为，中国的改革道路是一条代价低、风险小，又能及时带来收益的成功道路，既然改革中国家的传统经济体制及其弊端都是相同的，改革的道路也应该是相通的。所以，中国改革的经验是普遍的而不是独特的。①

应当说，中国的经济模式首先是中国特殊国情的产物，是与中国特色社会主义道路和中国的基本制度紧密地联系在一起的，此外，特殊的初始条件、特殊的历史文化传统以及特殊的改革路线乃至于领导集团特殊的风格，都是塑造中国经济模式的重要因素。走自己的道路，既是中国革命获得成功的根本经验，也是中国改革与发展获得成功的根本经验。任何照搬照抄别国理论与经验的教条主义做法，都必然会在中国改革与发展丰富多彩和生机蓬勃的实践面前折戟碰壁。同样，对中国来说是成功的模式和经验，并不一定适用于任何时代和任何国家，不同时代和不同国家的市场经济体制既有共性，也有差别，抽象的、适用于任何时代和国家的市场经济是不存在的，只有立足于现实和历史的市场经济环境和市场经济制度，市场经济发展的模式才是有生命力的经济模式。

或许有人会说，市场经济就是市场经济，在全世界都是一样的，没有什么国家与地区之分，更没有姓“社”与姓“资”之分，因此，不可能有什么中国特色的市场经济。事实并非如此。市场经济并不是可以脱离具体的社会结构而存在的某种设施或工具，可以在不同的制度环境和历史条件下随意搬来搬去。相反，不同历史阶段和不同社会结构下的市场经济体制

---

① 林毅夫、蔡昉、李周．中国的奇迹：发展战略与经济改革（增订版）[M]．上海人民出版社，1999.

既有共性，也有差别。古典的市场经济不同于现代的市场经济，英美模式不同于北欧模式，东亚模式又有自己的特点。同样是发展市场经济和实现工业化，中国与其他国家相比面临着如下一些特殊的社会历史条件：具有悠久而深厚的历史文化传统；实行社会主义的经济和政治制度；处于工业化与信息化的双重转型之中；人口众多而资源相对稀缺；在世界资本主义体系中处于相对落后的地位；地域辽阔且区域差异巨大，等等。因此，中国的经济模式既体现了经济现代化和市场经济发展的一般规律，又反映了中国特殊的制度、国情和历史阶段的要求，因而，它既尊重一般规律，又充满了首创精神；既有特殊性，也有普遍意义；既是民族的，也是世界的。

强调中国特色并不意味着中国的经济模式只是一种特例或偶然。共性寓于个性之中，特殊性中包含着普遍性。市场经济的形成与发展有其客观的、普遍的规律，中国的经验和模式中也必然包含着某些普遍的规律和一般的意义。中国经济发展的经验和模式开阔了经济学研究的视野，丰富了对市场经济发展规律的认识，深化了对经济发展和制度变迁规律的认识，这一点已为越来越多的人所认识。所谓“北京共识”，虽然不能说是一种严密的理论和权威的解释，但却反映了人们试图提升中国经验的愿望①。邹至庄的观点也具有代表性。他在《中国的经济转型》一书中提出，除了方法论之外，对中国经济转型的研究提供了六个关于经济学实质性的命题：私有制并不一定产生管理效率，市场刺激手段对于经济迅速发展的关系不充分，政府的形式与经济发展的速度无关，不同的经济体制均可以为市场经济服务，政治上的可行性是经济转型中的一种重要因素，中央计划下的官僚主义经济体制难以清除②。

在人类历史的发展进程中，中华民族从来不是、现在更不应当仅仅是世界文明的模仿者和追随者，而是有所发明、有所创造、有所贡献。中国经济模式向人们提供了这样一种启示，那些看似相互对立的因素如何相互

① 黄平、崔之元．中国与全球化：华盛顿共识还是北京共识［M］．北京：社会科学文献出版社，2005.

② 邹至庄．中国的经济转型［M］．北京：中国人民大学出版社，2005.

补充、融合、渗透、促进和发展，包括公有与私有、效率与公平、国家与市场、自由与和谐、集权与分权、经济与社会、发展与稳定、传统与现代、自主性与全球化、新体制与旧体制，等等。归根结底，中国模式的根本意义在于，要在理论上推倒资本主义现代化的目的论，从区别工业化、现代化、市场化与资本主义化入手，得出现代化和市场化的转型未必要以资本主义的工业化和市场经济为标准的结论，挑战资本主义优越性和普遍性的意识形态，实现社会主义与市场经济的历史性结合①。这种结合就是特色，就是创造。

众所周知，对于国家与市场的关系，经济学家们历来众说纷纭，导致了经济自由主义和国家干预主义此消彼长的持久争论，形成了“自由市场论”“国家调节论”“国家推动发展论”“驾驭市场论”“亲善市场论”“发展型政府论”等多种观点。但是，其中的任何一种观点都难以准确地说明中国的经验和现实。由于面临着比较相似的历史文化传统和发展阶段，中国的经济模式具有比较明显的所谓“发展型政府”的特点②。但是，即使与一般的发展型政府相比，中国的国家与市场的关系也呈现出了许多新的特点。一是国家与市场的关系不是单一的，而是多元的，在不同部门、企业和领域有不同的组合。比如，沿海不同于内地，农村不同于城市，农业不同于工业，国有企业不同于非国有企业等。二是国家与市场的关系不是固定的而是不断变化的，在不同的发展阶段存在过不同的模式，如计划经济为主、市场调节为辅的模式，有计划商品经济的模式，社会主义市场经济体制的模式，社会主义市场经济体制在不同的阶段也有不同的特点。三是国家与市场的关系具有经济、政治、文化和社会以及宏观与微观、生产力与生产关系等多种维度。比如，科学发展、社会和谐、政治动员、计划协调、统筹兼顾、宏观调控、微观管制、制度创新、国有资产管理等，都体

① 林春．“中国模式”议［J］．政治经济学评论，2010（04）．

② 发展型政府的原型是所谓的东亚模式，其主要特点有：政府对经济的干预程度较高，利用制定发展战略、规划和实行扶植性产业政策等方式促进经济发展，政治精英与经济精英在发展问题上达成基本一致，国家与社会的合作等。

现了政府的经济职能。四是中央与地方的关系具有特殊重要的地位，地方政府既是一级行政组织，又担当了类似企业家的角色，从而使国家与市场的关系呈现出与众不同的复杂结构，成为影响中国改革与发展的一个十分重要的因素。五是国家与市场的关系与社会主义经济和政治制度存在着密切的关系，体现了社会主义基本经济和政治制度的要求。中国模式中关于国家与市场关系的这些创新性的做法和思想，对经济理论和实践的发展无疑具有重要的启示。可以相信，随着中国经济模式的发展和影响的扩大，人们对中国经济模式一般意义的探索也会不断加强和深化。

加强和深化对中国经验和中国模式的认识，需要对已有的西方主流经济学信条以至知识体系保持必要的警醒，意识到它们的局限和偏颇。现在尤其需要破除这样一种新的教条主义或蒙昧主义思想。这种思想认为，经济学在全球只有一种即西方的主流经济学，它是“科学”的和“普适”的，无民族和国界的限制，所谓的中国经济学和中国经济模式是不存在的，存在的只是西方经济学和西方经济模式在中国的应用和推广。这种观点是错误的。第一，西方经济学并不只有一种，而是存在众多的理论和流派，而且这些理论和流派的地位与影响也随着历史的发展在不断变化，被许多人尊崇的现代西方新古典经济学其实也只是众多经济学流派中的一支，它绝不是什么普遍和永恒的真理。第二，经济学的发展与人类文明的发展一样，从来都是不同国家、不同时代和不同群体的人们根据他们自身特殊的环境、经验和知识背景提出的，是不同思想理论之间相互交流、碰撞、融合的结果。因此，经济学的发展绝不是某些国家和某些人的专利。第三，中国的发展是在与西方国家的工业化不同的历史条件和国际国内环境下进行的，因而不可能照搬西方的模式和经验。最后，任何一种经济理论都是以一定的现实为基础的，都不可避免地会反映出理论提出者的利益倾向、历史经验、价值理念、文化背景和思维方式。照搬西方的经济理论和发展模式，其危害不仅在于它无助于理解中国的道路和模式，而且会使我们成为新教条主义或新蒙昧主义的奴隶，失去应有的自我发展和自主创新的信心和能力。亨廷顿坦承：“普世文明的概念是西方文明的独特产物。”“20 世纪末，普世文明的概念有助于为西方对其他社会的文化统治和那些社会模仿西方的实践和体制的需要作辩护。普世主义是西方对付非西方社会的意识形态。"[①] 中华民族的伟大复兴，必然伴随着理论的繁荣与兴盛，中国应当对于人类有较大的贡献。我们要从中国的实际出发总结经验、提炼思想、创新理论，发展与中国经济模式相适应的自主性和原创性的经济理论，无愧于我们的时代和民族。

中国的经济模式为发展中国家走向现代化、发展市场经济和参与全球化，开辟出一条新的道路，展现了一种新的可能，同时也为人类的进步和社会主义的复兴带来了光明和希望。1956 年毛泽东在《纪念孙中山》一文中说过："中国应当对于人类有较大的贡献。而这种贡献，在过去一个长时期内，则是太少了。这使我们感到惭愧。"[②] 1987 年邓小平预期："到下一个世纪中叶，我们可以达到中等发达国家的水平。如果达到这一步，第一，是完成了一项非常艰巨的、很不容易的任务；第二，是真正对人类做出了贡献；第三，就更加能够体现社会主义制度的优越性。""这不但是给占世界总人口四分之三的第三世界走出了一条路，更重要的是向人类表明，社会主义是必由之路，社会主义优于资本主义。"[③] 现在，当中国人民以一往无前的进取精神和波澜壮阔的创新实践，在建设富强民主文明和谐的社会主义现代化国家的征程上大步迈进的时候，我们是否可以说，中国模式的成功将会是中华民族对人类文明发展做出的新的较大贡献。

（原载于《中国社会科学》2011 年第 3 期，张宇、张晨、蔡万焕）

① 萨缪尔·亨廷顿. 文明的冲突与世界秩序的重建［M］. 周琪等译，北京：新华出版社，1998：55－56.

② 毛泽东文集（第 7 卷）［M］. 北京：人民出版社，1999：157.

③ 邓小平文选（第 3 卷）［M］. 北京：人民出版社，1993：224－225.

当前关于国有经济的若干争议性问题

最近一个时期，社会上围绕着如何看待所谓“国进民退”现象展开了讨论和争论，涉及国有经济的许多重大理论和政策问题，需要认真对待，深入研究，实事求是地给予回答。

一、 如何认识国有经济的性质

关于我国国有经济的性质，《中华全人民共和国宪法》有明确的表述，第七条指出，“国有经济，即社会主义全民所有制经济，是国民经济中的主导力量”。第六条指出，“中华人民共和国的社会主义经济制度的基础是生产资料的社会主义公有制，即全民所有制和劳动群众集体所有制”。这清楚地说明，我国的国有经济是生产资料公有制的一种形式，是社会主义性质的。

但是，对于这一点学术界历来有不同的看法。有人认为，国有制不等于公有制，更不等于社会主义，因为奴隶社会、封建社会和资本主义社会中都存在国有经济。持这种观点的人还经常引用恩格斯在《反杜林论》中的一段话作为论据，这段话是这样说的：“自从俾斯麦致力于国有化以来，出现了一种冒牌的社会主义，它有时甚至堕落为一种十足的奴才习气，直截了当地把任何一种国有化，甚至是俾斯麦的国有化，都说成社会主义的。显然，如果烟草国营是社会主义的，那么拿破仑和梅特涅也应该算入社会主义创始人之列了。”① 应当承认，国有制的确并不等于公有制，国有制成为公有制是有条件的，这些条件至少包括：第一，人们在生产资料占有上的地位是平等的，每个劳动者包括企业领导人都只能凭借自己的劳动获得相应报酬，没有任何个人可以凭借对生产资料的垄断获得收益。第二，生产资料归社会所有，作为社会的正式代表的国家应当按照社会的意志对国有资产进行有效的监管，使其真正体现全体人民的共同利益。第三，企业内部不存在资本与劳动的对立，企业的劳动者和其他相关利益主体可以有效参与企业的民主管理。因此，在社会主义条件下，必须按照公有制的要求不断改革和完善国有经济的管理体制，这样才能体现社会主义制度的要求，发挥社会主义制度的优越性。然而，有些人并不是这样来看问题的，他们从国有制不等于公有制这一观点出发所要得出的结论是：国有制不如私有制，应当对国有企业实行私有化，甚至荒谬地认为，私有制或民营经济比国有制更具有社会主义的性质。例如，在近期关于“国进民退”的讨论中，本来属于全体人民所有的全民所有制或国有经济被一些人说成是只代表少数人利益的“官僚资本”，而本来属于私人所有的民营经济却被说成是代表老百姓利益的“民有资本”，国有企业与私有企业之间正常的市场竞争则被说成是“与民争利”，并进而被夸大为“国与民”的对立。这种概念上的混淆把实际的经济关系完全给颠倒了。

在公有制企业中，属于全体人民共同所有的生产资料只能通过国家、企业和个人一层一层的委托代理关系来实现，这样就必然会出现所谓的委托代理问题，即代理人损害委托人利益的问题。其中，代表全体人民行使生产资料所有权的政府部门和代表全体人民行使经营权的企业管理人员，最有可能做出以权谋私、损公肥私和化公为私的事情，使公有制在事实上被扭曲和变质，这是公有制经济在其发展中始终面临的一个基本矛盾，社会主义社会的公有制经济就是在解决这一矛盾中不断发展的。实际上，只

---

① 马克思恩格斯选集（第3卷）[M]. 北京：人民出版社，1995：752.

要存在所有权与经营权的分离，就会发生委托代理问题，这一点国有企业和私有企业没有什么不同。然而，出现这种违法和违规的事情绝不能证明，我国的国有企业是“官僚所有制”，世界上从来也不曾有过这种所有制形式。正如我们不能因为经理人员可能有损害股东的违法行为，而将股份所有制称为经理所有制。

有人认为，既然是公有制，那就意味着人人都是所有者，人人都有份，因此，应当把公有企业的股份和公有企业的利润平分到个人手中，这样才能使人们共同享受公有制创造的财富。这种看法实际上是在用私有制的逻辑解释公有制的关系。我们说的公有制是全体人民的共同所有制，在这种所有制关系中，每个社会成员都是所有者，但每个人都不是独立的所有者，他们联系起来才能成为共同的所有者。但是，如果把公有的财产如大型国有企业、农村集体的土地分到个人手中，从表面上看好像是实现了社会的公平，但实际上却把公有制转变成了私有制，而且是个人私有制，这种个人私有制在现实中会通过激烈的市场竞争迅速集中到少数掌握巨额财富的大资本的手中，所谓的“人民资本主义”最后无一例外地转变成了垄断资本主义。俄罗斯的私有化实践就是一个很好的例子。

因此，问题不在于国有制是否等于公有制，而在于是改革和完善国有经济还是对国有经济实行私有化，这才是问题的要害。

二、 如何认识国有经济的地位和作用

在中国，国有经济的地位和作用是与社会主义初级阶段的基本经济制度紧密联系在一起的。众所周知，以公有制为主体、多种所有制经济共同发展，是我国社会主义初级阶段的一项基本经济制度，而公有制经济的主体地位则主要体现在两个方面：一是公有资产在社会总资产中占优势，二是国有经济控制国民经济命脉、对经济发展起主导作用这两个方面。前面

引用的宪法条文明确指出，生产资料社会主义公有制是社会主义制度的经济基础，国有经济是国民经济中的主导力量。十五大以后党中央的有关文献也对国有经济的地位和作用多次作过说明。中共十五届四中全会通过的《中共中央关于国有企业改革和发展若干重大问题的决定》指出：“包括国有经济在内的公有制经济，是我国社会主义制度的经济基础，是国家引导、推动、调控经济和社会发展的基本力量，是实现广大人民群众根本利益和共同富裕的重要保证。”十六大报告指出：“发展壮大国有经济，国有经济控制国民经济命脉，对于发挥社会主义制度的优越性，增强我国的经济实力、国防实力和民族凝聚力，具有关键性作用。”十七大报告指出：“毫不动摇地巩固和发展公有制经济”，“增强国有经济活力、控制力、影响力。”

有人认为，在市场经济中，国有企业的主要责任是提供公共物品，生产非盈利产品，而不应当追求利润。这种观点既混淆了国有企业与公共财政，又混淆了社会主义国家的国有企业与资本主义国家的国有企业。

与私有企业相比，国有企业的目标一般是多元化的，需要满足社会的公共利益，因此，利润并不是国有企业的唯一目标。第二次世界大战后，发达资本主义国家曾经出现过多次国有化浪潮，建立了一大批国有企业，涉及石油、煤炭、电力、钢铁、铁路、公路、港口、民航、宇航、汽车、飞机、银行、保险和公共服务等多个部门。建立这些国有企业的主要目的，主要不是为了追求利润的最大化，而是为了克服私有制的缺陷，完成当时条件下私有企业不愿意或者不能有效完成的社会目标，保障资本主义国家的再生产的条件，推动资本主义经济的发展。但是，这并不意味着这些国有企业不能盈利。因为，投资于国有企业的资本毕竟不同于一般的财政支出，它需要在经营过程中不断保值和增值，在社会再生产体系中不断循环周转，这样才能在市场经济中得到生存发展，才能有效地完成其承担的社会职能，实现社会的目标。从这个意义上说，追求利润与实现社会目标是并行不悖的。

社会主义国家的国有经济与资本主义国家的国有经济有相同之处，也有不同之处。相同之处在于它们都反映了社会化大生产和现代市场经济发展的要求，不同之处在于它们的发展阶段和基本制度存在差别。在社会主义市场经济中，国有经济的主导作用是由公有制的主体地位赋予的，体现了社会主义基本经济制度的根本要求和社会主义初级阶段的基本国情。因此，国有经济的作用不像资本主义经济中那样，主要存在于私有企业不愿意或不能有效经营的领域，而是为了促进国民经济稳定协调和有计划的发展，巩固和完善社会主义制度，实现广大人民群众根本利益。发挥国有经济的主导作用，有利于国家对经济发展进行有计划的集中的调控，发挥社会主义制度可以集中力量办大事的优势；有利于消灭剥削，消除两极分化，实现共同富裕；有利于完善基础设施，促进民生建设，保障公平正义；有利于维护国家的经济安全，推进自主创新，实现自主发展；有利于建立和谐的劳动关系，保持政治的稳定，建设民主政治。

因此，包括国有经济在内的公有制经济，是我国社会主义制度的经济基础，否定公有制的主体地位和国有经济的主导作用，必然会加剧劳动与资本的对立、财富分配的两极分化，催生私人资本特别是大资本的形成，导致金融寡头的出现，破坏社会的稳定，导致社会的混乱，动摇中国特色社会主义事业的根基，最终将严重阻碍生产力的健康发展。在这一点上，不应当有丝毫的含糊。

三、 如何认识国有经济存在的问题及改革方向

迄今为止，我国国有经济的改革经历了两个大的阶段：从改革开始到中共十五大是第一阶段，这一阶段国有经济改革的主要目标是所有权与经营权适当分离，使国有企业成为自主经营、自负盈亏的商品生产者，建立现代企业制度。十五大后，国有企业改革进入了一个新阶段，这一阶段的

主要特点是确立了社会主义初级阶段的基本经济制度，着眼于从整体上搞好整个国有经济，把国有企业的战略调整与制度创新结合起来，主要包括两个方面的内容：一是通过制度创新，使股份制成为了公有制的主要实现形式，建立起了适应市场经济要求的新型国有资产管理制度和企业经营管理体制。二是通过调整国有经济的布局，把国有经济的重点放到一些重要行业、关键领域和重点企业。这两方面的改革都取得了重大的进展，国有经济的效益明显改善，主导作用得到了发挥。十七报告指出："深化国有企业公司制股份制改革，健全现代企业制度，优化国有经济布局和结构，增强国有经济活力、控制力、影响力。深化垄断行业改革，引入竞争机制，加强政府监管和社会监督。加快建设国有资本经营预算制度。完善各类国有资产管理体制和制度。"上述论述，阐明了现阶段深化我国国有经济改革的基本方向和主要内容。

当前国有经济中确实存在不少问题值得深入研究、认真解决，如以公有制为主体和国有经济为主导的具体含义是什么，用什么指标加以界定；如何规范和确定国有经济的定位和功能，怎样看待国有经济的"进"与"退"；如何深化垄断部门国有经济的改革、完善垄断部门国有企业的收入分配制度；如何进一步完善国有资产管理体制，完善企业的治理结构等。同时，国有经济管理中还存在一些薄弱环节和不足之处需要解决，主要有：一是国有企业的覆盖面仍然过大，国有经济的分布仍然过散，不利于发挥整体优势。二是国有经济管理中还存在权力缺乏约束、管理者以权谋私、垄断企业收入过高、重大决策不够规范等问题，引起了群众的不满。三是目前国有经济存在于不同的产业、地区和不同的企业，分属不同的机构管理，国资委管理的只是国有资产中的一部分。因此，关于国有经济管理的许多政策是不统一、不规范的。上述问题的存在，需要在坚持社会主义基本经济制度的前提下，通过不断深化国有经济的改革加以解决，重点要做好以下工作：一是继续优化国有经济的布局，推动国有资本向关系国家安全、国民经济命脉和新兴产业等重要行业和关键领域，以及具有较强国际竞争力的大公司大企业集团集中，进一步做大做强国有经济。二是完善各类国有资产管理体制和制度，探索建立包括农业、工业、金融和文化等不同领域、垄断和竞争等不同类型以及中央和地方等不同层次在内的国有资产的统一监管和统筹协调的体制和机制，建立完善社会民主监督和管理国有资产的机制，特别是各级人民代表大会对国有资产进行监督管理的机制。三是规范公司的治理结构，特别是要建立完善劳动者民主参与企业管理的机制，切实保障劳动者民主管理的权利。四是形成公平与效率相结合的收入分配体制，兼顾各方面的利益，特别是要加强对垄断行业和金融部门等领域收入分配的监管，完善国有企业利润上交和资本分红制度，使国有企业的经营更好地体现全体人民的利益和要求。

上述改革的目的，是进一步完善国有经济的结构和体制，促进国有经济又好又快发展，而绝不是对国有企业实行私有化。那种把国有企业改革的目标曲解为私有化，并进而把国有经济的做强做大视为改革的倒退的观点是错误的，与我国国有经济改革和发展的方向是背道而驰的，也不符合广大人民群众的愿望和要求。

遗憾的是，当前一些人对国有经济的批评恰恰不是以搞好国有经济为目标的，而是以私有化为目标的。他们执拗地认为，国有企业是计划经济的残留物，只有彻底实行私有化才能建立“真正的市场经济”。然而，仔细推敲一下就不难发现，这些人提出的许多观点都是自相矛盾的。比如：国有企业搞不好，就会说国有经济注定低效率，国有企业搞好了，就会说国有企业依靠垄断；国有企业不市场化，就会说国有企业与市场经济不能兼容，国有企业参与竞争了，就会说国有企业“民”争利；国有企业管理人员工资低了，就会说缺乏激励，工资高了，就会说侵占公共利益；私有企业兼并了国有企业，就会说是改革的成就，国有企业兼并了民营企业，就会说旧体制复归；国有企业不扩张，就会说国有企业没有动力，国有企业扩张了，就会说挤压了民营经济成长的空间。总之，只要私有的都是好的，只要国有的都是坏的，只能“民进国退”，不能“国进民退”。这些批评显然没有实事求是，因而难免自相矛盾。

四、 如何认识国有经济的战略调整

对国有经济进行战略性调整，是国有经济改革的一项重要内容，其主要原则之一，就是要把产业结构的优化升级和所有制结构的调整完善结合起来，坚持有进有退，有所为有所不为。关于国有经济进行战略性调整的思路，中共十五届四中全会曾经作过具体的说明：国有经济需要控制的行业和领域主要包括：涉及国家安全的行业，自然垄断的行业，提供重要公共产品和服务的行业，以及支柱产业和高新技术产业中的重要骨干企业。其他行业和领域，可以通过资产重组和结构调整，集中力量，加强重点，提高国有经济的整体素质。2006 年 12 月国务院办公厅转发的国资委《关于推进国有资本调整和国有企业重组的指导意见》，进一步明确了国有经济发挥控制力、影响力和带动力的具体行业和领域，提出国有经济应对关系国家安全和国民经济命脉的重要行业和关键领域保持绝对控制力，包括军工、电网电力、石油石化、电信、煤炭、民航、航运等七大行业。这一领域国有资本总量增加、结构优化，一些重要骨干企业发展成为世界一流企业。同时，国有经济对基础性和支柱产业领域的重要骨干企业保持较强控制力，包括装备制造、汽车、电子信息、建筑、钢铁、有色金属、化工、勘察设计、科技等行业。上述思路的实质可以概括为：在关键部门要保持较强的控制力；在一般部门要加强重点。然而，国有经济战略调整的上述思路却往往被误读为国有经济只能退不能进，只能存在于非竞争性领域，而不能参与竞争，这样的理解显然是不全面不正确的。事实上，我国国有经济的战略调整并不是以垄断或竞争为依据的，而是以发挥国有经济的控制力的需要为依据的。

需要强调的是，我们建立和发展社会主义市场经济以及推动国有企业改革的根本目的，就是要把公有制与市场经济结合起来，使公有制企业特别是国有企业适应市场竞争的要求，在市场竞争中得到发展壮大。如果说国有企业只能存在于非竞争领域，如果国有企业都要退出竞争领域，这就等于说，国有经济根本不应当存在，发挥国有经济的控制力、影响力和带动力就失去了客观基础，建立和完善社会主义市场经济就成了一句空话，深化国有经济的改革就失去了方向。试问，如果一些国有企业在市场竞争中得到了发展壮大，表现出了自己的效率和优势，我们为什么要用行政命令的手段强迫其退出所谓的竞争领域呢？我们又如何能够形成十七大报告提出的“形成各种所有制经济平等竞争、相互促进新格局”这样一个目标呢？更何况，在现实经济中，国有企业有垄断性的，也有竞争性的，更多的是垄断性与竞争性并存，完全竞争和完全垄断都只是一种理论上的抽象，它们之间并不存在某种固定不变的界限，竞争发展到一定阶段必然会产生垄断，而垄断的出现并不能消除竞争，反而会加强竞争。因此，竞争与垄断相互转化相互渗透。

其实，垄断作为一种市场结构状态，与所有制形式并没有直接的关系，在市场经济中，某些行业中的某些企业由于在技术上的优势、对稀缺资源的占有、规模经济和政府特许等方面具有特殊的地位，从而在生产、交换和价格的形成上具有了一定程度的控制力，就会形成垄断地位。这种情况无论是在公有企业还是私有企业中都会存在。在当今世界，私有企业的垄断要比国有企业的垄断多得多。自从资本主义由自由竞争阶段进入垄断阶段后，垄断就日益成为资本主义经济的常态，并随着资本主义经济的发展而不断加强。

事实上，当前我国市场结构所面临的主要问题不是垄断，而是企业规模相对较小，产业组织结构分散，国际竞争力低下，不能适应激烈的国际竞争的需要。因此，一些关键性行业集中度的提高和国有企业的做强做大，是面对全球竞争的挑战和维护国家经济安全的必要选择。在事关国家安全和国家经济命脉的战略性部门以及自然垄断行业，问题的关键不在于有没有垄断，而在于谁来垄断。一般来说，在这些特殊的部门和行业，由公有制企业经营要比私有制企业能更好地体现社会的利益和国家的战略。

五、 如何认识国有经济与民营经济的关系

党的十七大报告指出："坚持和完善公有制为主体、多种所有制经济共同发展的基本经济制度，毫不动摇地巩固和发展公有制经济，毫不动摇地鼓励、支持、引导非公有制经济发展，坚持平等保护物权，形成各种所有制经济平等竞争、相互促进新格局。"以上论述准确阐明了社会主义市场经济中公有制经济与非公有制经济之间的相互关系。应当强调，公有制与非公有制、国有经济与民营经济并不是完全对立的，而是可以相互促进共同发展的，如：国有企业多数是大企业，在国民经济中具有骨干和支柱作用，可以带动民营经济的发展；当前我国的国有企业除少数由国家独资经营外，绝大多数实现了投资主体多元化，进行了股份制改造，成为了以公有制为主的混合所有制经济，与民营经济你中有我，我中有你；国有经济在宏观稳定、技术创新、维护安全等方面的作用为民营经济发展创造了有利的宏观条件等。另一方面，民营经济的发展对于推动国有经济的改革与发展也有积极作用，它为国有企业的改革与发展提供了有效的竞争环境、广阔的市场需求和全面的分工协作。在国有经济与民营经济的关系上有一个情况值得关注，即在全球化的大背景下，跨国企业与本地企业的竞争更趋激烈，而当前我国的民营经济整体素质还不高，难与发达国家跨国公司匹敌，因此，在国有经济大量退出的许多产业和领域，往往被具有诸多优势的跨国公司所占据，一些民营企业面对跨国公司强大的力量和各种利益诱惑，逐

步成为跨国资本的并购对象或附庸。因此，一味地鼓吹“国有企业退出”的结果很可能不是民营企业的进入和发展，而是跨国垄断资本的占领。这就要求我们处理好国有、民营与外资企业的关系，在全球化的条件下实现多种所有制的共同发展。

2008 年以来，社会上有不少人和一些媒体将国有企业的发展壮大，特别是一些兼并、收购和重组的事件说成是“国进民退”，并且认为“国进民退”现象已经成为了一种危险的趋势。对于这种判断，许多人提出了质疑。不少资料和统计都证明，改革开放以来，虽然国有经济的总量不断扩大，但国有经济的比重一直趋于下降。即使在近几年中，国有经济比重下降的趋势依然存在。因此，从我国所有制结构变化总的情况来看，所谓的“国进民退”并不存在，相反存在的是“民进国退”的趋势。最近一个时期国有企业在一些领域的扩张，一是与应对危机中国有经济的特殊作用有关，二是与大企业在危机中的特殊优势有关，三是与国有经济的竞争力提高有关。从微观层面看，在特定时期和个别领域，国有经济或民营经济的进与退都是市场竞争的正常现象。但是从基本制度层面和发展趋势上看，如果公有制经济的比重不断下降，最终势必会影响公有制的主体地位和国有经济的主导作用，瓦解社会主义基本经济制度，应当说，这才是我们所面临的真正危险。

改革开放以来，我国民营经济获得了巨大发展，也面临不少问题，这些问题有外部因素也有内部因素。从外部因素看，存在着市场准入方面限制，融资渠道窄，实际税费负担较重，企业合法权益不时遭受侵犯等问题。一些地方政府，在不少涉及国计民生的重要行业，甚至宁愿让外资企业进入，也不愿让国内民营企业进入，民营经济与外资企业处于严重的不平等竞争的环境之中。针对这些问题，需要采取切实有效政策措施进一步积极鼓励、支持、引导非公有制经济发展。同时也要看到，民营经济的发展还受到了内部因素的限制。我国的民营企业大多起点低，底子差，规模小，经营模式粗犷，技术创新能力不足，社会责任意识薄弱，“家族式”“家长制”治理方式弊端严重，甚至违法违规经营也时有发生。这些内部因素也制约着非公有制企业的发展壮大。因此，需要在改善外部环境和加强自身素质两个方面共同努力，推动民营经济的繁荣与发展，特别是要推动民营经济管理制度和发展方式的创新与升级。

因此，深化改革、推动发展必须进一步处理好坚持公有制主体地位（包括进一步深化国企改革）与促进非公有制经济发展的关系，把两者统一于社会主义现代化进程中，不能把二者对立起来。两个毫不动摇是统一的不可分割的，忽视了公有制的主体地位，就会落入私有化的陷阱；忽视了非公有制经济的发展，就会重蹈单一公有制的错误。忽视二者的统一性，则会破坏多种所有制相互促进共同发展的和谐局面。只有不断坚持和完善以公有制为主体、多种所有制经济共同发展的基本经济制度，才能使中国特色社会主义的道路越走越宽。

（原载于《经济学动态》2010 年第 6 期）

市场有效，党政有为，根基牢固

党的十八届三中全会根据我国改革发展新形势和新要求，提出了使市场在资源配置中起决定性作用和更好发挥政府作用的重大理论观点，在完善社会主义市场经济体制上迈出新的步伐。如何正确理解三中全会的这一重要思想，在深化经济体制改革的过程中处理好政府和市场关系，是当前经济理论面临的一个重大课题，需要我们以马克思主义理论为指导进行深入研究，取得理论上的突破。

一、从社会主义市场经济的本质特征出发，正确认识、处理政府和市场的关系

处理政府和市场的关系有没有一个普遍适用的最优模式呢？回答是否定的。因为，无论是政府还是市场，都是社会历史的范畴，随着社会生产力、生产关系和上层建筑的发展而变化，处于动态变化的过程之中。比如，社会主义国家不同于资本主义国家，发展中国家不同于发达国家，大国不同于小国。即使同样是发达的资本主义市场经济，也存在着美国的自由市场经济、日本的法人垄断市场经济、德国的社会市场经济和瑞典的福利市场经济等不同的模式。

正确认识社会主义市场经济中政府和市场的关系，必须从中国的实际出发，把握三个主要的维度：

一是市场经济的一般规律，核心是价值规律的作用，通过市场机制的供求、竞争和价格的波动，调节生产，配置资源。不过，即使在发达的市场经济中，政府的作用也是不可缺少的。一方面，市场机制的作用是有条件的，包括法律体系、竞争规则、宏观环境、社会保障等，这些条件的形成和完善离不开政府的作用。另一方面，市场经济存在局部失灵问题以及盲目性、自发性和滞后性的弊端，弥补市场失灵和克服市场缺陷也离不开政府的作用。

二是国情和发展阶段。现实的市场不是抽象的，而是具体的，总是存在于一定的时间和空间之中，受技术、经济、法律、政治和历史文化等各种因素的影响。我国是一个发展中的大国，幅员辽阔，人口众多，文化传统浓厚而独特，生产力发展落后，区域发展不平衡，二元结构长期存在，经济体制处于从计划经济向市场经济转型的历史过程之中。在这种特殊社会历史条件下形成的现阶段中国的市场经济是极为罕见的，无论是政府还是市场，它们的规模、结构、运行方式和体制机制，都具有自己鲜明的特点，照搬照抄别国的理论和经验，是行不通的。

三是我国的基本经济制度。基本经济制度即生产资料所有制的性质和结构，是一个社会经济制度的核心与基础，也是决定一定社会政府和市场关系的主要因素。市场经济作为资源配置的一种方式，在不同的社会制度下具有不同的性质和特点。我国实行的是社会主义市场经济，公有制为主体、多种所有制经济共同发展的社会主义初级阶段的基本经济制度是社会主义市场经济的根基，在这样的根基上建立社会主义市场经济以及与此相适应的政府和市场的关系，与以私有制为基础的资本主义市场经济是不可能完全相同的。

这最后一个方面的维度，是当前特别需要强调和重视的。社会主义市场经济是社会主义制度与市场经济体制的有机结合，如果离开了社会主义基本制度特别是社会主义基本经济制度，社会主义市场经济的根基就会被瓦解，深化改革就失去了正确的方向。因此，坚持社会主义市场经济的改革方向，一方面要求处理好政府和市场的关系，使市场在资源配置中起决定性作用和更好发挥政府作用，提高资源配置的效率；另一方面则要求坚持和完善社会主义基本经济制度，发挥社会主义制度的优越性，最大限度地满足整个人民群众日益增长的物质文化需要，实现人的全面发展和社会的共同富裕，坚持以促进社会公平正义、增进人民福祉为改革的出发点和落脚点。在这两方面的关系上，前者是实现途径，后者是制度基础；前者是手段，后者是目的。

基础不牢，地动山摇。正确认识、处理政府和市场的关系的前提，是不断坚持和完善我国的基本经济制度，实现社会主义制度与市场经济的更好结合，这是我们必须牢牢把握的。

二、澄清若干片面认识，全面认识社会主义市场经济中政府的作用

正确处理政府和市场关系的关键，是要科学界定政府的经济职能，该管的管好，该放的放开。那么，政府该管什么，该放什么呢？在这个问题上，目前有一些流行的观点是片面的不正确的，需要加以澄清。

一种流行的观点认为，在市场经济中，政府是裁判员，而不是运动员，所以，除了制定市场规则和维护市场秩序外，不应当承担更多的职能。这种观点似是而非，很有迷惑性。确实，如果只是从市场交易和市场竞争的角度看问题，政府无疑是裁判员而不能是运动员。然而，除了交易和竞争之外，一个社会就没有别的经济问题了吗？如果我们从另外一些角度如经济发展、国际竞争和完善社会主义制度的角度考虑问题，就会发现，政府绝不仅仅是裁判员，而是重要组织者、发动者和参与者，是主导性的力量。

另一种流行的观点认为，政府的作用主要是弥补市场失灵，即在存在

着垄断、外部性、公用品和信息不对称等市场机制失效的情况下，对市场进行行政调节或管制。但是，这只是微观经济学的观点。实际上，市场经济主要的缺陷并不在微观方面，而在宏观方面，这就是马克思主义经济学讲的资本主义基本矛盾即生产社会化与生产资料资本主义私人占有之间的矛盾，并具体表现为资本与劳动的对立、贫富两极分化、失业和经济危机以及经济运行的无组织性。这一点，凯恩斯主义和当代资本主义国家的政府干预理论也是承认的。

还有一种流行的观点认为，政府的作用主要是宏观调节，即制定和实施宏观经济政策，保持宏观经济的稳定。这种看法也是不全面的。宏观调节只是政府经济职能的一个部分，并不能囊括政府的其他重要经济职能，如微观规制、市场监管、公共服务等。同时，社会主义经济中政府特有的一些经济职能，如计划协调、统筹兼顾、国有资产管理等，以及与中国特殊国情和发展阶段相联系的经济职能，如经济发展、结构调整和制度创新等，也没有在宏观调节这一概念中得到体现。

关于社会主义市场经济中政府的作用，三中全会的《决定》有明确概括。《决定》指出："政府的职责和作用主要是保持宏观经济稳定，加强和优化公共服务，保障公平竞争，加强市场监管，维护市场秩序，推动可持续发展，促进共同富裕，弥补市场失灵。"具体讲，现阶段我国的社会主义市场经济中，政府的经济作用至少有以下几个方面：

计划统筹。政府从社会的全局和长远利益出发，统筹兼顾各方面的关系，在全社会范围内对经济运行进行自觉的有计划的调节，代替自发的市场调节。

宏观调节。政府对宏观经济运行中社会供求的矛盾运动进行调控，以实现社会供求在总量上和结构上保持基本平衡，为市场经济的运行创造稳定的宏观环境。

市场监管。政府依法对市场主体及其行为进行监督和管理，维护公平竞争的秩序，为经济运行提供正常的市场环境。

制度创新。政府通过自觉推进经济体制改革，培育市场体系和市场主体，建立和完善社会主义市场经济体制。

公共服务。政府通过提供非盈利性的公共产品和服务，满足社会的基本需求，弥补市场失灵。

保障民生。政府以提高人民物质文化生活水平为目标，努力使全体人民学有所教、劳有所得、病有所医、老有所养、住有所居。

国有资产管理。政府作为国有经济的所有者，代表全体人民对国有资产进行有效监管，保证国有资产的保值和增值，促进公有制与市场机制的有机结合。

收入分配调节。政府对收入分配进行调节，实现共同富裕和效率与公平的统一。

推进可持续发展。政府通过健全国土空间开发、资源节约利用、生态环境保护的体制机制，推动形成人与自然和谐发展的现代化建设新格局。

政府的这些作用既反映了市场经济的一般规律，又体现了社会主义制度的特殊要求。可以看出，社会主义市场经济中政府和市场关系的内涵是非常丰富的。充分履行好政府的这些职能，对于巩固和完善社会主义制度、实现全体人民的根本利益具有关键性的作用，也是保障社会主义市场经济健康发展和有效运行的重要条件。

三、 政府和市场不是对立的， 而是相辅相成的

在认识和处理政府和市场的关系问题上，目前人们更多强调的是二者之间的对立和冲突，认为市场是有效的，政府是无效的。因此，发挥市场机制的作用就必须弱化甚至取消政府的作用，政府管得越少越好，主张大市场、小政府、私有化。这种观点只看到了政府和市场相互对立的一面，

而没有看到政府和市场之间相辅相成的一面。

政府和市场的关系本质上是社会和个人、公共利益和私人利益的关系。市场是商品交换关系的总和，体现了相互独立的商品生产者之间的经济关系，如马克思所说：“使用物品成为商品，只是因为它们是彼此独立进行的私人劳动的产品”，交换双方“必须彼此承认对方是私有者。”[①] 而政府或国家则是社会的中心和社会利益的代表，在阶级社会，首先是阶级统治的中心和阶级利益的代表。因此，乍看上去，政府和市场是对立的，它们之间有明确的边界，尊重市场的规律就必须尊重私人生产者和消费者的权益，否则就会破坏市场的规律，压抑市场的活力。正是从这个角度出发，自由主义者提出，自然而然的社会是最好的社会，每个人只要追求自己私人利益，就自然达到了私人利益的总体即普遍利益，政府管得越少越好，政府对经济的干预是不必要的有害的。

然而，这只是一种肤浅的认识。在资本主义市场经济竞争中，追求私人利益不一定会自动达到社会的利益，相反会损害社会的利益，政府不是管得越少越好，而是必须积极有为。了解了市场经济的本质，就会得出这样的结论。

资本主义市场经济是以分工和私有制为基础产生和发展起来的。分工和私有制一方面造成了不同生产者的相互分离，另一方面造成了它们之间全面的相互依赖，这样就产生了市场经济的基本矛盾即私人劳动与社会劳动的矛盾。这一矛盾既为市场经济的发展提供了内在的动力，又内生出了否定市场经济的种种因素：个别企业是有组织的，而整个社会生产却是无政府的，导致生产和消费的脱节和各部门之间的比例失衡；生产具有无限扩大的趋势，而市场需求却由于劳动与资本的对立而相对狭小，导致了生产过剩的经济危机周期性爆发；自由竞争通行弱肉强食的丛林法则，必然导致优胜劣汰、两极分化，加剧社会的冲突和对抗，破坏社会的和谐稳定；

---

① 马克思恩格斯文集（第5卷）［M］. 北京：人民出版社，2009：90，103.

商品关系的普遍发展，使生命和健康、文化和教育、自然和环境、安全和自由等人类的基本需要和基本价值，纳入了商品化的范围，成为了资本的附属物和生产的要素，人们的共同利益受到了威胁；自由竞争必然导致生产的集中和垄断，这种集中和垄断发展到一定程度就会妨碍甚至消除竞争，瓦解市场经济的基础。资本主义市场经济所包含的这些深刻的弊端，是其自身所不能克服的，只有依靠政府和社会的调节。当然，我们也要看到，政府的作用是有限度的，不能包治百病，而且还有自身的弱点。但是，毫无疑问，政府的作用是克服市场经济弊端所不可缺少的最重要的手段。

因此，从微观个体的角度看，政府与市场似乎是对立的，政府管得越少越好。但若从宏观社会的角度看，就会发现，政府与市场并非对立，而是相辅相成的。发展中国家市场经济的落后和不成熟，不仅表现在市场作用比较弱，市场体系不健全，市场秩序混乱，价格信号扭曲等，也表现在政府的作用比较弱，政府无能，法制松弛，腐败盛行等，这样的市场经济必然是缺乏效率的。总的来说，即使是在资本主义市场经济条件下，现代市场经济中政府的作用早已超出“守夜人”的范围，广泛介入经济社会各个领域，政府的强弱已成为决定一个国家国际地位和国际竞争力的决定性因素，“大市场、小政府”的自由主义理想早已成为历史遗迹。

四、在社会主义市场经济中，市场的决定作用主要体现在微观经济领域，从社会发展和宏观经济的层面看，则需要强调党的领导和政府的积极作用

所谓的市场经济，就是通过市场机制即供求、价格和竞争的作用，来调节资源配置的经济体系。从这个意义上讲，市场的决定作用是市场经济的一般规律和本质特征。但是，在不同的社会制度下，市场的决定作用所发生的范围和条件是不完全相同的。

在简单商品经济中，整个社会的经济和社会秩序是以血缘、等级、权力等非市场的原则为主的，市场的决定作用主要体现在小商品经济中。而在资本主义市场经济中，市场的决定作用不仅体现在商品生产和商品交换中，而且体现在资本、劳动力和自然资源等生产要素的配置中；不仅体现在微观层面，即市场对生产者和消费者经济活动的调节，而且体现在宏观层面，即对整个社会各部门和各种经济关系的调节；不仅体现在经济领域，而且体现在社会生活的各个层面。而市场的决定作用，归根结底又是资本的决定作用，资本由此成为了支配社会经济、政治、文化等各个领域的“普照之光”。资本主义经济的特殊规律如剩余价值规律、资本积累规律、利润平均化规律等成为了市场经济的一般规律。资本主义的基本矛盾及其表现形式，如阶级对立、经济危机、贫富分化等随着资本主义的发展而日益加剧。作为资产阶级总代表的资本主义国家不得不出面对经济进行直接和间接的干预，以保证经济的稳定和持续发展，维护资本的整体利益。但是，资本主义国家对经济的干预由于私有制的羁绊而始终面临着这样一个根本性的矛盾，即如果政府干预程度过轻，则难以解决资本主义市场经济所固有的失业、经济危机和贫富分化等严重问题；如果政府干预程度过重，则会损害私有制神圣不可侵犯的原则。事实证明，资本主义国家用来解决危机的种种手段，只能使这些危机以更大的规模重新出现在它的面前，以私有制为基础的资本主义市场经济，不可能实行真正有效的政府干预。正如马克思早就指出的那样：“资产阶级社会的症结正是在于，对生产自始就不存在有意识的社会调节。”① 对社会生产过程的任何有意识的社会监督和调节，都被说成是侵犯资本家的财产权、自由和自决的“独创性”。

与此不同的是，社会主义市场经济是以公有制为基础的，社会主义政府对经济的调节不仅来源于国家外在的行政干预，而且源自于生产关系内在的要求。公有制的生产关系要求必须按照社会共同利益在全社会范围内

① 马克思恩格斯选集（第4卷）[M]. 人民出版社，1995：581.

合理配置资源，克服生产社会化与生产资料资本主义私人占有制的矛盾，社会发展的自觉性和计划性，是社会主义制度的本质特征和根本优越性。

在生产资料公有制经济中，全体社会成员是生产资料的共同主人，社会生产的目的是为了满足他们共同的利益。但是，如果没有一个统一的社会中心即国家作为代表，并通过社会的有计划的调节来保证共同利益的实现，而任凭追求各自利益的经济主体自发的市场交换和相互竞争，则不仅不能实现社会的共同利益，还有可能使社会主义公有制蜕化为集团所有制，最后被私有制的汪洋大海所淹没。因此，公有制的产生和发展不可能完全建立在市场的基础上，而必须依靠集体理性或社会的计划作为自己的实现形式。

在社会主义市场经济条件下，从微观经济的角度看，无论是私有企业还是公有企业，都要追求利润最大化，都要接受市场机制的调节，也就是说，市场在资源配置中起着决定性作用。但是，从整个社会来说，生产发展或资源配置的目的已经不是利润的最大化，而是最大限度地满足人民群众的物质文化需要，实现人的全面发展和社会的共同富裕。实现这一目的，单纯依靠市场调节显然是不够的，因为市场所能实现的需求只能是短期的、私人的和有货币支付能力的需求，满足人民群众共同的和长远的利益，离不开社会的计划和政府的作用。

从更广泛的角度看，在社会主义市场经济中，政府的作用还包括了党领导经济的路线方针政策，规范和调节经济的法律法规和法治保障。特别要强调的是，中国共产党是建设中国特色社会主义事业的领导核心，不断提高驾驭社会主义市场经济的能力是党执政兴国的一个主要任务。党总揽全局、协调各方的作用，是社会主义市场经济健康发展的重要条件和根本保障。

因此，在微观经济领域的市场决定作用与社会发展和宏观经济层面党的领导、政府的积极作用相结合，就是社会主义市场经济中政府和市场关系的根本特征。

五、更加尊重市场规律，更好发挥政府作用

经过三十多年的深入改革，我国的社会主义市场经济体制和与此相适应的政府和市场的关系已经初步形成，但是还不成熟、不完善。党的十八大报告提出："经济体制改革的核心问题是处理好政府和市场的关系，必须更加尊重市场规律，更好发挥政府作用。"党的十八届三中全会《决定》指出："使市场在资源配置中起决定性作用和更好发挥政府作用。"这一论断反映了社会主义市场经济的本质要求，为进一步深化经济体制改革指明了方向。

在政府与市场的关系上，目前存在两个方面的问题：一是政府对微观经济活动管得过多、市场机制的作用不够充分。如，政府行政审批的范围过大、权力过分集中，一些重要资源的价格还未理顺，国有企业经营管理中行政化倾向严重，城乡体制分割，生产要素市场不完善等。二是一些该管的事情没管好、政府的作用还需要更好地发挥。如，政府宏观调控的计划性、有效性、权威性有待提高，环境污染和食品药品安全等问题突出，市场监管不到位，针对贫富差距扩大的收入分配调节乏力，民生建设和社会保障不完善，基本经济制度不巩固，腐败现象严重等。这两个方面的问题都比较突出，不能只强调一个方面，而忽视另一个方面。

因此，深化经济体制改革、正确处理政府和市场的关系，必须从两个方面入手：一方面，要围绕着更加尊重市场规律和增强市场活力推进相关领域的改革，进一步简政放权，大幅度减少政府对资源的直接配置，加快完善现代市场体系；另一方面，要围绕更好地发挥政府作用和提高政府效率推进相关领域改革，切实转变政府职能，深化行政体制改革，健全宏观调控体系，全面正确履行政府职能，优化政府组织结构，把政府的作用和

市场的作用更好地结合起来。

市场有效，党政有为，根基牢固，才能充分发挥社会主义市场经济的制度优势，推动经济更有效率、更加公平、更可持续发展。

（原载于《红旗文稿》2014年第8期，
副标题：正确认识社会主义市场经济中政府和市场的关系）

引导和推动经济全球化健康发展

当前，世界经济和政治形势复杂多变，经济全球化进程走到了十字路口。如何科学认识和正确对待经济全球化，成为一个重大而紧迫的理论和实践问题。对此，我们要运用马克思主义理论做出科学的分析说明，提出正确的应对方略。

（一）经济全球化是生产力发展的客观要求

马克思主义认为，生产力是人类社会发展的根本动力，经济全球化是生产力发展的必然结果和客观要求。

一方面，生产力的发展提高了人类活动能力，使人类活动突破了国家和地域的限制，促进了生产的国际化；带来了交通、通讯、信息技术的不断改进，拉近了人类交往的空间距离，提高了交往的效率；形成了全球性生产网络，推动资源在全球流动和优化配置；加速了科学的普及、知识的传播、技术的扩散、人员的流动，增加了人类共同的物质财富和精神财富。这些都为经济全球化发展创造了物质条件。

另一方面，生产力的发展促进了国际分工和国际交换的扩展和深化，使各个国家在经济上的相互联系和相互依赖日益加深、相互关系不断变化；推动不同国家的经济制度发生碰撞、竞争、渗透和融合，形成统一的世界经济体系；生产力的全球化要求建立与之相适应的全球性经济组织、经济规则和治理体系。这些都为经济全球化发展创造了社会条件。

在人类历史上，生产力的每一次革命，都推动了经济全球化的巨大发展。以蒸汽机和纺织机的发明与使用为核心的第一次工业革命，开辟了世界市场，开启了经济全球化进程。以电力和电动机的发明与使用为标志、以重化工业的兴起为核心的第二次工业革命，确立了资本主义对全球的统治，形成了现代世界体系。以电子计算机的发明与使用为主要标志、以信息技术革命为核心的第三次工业革命，推动形成了20世纪80年代后新一轮经济全球化浪潮。当前，新一轮科技革命和产业变革正在孕育兴起，国际分工体系和世界经济格局正在发生深刻变化，这些都在赋予经济全球化新的内涵。

历史证明，开放带来进步、封闭导致落后，没有经济全球化就没有现代化。这是经济社会发展的客观规律。经济全球化进程虽然有曲折和反复，但作为历史发展的大趋势，是任何力量都难以改变的。

（二）资本主义主导的经济全球化的矛盾和弊端

社会经济过程是生产力与生产关系的统一。从生产关系的角度看，迄今为止的经济全球化总体上属于资本主义主导下的经济全球化，主要体现了资本主义生产关系的要求。在《共产党宣言》等文献中，马克思恩格斯深刻阐述了资本主义在推动经济全球化中的历史作用："资产阶级，由于开拓了世界市场，使一切国家的生产与消费都成为世界性的了。""资产阶级社会的真实任务是建立世界市场（至少是一个轮廓）和以这种市场为基础的生产。""它迫使它们在自己那里推行所谓的文明，即变成资产者。一句话，它按照自己的面貌为自己创造出一个世界。"

资产阶级曾经在历史上起过革命性作用，创造世界市场、推动经济全球化就是其突出的成就。正是基于这一事实，马克思恩格斯曾经高度赞扬资本主义充当了历史的不自觉的工具，负有为新世界创造物质基础的使命。同时必须看到，资本主义主导的经济全球化是以资本主义私有制为基础、以资本获取最大限度利润为动力的，奉行弱肉强食的丛林法则，包含着深刻矛盾和严重弊端。

第一，不平等。工业革命之后，西方国家率先进入资本主义社会，实现了现代化，确立了资本主义世界体系及其在这一体系中的支配地位，并通过暴力掠夺、殖民征服，凭借经济科技优势，从中获得巨大利益。广大发展中国家则被卷入资本主义世界体系，并在这一体系中处于被支配地位，长期锁定于不发达状态。19 世纪末 20 世纪初，欧美发达资本主义国家进入帝国主义阶段。列宁深刻地指出："资本主义已成为极少数'先进'国对世界上绝大多数居民实行殖民压迫和金融扼杀的世界体系。"第二次世界大战结束后，虽然殖民体系瓦解了，但资本主义世界体系的不平等性质并没有改变。资本主义积累的一般规律即一极是财富的积累、一极是贫困的积累，在世界范围内不断重演，并且愈演愈烈。

第二，不平衡。这主要表现为：一是脱离了黄金和实物支持的美元成为世界货币，形成以美元霸权为核心的世界金融体系，货币创造与商品生产、虚拟经济与实体经济严重脱节，导致国际贸易和全球资本流动严重失衡，全球金融危机频繁发生。二是在商品和资本全球化日益发展的同时，劳动力的全球流动却受到严格管制，处于被分割状态，导致各国之间的收入差距持续扩大。三是发达国家一味要求发展中国家全面开放市场，自己却大都信奉国家利己主义，并根据需要在不同时期和不同领域交替使用自由贸易政策和保护主义政策。

第三，不可持续。生产社会化和生产资料私人所有制的矛盾是资本主义的基本矛盾。随着经济全球化的发展，资本主义基本矛盾也在更大范围和更高程度上发展起来，表现为全球范围的阶级对立、贫富分化、失业、生产过剩、生态灾难和金融动荡，并通过世界性的经济危机集中爆发出来，妨碍世界经济健康发展。在一个国家内部，资本主义基本矛盾虽然难以根除，但可以通过国家调节在一定程度上得到缓解。而在经济全球化条件下，由于不存在类似主权国家的权威机构，缓和资本主义基本矛盾、解决全球性危机是比较困难的。不仅如此，发达国家往往凭借自己的优势地位，采取以邻为壑的政策，甚至不惜发动战争以转嫁矛盾和危机，使经济全球化进程经常被经济民族主义或各种反全球化运动所阻断或逆转。

如何克服资本主义主导的经济全球化的深刻矛盾和严重弊端，引导和推动经济全球化健康发展，是人类社会发展进步面临的重大课题。

（一）探索新型经济全球化道路

多少年来，为了克服资本主义主导的经济全球化的弊端，人类社会进行了不懈探索和努力。在国家层面，通过实行国有化、福利化等措施，改良资本主义制度，缓和资本主义基本矛盾，以适应生产社会化的要求。在国际层面，通过创建各种国际经济组织、推进广泛的国际经济合作和构建全球经济治理体系，适应经济全球化的要求。这些探索和努力取得了积极成果，推动了世界经济发展，但并不能从根本上解决资本主义主导的经济全球化的矛盾和弊端。20 世纪 80 年代后，在新自由主义的推动下，资本主义基本矛盾在全球范围更加突出和尖锐地表现出来：在物质财富不断积累、科技进步日新月异的同时，世界范围的贫富两极分化加剧，发展不平衡问题突出，经济运行大幅波动，金融危机频发，生态环境恶化，世界经济发展不确定性上升。事实证明，资本主义主导的经济全球化难以引领人类社会前进的方向。

经济全球化的前途在哪里？马克思主义通过对人类社会发展规律的考察，勾画了未来社会的美好蓝图。马克思主义认为，人类社会从资本主义向共产主义的过渡和各个民族的历史向世界历史的转变，是历史发展的必然趋势和人类解放的必然要求，二者相互促进、互为条件。一方面，只有在经济全球化条件下，单个人才能摆脱种种民族和地域的局限而获得全面发展的能力，为最终实现共产主义创造条件；另一方面，只有在未来共产主义社会，才能消灭阶级剥削、国际剥削和国家之间的对立，建立自由人联合体。

因此，马克思主义不是经济全球化的反对者，而是经济全球化的支持者。马克思主义既反对帝国主义和霸权主义，也反对狭隘的民族主义和闭关自守，致力于探索超越资本主义局限的新型经济全球化道路，以消除各国人民之间的分隔和对立，推动各个国家各个民族的合作交流，实现人类的解放和人的自由全面发展。毫无疑问，实现这一远大目标绝非易事，不可能一蹴而就。现实世界中，社会主义与资本主义将长期共存，我国将长期面对发达资本主义国家在经济科技等方面占优势的压力。在此条件下，社会主义和一切进步力量的奋斗目标，是改变旧的不公正不合理的国际经济秩序，引导经济全球化朝着符合世界人民共同利益的方向发展，直到资本主义被社会主义和共产主义所取代。

中国共产党信仰马克思主义，坚持把中华民族的解放与人类的解放、中国的发展与世界的发展紧密相联。在新民主主义革命时期，联合世界上被压迫民族，为推动国家独立和民族解放、推翻帝国主义的殖民统治做出了贡献。在社会主义建设时期，倡导互相尊重主权和领土完整、互不侵犯、互不干涉内政、平等互利、和平共处五项原则，为建立公正合理的新型国际关系做出了贡献。在改革开放新时期，坚持对外开放基本国策，积极参与经济全球化，奉行互利共赢的开放战略，不断提升发展的内外联动性，在实现自身发展的同时更多惠及其他国家和人民，为促进经济全球化发展和世界经济增长做出了贡献，在探索新型经济全球化道路上迈出了坚实步伐。

（二）为引导经济全球化健康发展贡献中国智慧

2008 年国际金融危机之后，资本主义主导的经济全球化的矛盾和弊端集中爆发，经济全球化遇到波折，保护主义有所抬头，“逆全球化”思潮暗流涌动，经济全球化何去何从成为国际社会关注的焦点。在此关键时刻，习近平主席多次发表重要讲话，系统阐述中国对经济全球化的认识，回应了国际社会对经济全球化的关切，反映了中国共产党和中国人民对人类命运和世界发展的深刻思考，为引导经济全球化健康发展提供了中国方案、贡献了中国智慧。

坚持经济全球化的方向不动摇。经济全球化是社会生产力发展的客观要求和科技进步的必然结果，是历史大势，推动了贸易大繁荣、投资大便利、人员大流动、技术大发展。把困扰世界的问题简单归咎于经济全球化，既不符合事实，也无助于问题解决。因此，必须坚定不移推进经济全球化进程，旗帜鲜明反对保护主义，促进商品、服务和生产要素在全球范围更加自由便捷地流动。

积极引导经济全球化的走向。应当看到，经济全球化是一把“双刃剑”，存在增长和分配、资本和劳动、效率和公平等矛盾。当世界经济处于下行期的时候，这些矛盾就会更加突出，凸显经济全球化存在的问题和弊端。新形势下，必须积极引导经济全球化的走向，努力消除经济全球化的负面影响，着力解决公平公正问题，推动经济全球化朝着普惠共赢的方向发展。

建立以合作共赢为核心的新型国际关系。一方面，在坚持平等互利原则的基础上积极推进贸易和投资自由化便利化，促进公平开放竞争。另一方面，建立健全宏观经济政策协调机制，推动国际经济、金融、货币体系改革，加强各领域务实合作，加强国际援助交流合作，推动各国经济全方位互联互通和良性互动，缩小南北差距，消除贫困和饥饿，促进共同发展。

完善全球经济治理体系。随着全球性挑战增多，加强全球治理、推进全球治理体制变革成为大势所趋。完善全球经济治理体系，要以平等为基础、以开放为导向，倡导共商、共建、共享的全球治理理念，坚持正确义利观，推动变革全球治理体制中不公正不合理的安排，促进全球治理规则民主化法治化，努力使全球治理体制更加平衡地反映大多数国家的意愿和利益。

共同构建人类命运共同体。在经济全球化条件下，各国相互联系、相互依存、命运与共、休戚相关，日益成为一个你中有我、我中有你的命运共同体。因此，应坚持人类命运共同体理念，共同推动构建人类命运共同体，坚持对话协商、共建共享、合作共赢、交流互鉴、绿色低碳，努力建设一个持久和平、普遍安全、共同繁荣、开放包容、清洁美丽的世界。

中国是经济全球化的受益者，更是贡献者。改革开放以来，中国积极主动参与经济全球化进程，日益成为推动世界经济发展的重要动力。更为重要的是，中国的改革开放实现了社会主义制度与市场经济的有机结合，超越了以私有制为基础的资本主义市场经济的流俗教条，为人类探索更好的社会制度开辟了广阔道路。国际关系是国内关系的延伸。社会主义市场经济理论和实践的成功，为探索公正合理的新型国际关系和经济全球化道路展现了光明前景。

（原载于《人民日报》2017 年 3 月 7 日）